社会主义法治视野下情理法传统的重拾与反思

张杰 著

中国社会科学出版社

图书在版编目（CIP）数据

社会主义法治视野下情理法传统的重拾与反思／张杰著．—北京：中国社会科学出版社，2021．5

ISBN 978－7－5203－8209－0

Ⅰ．①社…　Ⅱ．①张…　Ⅲ．①社会主义法治—研究—中国　Ⅳ．①D920．0

中国版本图书馆 CIP 数据核字（2021）第 064778 号

出 版 人　赵剑英
责任编辑　杨晓芳
责任校对　李　阳
责任印制　王　超

出　　版　中国社会科学出版社
社　　址　北京鼓楼西大街甲 158 号
邮　　编　100720
网　　址　http://www.csspw.cn
发 行 部　010－84083685
门 市 部　010－84029450
经　　销　新华书店及其他书店

印刷装订　三河弘翰印务有限公司
版　　次　2021 年 5 月第 1 版
印　　次　2021 年 5 月第 1 次印刷

开　　本　710×1000　1/16
印　　张　16
插　　页　2
字　　数　216 千字
定　　价　86.00 元

序　　言

近年来，在“法理”概念不断得到大家重视的同时，“情理”二字作为对称也越来越多地出现在学者们的讨论当中。那么，何为“情理”，其与“法理”又有着什么样的关系？当我们试图回答这些问题时会发现，这似乎并不是单纯依靠西方法治文明就能简单作答的题目。质言之，这是一个具有中国自身特色的理论问题。然而，当我们回到自身本土的语境中做进一步的探讨时，又不得不面对传统中华法系已经发生断裂的事实。当然，不可否认的是，经过几代人的努力，我们已经建立起了具有中国特色的社会主义法律体系。但是，作为一个正在努力实现伟大复兴的古老民族，我们必须重视自身的历史与传统。因为这是我们的民族之根、文化之源。

作为中西方法制的第一“冰人”，面对着“数千年未有之大变局”，主导变法的沈家本先生曾云：“新学往往从旧学推演而出，事变愈多，法理愈密，然大要总不外‘情理’二字。无论旧学、新学，不能舍情理而别为法也，所贵融会而贯通之。”即使是在百余年后的今天，这段话依然令人深思。事实上，中国古代的先哲们对于“情理”有着大量的探讨。特别是围绕着“天理”“国法”“人情”的思考已经化为诸多朴素却经典的表达，它们直至今日依然深植于每一个国人的心中。如果我们稍加留意就会发现，传统法律文化并没有随着中华法系的断裂而彻底消散，相反它们以意识、观念、评价等方式依然鲜活地存在于当代的法治实践中，等待着我们去发现和挖掘。

本书就是在这样一种背景下作出的思考。本书的底稿原为作者的博士论文，如今呈现在大家面前的是经过补充、修改和润色之后的作品，但更早的思考可以参见他发表在《北方法学》上的文章——《中国传统情理法的法理重识与现代转化》。读博期间作者曾与我商议，能否以“情理法”为题展开研究，于是便有了这一最早的阶段性成果。因此，尽管本书是作者的第一本著作，却是他经过了几年思考与研究的作品，其中不乏诸多可圈可点的亮点：

坚持独立概念的情理法是为其一。情理法这一概念正式产生于当代，但是其所关联的内容却与传统法律文化密不可分，因此这本身就是一个勾连古今的重要命题，本书将其作为研究的切入点是比较合适的。然而，几十年来的研究在对情理法这一概念的使用上却长期存在着形式不统一、内涵不清晰等问题。当然，是否一定要使用独立概念还值得大家进一步讨论，但是作者以高度的理论自觉强调作为独立概念的情理法，并且全书始终在逻辑上保持了独立概念的使用，这样的努力是值得赞赏的。

以人为核心的文化解释是为其二。中西也好，古今也罢，法律所面对的永远是人，这是一个亘古不变的前提。所以，人是不同法律文化的最大公约数。本书正是精准地抓住了情理法传统背后隐现的天人关系这一文化结构，从而将传统文化对于人的重视与社会主义法治中依法治国的主体——人民——联系起来。以人为核心，这就在传统与当代看似薄弱的联结上建立起了有效的联系，进而从一个共相性的角度论证了情理法在传统社会为何如此和在当代中国又缘何可能，避免了掉入以部分说明部分的循环论证。

立足于当代的问题意识是为其三。本书重新思考了中国古代司法实践中“情理法关系”的表征，同时又回顾了社会主义法治进程中“情理法融通”的价值与实践。作者在最后还分析了情理法传统在社会主义法治中的重构及其对当代中国法治建设的现实意义，特别是以比较具体的对策性措施作为全书的落脚点。这样一种“古为今用”的方式显示了本书的现实意义，既有助于现实法律纠纷的直接解决，也有助于通过理论观察来探究法律治理的实践难题，因而具有重大理论与现实意义。

此外，对于本书在语言表达、行文规范、材料收集等方面的优点我就不再一一赘述，毕竟作为作者的老师，赞赏太多难免存在过誉的嫌疑。总体来说，本书的结论与评价是比较公允的。当然，社会科学的论证永远不可能做到说服所有人，所谓理论也只是一个解释力大小的问题，因此不断对理论进行证伪与修正才是学术研究最迷人的地方。所以，本书的优点与不足尽由读者去评判，但是作者立足于他所搜集的文献基本做到了逻辑的自洽，这是最重要的。

郑成良

于上海交通大学凯原法学院

2020 年岁末

目　录

导　论 …………………………………………………………………… (1)

一　选题缘由 ……………………………………………………… (1)

二　研究综述 ……………………………………………………… (6)

三　前提说明……………………………………………………… (16)

第一章　追本立意：情理法的概念定位 ……………………… (25)

第一节　概念的分歧：合成概念与独立概念 ………………… (25)

一　分裂的现实…………………………………………………… (25)

二　“情”的内涵 ……………………………………………… (27)

三　“理”的内涵 ……………………………………………… (33)

第二节　独立概念的理论可能 ………………………………… (37)

一　裁判文书中“情理法”的使用情况 ……………………… (38)

二　合成概念的困境与出路 …………………………………… (40)

第三节　独立概念的核心问题 ………………………………… (43)

一　独立概念指涉的场域——司法 ………………………… (43)

二　独立概念的逻辑——改变“情”“理”“法”的绝对对立………………………………………………………… (46)

三　独立概念的内核——裁判合理性的建构 ……………… (48)

第二章　镜鉴传统：情理法的历史实践 …………………… (54)
第一节　两个前提性的问题 …………………………… (54)
一　清代司法的大致样态 …………………………… (54)
二　情理法的指导原则："情罪允协" ………………… (61)
第二节　裁判技术的运用 ……………………………… (67)
一　比附援引………………………………………… (67)
二　原则活用………………………………………… (73)
三　因案生例………………………………………… (78)
四　法律解释………………………………………… (84)
第三节　特殊制度的适用 ……………………………… (90)
一　扩大参与………………………………………… (90)
二　特别提醒………………………………………… (94)
三　结果矫正 ……………………………………… (100)

第三章　花开两面：情理法的理论反思 …………………… (105)
第一节　情理法的内在机理 ………………………… (106)
一　合理性与合法性建构的分离 …………………… (106)
二　情理法的运作特点 ……………………………… (112)
第二节　情理法在传统社会中的必然性 ………………… (121)
一　寻找问题的本原：人 …………………………… (121)
二　天人关系 ……………………………………… (124)
三　情理法在天人关系下的必然性 ………………… (128)
第三节　情理法与社会主义法治的相悖面 ……………… (132)
一　语境的区别 …………………………………… (132)
二　从情理法的特点看冲突 ………………………… (135)
三　冲突产生的深层原因 …………………………… (140)

第四章　拨云见日：情理法的现代可能 ……………………… (146)
第一节　情理法传统与社会主义法治的勾连 ……………… (146)
一　法治的重要特征：形式合理性 ……………………… (146)
二　形式合理性与合法性的关系 ………………………… (150)
第二节　宏观条件的成就 ………………………………… (152)
一　“人”的突出 …………………………………………… (152)
二　条件的成就：限制权力与保障权利 ………………… (158)
第三节　传统逻辑影响下的非常态模式 ………………… (168)
一　舆论力量的影响 ……………………………………… (168)
二　行政力量的进入 ……………………………………… (175)

第五章　古为今用：情理法的现实意义 ……………………… (181)
第一节　前提性问题的廓清 ……………………………… (181)
一　当代司法的模式选择 ………………………………… (181)
二　自由裁量权的扩大 …………………………………… (184)
三　合理性不意味着牺牲合法性 ………………………… (187)
第二节　情理法的概念意义 ……………………………… (192)
一　逻辑的整理 …………………………………………… (192)
二　情理法的再定义 ……………………………………… (195)
第三节　情理法的实践意义 ……………………………… (198)
一　“以人为本”的理念 …………………………………… (198)
二　定罪量刑的个殊性 …………………………………… (201)
三　罪刑关系的均衡性 …………………………………… (204)
四　司法裁判的开放性 …………………………………… (208)
五　裁判指向的未来性 …………………………………… (213)

结　论 …………………………………………………………………（218）

参考文献 ……………………………………………………………（221）
一　中文文献 ………………………………………………………（221）
二　外文文献 ………………………………………………………（239）

经典判词摘录 ………………………………………………………（240）

后　记 …………………………………………………………………（246）

导 论

一 选题缘由

自沈家本先生主持清末修律开始，中国开启了法制现代化的进程，同时传统的中华法系也伴随着这一进程逐渐走向解体。尽管沈家本先生所主持制定的一系列法律几乎未能得到实施，但是这并不妨碍中国近代法律体系的基本雏形在艰难的过程中得以逐步确立。和清末修律以来一百多年的历史发展相似，中国法制的现代化进程同样也经历了不少波折。然而值得骄傲的是，尽管过程唯艰，但是“中国特色社会主义法律体系基本形成”①。中国特色社会主义建设事业已经在根本上实现了从“无法可依”到“有法可依”并且迈向“有法必依”的历史性转变。2020年《中华人民共和国民法典》正式颁布，作为新中国第一部以“法典”命名的法律，民法典不仅是“全面依法治国的重要载体”，同时还能够“为国家治理现代化提供支撑”②。

因此，本书的讨论正是在我国社会主义法治建设已经取得巨大成就和业已形成的大背景之下展开的。然而我们不得不承认的是，

---

① 中共中央文献研究室编：《十七大以来重要文献选编》（上），中央文献出版社2009年版，第3页。

② 参见曹诗权《民法典为国家治理现代化提供支撑》，人民网 http://legal.people.com.cn/n1/2020/1022/c42510-31901881.html，访问日期2020年10月29日。

尽管成就巨大，但是我们的法治建设也依然存在一些亟待完善的地方，例如主体性的缺失就是其中之一。从清末修律开始，西方法治文明的话语体系便大量充斥在我国不同时期的立法当中，以至于在某些部门法领域甚至到了“言必称德日”的程度。[①] 21 世纪初，邓正来先生所著《中国法学向何处去》一书的问世引发了学术界的震动，以至于有评论认为对此书的讨论开创了“自民国以降法学界集中评论一位学者某部著作的最大盛况”[②]。由此，中国法学界开始认真反思中国法治建设缺乏中国自身理论图景的现实。2016 年徐爱国教授发表文章《中国法理学之死》以及美国学者络睦德所著《法律东方主义：中国、美国与现代法》一书问世，同样极大地引发了中国法学界尤其是法理学界对中国法治建设主体性问题的集中讨论。

事实上，早在清末修律时沈家本先生就已经意识到了这个问题。在如何对待中西法律之差异的问题上，沈家本先生认为：“方今世之崇尚西法者，未必皆能深明其法之原，本不过藉以为炫世之具，几欲步亦步，趋亦趋。而墨守先型者，又鄙薄西人，以为事事不足取。抑知西法之中，固有与古法相同者乎。”[③] 对于古今之间的关系，沈家本先生接着指出：

> 夫古法之不同于今而不行于今，非必古之不若今，或且古胜于今。而今之人习乎今之法，一言古而反以为泥古，并古胜于今者而亦议之。谓古法之皆可行于今，诚未必然。谓古法皆

---

① 对此不少部门法学者也表示出了担忧，例如齐文远教授谈道：“这种言必称德日的移植主义，固然可以习得一些具有‘普适性’的法学思想精髓，但是也有可能会遮蔽中国经验、忽视中国问题的特殊性，还可能掩盖了中国学者应有的贡献。”参见齐文远《中国刑法学该转向教义主义还是实践主义》，《法学研究》2011 年第 6 期。

② 邓正来：《中国法学向何处去——建构“中国法律理想图景”时代的论纲》，商务印书馆 2011 年版，第 3 页。

③ 沈家本：《寄簃文存》，商务印书馆 2015 年版，第 205 页。

不可行于今，又岂其然。西之于中，亦犹是耳。值事穷则变之时，而仍然有积重难返之势，不究其法之宗旨何如，经验何如，崇尚者或拘乎其墟，而鄙薄者终狃于其故。然则欲究其宗旨何如，经验何如，舍考察亦奚由哉。①

在沈家本先生看来，不管是中西也好，还是古今也罢，都没有绝对的先进与落后之别，两者也并非绝对对立的关系，任何一种脱离现实而走向极端的价值取向都是不适当的。

在这样一种视角下再来反思当今中国的法治建设就会发现，学者们对于中国当代法治建设主体性问题的思考并非没有意义。许多西方舶来的看似完善和精妙的制度设计与法律规范，却在我们的实践生活中频频发生“南橘北枳”的现象，甚至演变成了具文。同时，诸如“于欢案”“赵春华案”等许多看似恪守法律规范的裁判却产生了极其负面的社会评价，这样一种实践中的不如意倒逼着理论界反思我们的法治建设究竟何处出了问题。与此相对，传统社会中那些看似不遵守法律规范的所谓“妙判”反而让当代中国人觉得“合情合理”。我们开始发现，尽管我国当下的法治建设与传统的中华法系从形式上看已经相去甚远，但是传统法律文化却以意识、观念、评价等方式根深蒂固地存在于当下，并且在事实上影响着法律的实施。这样一种传统与现代的反差不仅促使着我们思考当代立法与司法中存在的现实问题，同时也暗示着我们向自身的传统法律文化寻找解决问题的可行路径。所以，面对学术界关于主体性问题的讨论，法史学界应该有所作为，也能够有所作为。

对此，早在1992年出版的《儒家法思想通论》一书当中，俞荣根教授便指出：

① 沈家本：《寄簃文存》，商务印书馆2015年版，第206页。

> 在现代多元文化的世界上，西方中心主义的文化价值指向和法律价值指向已为人类所唾弃。如果说，一个民族只懂得否定自己的传统，而不善于批判地继承这种传统，并给以创造性的解释、转化和发展，使之与现代化耦合，就说不上是一个成熟的现代民族的话，那么，它的法律、法制、法学、法文化的现代化发展也是一样，须以对古今中外的法律、法制、法学和法文化作出创造性的融合、吸收、转化为基本前提。因而，法学重新反思和回采自己的历史将是不可避免的。①

俞荣根教授的观点可以说是相当有远见的，对于中国法治建设主体性的缺失，我们必须反思民族自身的历史。一个日益走向民族伟大复兴的国家，如果忘却甚至斩断自身的历史是无法想象的。对此，习近平总书记也曾强调："要传承中华优秀传统法律文化，从我国革命、建设、改革的实践中探索适合自己的法治道路，同时借鉴国外法治有益成果，为全面建设社会主义现代化国家、实现中华民族伟大复兴夯实法治基础。"② 这段话敏锐地指出了优秀传统法律文化在社会主义法治建设中的作用，同时也并没有厚此薄彼地简单排斥国外法治的有益成果，可以说是相当富有见地的。

然而，面对源远流长的中国传统法律文化，如何切入就成为一个非常重要的问题。无独有偶，与《儒家法思想通论》一书同年，范忠信等三位学者出版了《情理法与中国人》一书，"情理法"由此作为一个符号开始出现在学术界，并且在近三十年的研究当中，情理法作为中国传统法律研究中的一个基础性命题已经逐渐成形，

---

① 俞荣根：《儒家法思想通论》，广西人民出版社 1992 年版，前言第 7 页。

② 郝萍：《习近平在中央全面依法治国工作会议上强调　坚定不移走中国特色社会主义法治道路　为全面建设社会主义现代化国家提供有力法治保障》，《人民日报》2020 年 11 月 18 日 01 版。

这就为进一步的研究提供了理论上的可能。① 更为重要的是，尽管“情理法”作为一个独立符号出现的时间还比较短，但是事实上围绕着情、理、法或天理、国法、人情各自的内涵及彼此间的关系，一直以来是中国传统法律文化研究中经久不衰的命题。这不仅是触发包括范忠信、霍存福等诸位学者去研究“情理法”的直接原因，同时也为当代学者的深入研究提供了取之不尽的理论资源。② 因此，情理法不仅蕴含了中国传统法律文化的丰富内容，同时从形式上看，这一概念又因生于当代而具有连接古今、超越时空的理论生命力。

所以，作为直面传统的法史学研究完全能够立足于当代的司法实践结出意想不到的果实。选择情理法作为切入问题的关键，不仅是因为这一概念已经凝结了学术界的部分共识，更重要的是这一概念直击裁判合理性的建构问题。可以说，只要法律成文化，法律与经验之间的张力就必然存在。因此，面对法律与经验之间的冲突与不匹配，裁判者在个案当中应该如何应对，这显然是传统与现代、西方与东方的裁判者都必须面对的问题。③ 从这一层面来说，“情理法”具有超越古今中外的普遍意义。正如霍存福教授所指出的：“‘情理法’是中国古代的法哲学问题。”④

---

① 由于情理法这一概念存在着合成概念与独立概念的区别，因此本书在合成概念的意义上使用这一概念时加上引号以示区别，在独立概念的层面使用情理法时则不加引号。当然，二者在具体的语境中时常发生混同的状态，因此在难以区分时仍然加上引号。

② 例如霍存福教授就指出：“它所代表的是对中国传统法律的文化性状问题的探讨，代表着对古代人于法理学层面上对‘法律本原’的文化追寻的回味，因而具有研究的基础性或根本性品格。”参见霍存福《中国传统法文化的文化性状与文化追求——情理法的发生、发展及其命运》，《法制与社会发展》2001 年第 3 期。

③ 不同于现代国家权力的分立，传统中国的司法权并未从国家权力中完整地分化与独立出来，尤其是省级以下地方正印官需兼任行政、司法甚至监察等多项权能于一体。基于此，本书在描述传统社会时采用“裁判者”一词，而在描述现代社会时则采用“司法者”一词以示区别。至于那些在整体意义上阐释一般规律而无法区分的，仍然采用“裁判者”的表述。

④ 霍存福：《沈家本“情理法”观所代表的近代转捩——与薛允升、樊增祥的比较》，《华东政法大学学报》2018 年第 6 期。

因此，鉴于法学界对于中国法治主体性的反思以及在这种反思中法史学能够扮演的角色，本书选择以情理法这一概念为连接点，通过对清代乾隆朝刑部所保存下来的四部重要诉讼档案的梳理与分析，将传统和现代联系起来。这样一种进路区别于传统法史学的考据式研究，在以当代问题意识为立足点的前提下，相信能够为回应中国法治建设的主体性问题提供一种思路。同时，在法史学研究日益边缘化的前提下，也期望这样一种尝试能够在方法论的意义上产生不同的效果。当然，这样一种尝试并非为了迎合当代中国法治建设的主体性问题而刻意“追古”，而是将传统与现代联结，从而为更好地理解当代的司法实践提供一种可能，并最终为现实的进一步完善展现出一种可能的方向。

二 研究综述

（一）研究现状

从形式上看，“情理法”这一符号的出现始于 1991 年范忠信、郑定、詹学农三位学者所撰的《情理法与中国人》一书。之所以强调“情理法”作为一个符号的出现，是因为从“情理法”这一符号出现起，学术界的大量研究实际上就存在着分裂：一是尽管具有独立的符号形式，但是“情理法”其实只是一个合成概念而并不具有独立的意义；二是情理法作为一个独立概念被单独使用。

就作为合成概念的“情理法”而言，实际上是将情、理、法三个概念合并使用，其内部是一种并列关系，它更多沿袭的是传统文化中天理、国法、人情的表达。从这个角度看，实际上“情理法”并不是一个新鲜事物，它讨论的是法与情、理或者说是国法与天理、人情的关系问题。在中国传统社会对于此问题的论述很早就得到了阐释，例如作为法家先驱的商鞅就认为：“故法不察民之情而立之，则不成。"[①] 后世对于此问题的探讨更是不胜枚举。本书所聚焦的清代乾隆朝的司法档案中，也有大量涉及与"情理法"相关的表达，例如"一准情理之平""揆诸情理，殊难凭信""其淫凶残忍，实出情理之外"等，正文对此将会有集中的论述，在此不再赘述。这些论述充分表明，在中国传统法律文化中，人们不仅很早就对情、理、法三者之间的关系进行了思考，而且这种思考始终贯穿着中国传统社会。

到了近现代，对于"情理法"的论述则以沈家本和谢觉哉老先生为代表。作为开启中国法制现代化的关键人物，家学渊源深厚并且深谙西方法学的沈家本对"情理法"有着精彩的论述。沈家本提出："新学往往从旧学推演而出，事变愈多，法理愈密，然大要总不外'情理'二字。无论旧学、新学，不能舍情理而别为法也，所贵融会而贯通之。"[②] 沈家本沿袭了传统的"情理法"观，仍然秉持情理为法律的依据、基础、精神的看法，在他对一些律例进行注释时就对法与情理的关系提出了自己的看法。例如在《妇女离异律例偶笺》中，沈家本认为："以上各律，皆所以正婚姻之始，或离或不离，必斟酌乎情法之平，未尝专论法而不论情也。"[③] 谢觉哉先生对于"情理法"的论述也颇为精辟，在《谢觉哉日记》《谢觉哉传》中载有谢老对于法与情理关系的诸多论述，例如谢老曾经说过："合乎情的未必合理，合乎理的定合乎情。不合乎理的情，由于有所蔽。理是经过了洗练的情。似乎有这样的人，故意要不近人情，才是真布尔什维克。把人甚至连自己送掉，革命搞坍，未必尽是教条或宗派作祟。天性欠厚也是一因。"[④] 在革命年代对于"情理法"的关系能够有这样深刻的洞见实在弥足珍贵，由此谢老的这

---

① 高亨：《商君书注释》，清华大学出版社 2011 年版，第 95 页。
② 沈家本：《寄簃文存》，商务印书馆 2015 年版，第 210 页。
③ 沈家本：《寄簃文存》，商务印书馆 2015 年版，第 143 页。
④ 《谢觉哉日记（上卷）》，人民出版社 1984 年版，第 679 页。

段论述也被视为历来研究情理关系的一个经典概括。

外国学者的论述主要集中在滋贺秀三、黄宗智、寺田浩明、佐立治人等学者的论述之中。例如滋贺秀三在阐述清代的司法时指出，“当时的人士在处理公务之际，考虑作为自己判断指针的时候，时常在用语中将‘情’、‘理’、‘法’三者相提并论。如果在这三个字之前各冠一字以阐明其含义的话，就成为：‘国法’（或‘国家律法’、‘国法王章’等）、‘天理’和‘人情’”①。滋贺秀三不仅是研究中国法的大家，同时也是较早从学术的角度关注情理法现象并就此问题作出开拓性贡献的学者。他在区分清代重罪案件和州县自理案件的前提下进一步指出，“与重罪案件的立案判决必须严格地依据法律进行相对照，在听讼程序的范围内可以说知州知县几乎完全不受法律拘束”②。也正是在这一点上，黄宗智与滋贺秀三形成了对立。

同样是研究清代司法，黄宗智认为滋贺秀三之所以把清代县衙的民事司法理解为调解，是受到了当时官方表达的影响，从而把“情理法”看作法官处理民事纠纷的基本方式，在思维方式上则是受德国传统法理学的影响，把“情理法”作为整个司法传统的核心，从这个核心出发解释所有的司法现象。③ 在对巴县档案、淡新档案等地方档案进行考察之后，黄宗智认为即使是在州县自理案件当中同样也是依法断案，不存在所谓的以情断案。滋贺秀三与黄宗智在此问题上的分歧，不仅成为学术界长期以来争论的焦点，同时也影响到了后续研究的方向，本书对于历史文献的选择就直接与此争议相关。

---

① ［日］滋贺秀三：《清代诉讼制度之民事法源的概括性考察——情、理、法》，载王亚新、梁治平编：《明清时期的民事审判与民间契约》，范愉译，法律出版社 1998 年版，第 22 页。

② ［日］滋贺秀三：《中国法文化的考察——以诉讼的形态为素材》，载王亚新、梁治平编：《明清时期的民事审判与民间契约》，范愉译，法律出版社 1998 年版，第 13 页。

③ 参见黄宗智《清代的法律、社会与文化：民法的表达与实践》，上海书店出版社 2001 年版，第 11 页。

作为滋贺秀三的高足，寺田浩明在滋贺秀三的基础上将许多内容的研究进一步予以了推进。寺田浩明认为，西方诸如判例法、习惯法总要以一定“规则”的形式表现出来，而审判则是实现规则的场所。但是与之不同的是，“情理”作为传统中国审判依据的规范要素，其具体内容必须归于个案，“或者说一个个判断都是在填充着情理这样一个空的盒子”①。因此，“情理”作为判断的标准，其中“理”是天下共通的，而“情”则具有可变性，越是考虑“情理”就越是要考虑个案的特殊性。② 在此基础上，寺田浩明还提出了诸多极具启发性的命题，例如认为传统中国的法是为了回应需求而出现的，“法律既是人们对现实的一种规范性的认识，又是对社会现实的描述本身。规范与事实之间并无区别，两者合二为一”③。

佐立治人对于“情理法”的研究更侧重于宋代。基于对《名公书判清明集》的考察，佐立治人在《清明集的法意与人情》一文中把“情”具体分成四种情况进行了讨论：一是事实关系，二是对事实关系的评价，三是在搞清事实关系的文理意义上使用，四是指被放在公法、法度的对立位置的，予以否定性评价的“人情”④。这一分类尽管是基于对宋代的考察，但是对于探讨“情理法”依然有非常重要的意义。

纵观以上这些表达和论述，尽管其中已经涉及深刻的法理，并且包含着不少真知灼见，但是这些论述却都还没有把情、理、法三者合并为一个单独的符号，更没有在独立概念的意义上使用“情理法”这一符号，并且具体的论述也是围绕着情、理、法各自的内涵

① ［日］寺田浩明：《权利与冤抑：寺田浩明中国法史论集》，王亚新等译，清华大学出版社 2012 年版，第 371 页。

② 参见［日］寺田浩明《权利与冤抑：寺田浩明中国法史论集》，王亚新等译，清华大学出版社 2012 年版，第 366 页。

③ 对此分别参见［日］寺田浩明《权利与冤抑：寺田浩明中国法史论集》，王亚新等译，清华大学出版社 2012 年版，第 386、402 页。

④ 参见［日］佐立治人《清明集的法意与人情》，载杨一凡主编：《中国法制史考证》（丙编第三卷），姚荣涛译，中国社会科学出版社 2003 年版，第 452—454 页。

与彼此之间的关系展开的。这种状况直到《情理法与中国人》一书的出现才开始有了新的变化。

但是即使范忠信教授在形式上使用了“情理法”这一符号，就其书中的内容来看，这一符号依然只是对于情、理、法的合并使用。本人曾有幸向范忠信教授就此问题当面请教，范忠信教授表示自己当时使用“情理法”这一符号，其灵感来源于自己造访一处衙门遗址时，因看到楹联上“天理国法人情”的表达而受到启发，但是当时也不存在所谓合并使用还是独立概念的意识。在《情理法与中国人》一书出版之后，尽管使用“情理法”这一符号的文章开始逐渐增多，但是这些论述都只是在合成概念的意义上使用“情理法”的。这一时期虽然“情理法”还只是在合成概念的层面上被使用，但是作为一个单独符号出现的“情理法”为之后的研究提供了重要的理论渊源。

这样一种状况持续到了2001年霍存福教授发表《中国传统法文化的文化性状与文化追求——情理法的发生、发展及其命运》一文，情理法由此真正变成一个独立概念。霍存福教授认为，情理法不仅是中国传统法的文化性状，对于情理的探求也是作为一种理想的文化追求。同时，对于情理的探究发轫于司法活动中的实际需要，并由此形成对于司法者的司法态度与裁判技术的要求，从而促使人们去思考法律的精神，并最终扩展到对于立法的一种追求。[①]

至此，情理法成为一个独立的学术概念，并且在随后的研究中被其他研究者继续阐释和使用。值得一提的是，之后的论证在路径与框架方面几乎都没有从根本上跳出霍存福教授的阐释，霍存福教授此文亦成为讨论情理法问题的经典文献。例如邓勇在此基础上提出了“情理场”的概念，这一概念认为情理场是处于圣贤操守与腐

① 参见霍存福《中国传统法文化的文化性状与文化追求——情理法的发生、发展及其命运》，《法制与社会发展》2001年第3期。

败司法之间的中间地带，并由此提出了情理场的三大定律。[1] 钱继磊则对情、理、法三者进行了详细的语义分析，并且对情与理二者的关系进行了比较透彻的论证，这在前期的文献中是比较少见的。[2] 张正印的观点尤为重要，他认为：“情理法在判案中的运作可以说是一个判决合法性的建构过程，它要解决判决能否被一般民众特别是当事人接受的问题。”[3] 因此，情、理、法三者事实上在传统中国具有事实与规范双重属性，当代之所以会忽视情理的作用，实际上是忽略了情理所具有的规范属性。王斐弘对情、理、法各自的概念及其关系进行了详细的梳理，尤其是从哲学史的角度加以考证，从中可见哲学范畴内的“情理法”与法学界的理解是有出入的。[4] 与张正印一致，崔明石从事实性和规范性两个角度重新阐释了情理法的内容，这一视角非常重要，尤其可以将含义复杂的情进行分类，并由此建构出一个立体的情理法结构。[5]

纵观这一时期对于情理法作为独立概念的研究，尽管不同学者在定义的表述上有所不同，但是无一例外都是将其视为司法实践中的一种动态活动，例如霍存福教授认为情理法是一种“文化追寻”，张正印则提出情理法是“传统司法中重要的审判方式”，崔明石则认为情理法是“一个从客观事实出发最终寻求断案公正性的过程”。同时，张正印还提出这个动态活动“要解决判决能否被一般民众特别是当事人接受的问题”。由此可见，作为独立概念的情

① 参见邓勇《论中国古代法律生活中的“情理场”——从〈名公书判清明集〉出发》，《法制与社会发展》2004 年第 5 期。

② 参见钱继磊《“情”“理”“法”及其功能》，《辽宁经济职业技术学院学报》2007 年第 1 期。

③ 张正印：《事实的敞开：情理法判案模式的合法性构造》，《东方法学》2008 年第 3 期。

④ 参见王斐弘《中国传统法文化中的情理法辨析——以敦煌吐鲁番唐代法制文献为例》，《中西法律传统》2009 年第 00 期。

⑤ 参见崔明石《事实与规范之间：情理法的再认识——以〈名公书判清明集〉为考察依据》，《当代法学》2010 年第 6 期。

理法具有极为鲜明的实践导向，这与合成概念的“情理法”作为三种规范的合并使用具有完全不同的性质。

这些讨论大大丰富了情理法作为一个独立概念的内涵和实践，但是也依然存在许多不足。其中最为要紧的是，围绕着“情理法”的研究始终存在着合成概念与独立概念并存的两种进路。然而，许多研究者本身并没有意识到“情理法”这一概念在使用中的分裂，甚至于在同一篇文章当中出现合成概念与独立概念并存的局面。这一现象表明，绝大多数研究者在“情理法”这一符号的使用上缺乏理论自觉。这种理论自觉的缺乏最为突出的表现是，许多文章讨论“情理法”已经形成“情、理、法各自是什么—某司法实践或立法体现出某类特点—得出结论：这体现了情理法的要求”这种固化的话语表达。

此外，在当代的司法实践中，“情理法”这一符号的使用也越来越频繁，例如在一些司法判决当中，法官常常会有诸如“从情理法上都并无不当”“于情理法不合”“有悖于情理法”等表达。同时从一些新闻媒体的话语使用上看，“情理法”也越来越成为一个重要的表达，例如《人民法院报》上就有不少提到情理法的文章，其典型的表达有“情理法兼顾”“情理法结合”“情理法并重”等形式。[①] 如果仔细分析这些来自实践中的话语表达就会发现，其中绝大部分也依然还是在合成概念的意义上讨论和使用“情理法”这一符号的。

所以，如果要追溯情理法作为一个独立概念的源头，仍然应该以霍存福教授为起始点。同时，霍存福教授的研究也基本上奠定了“情理法”研究的大致方向。事实上在霍存福教授之后，对于“情理法”的研究很少再有突破性的成果。其中值得一提的是 2012 年

① 本书以“情理法”为关键词于《人民法院报》进行检索，从 2014 年至今，《人民法院报》所刊登的文章当中共有 27 篇文章总计 35 次出现了“情理法”一词，其中明显属于合成概念的有 26 次。

汪习根教授发表的《论情理法关系的理性定位》一文，该文指出了以往研究的不足，并且对情的两个面向与理的四个身位进行了论述，由此认为“法治视野下的情理具有累积性、伦理性、公共性、实践性和文明性的特征”，同时还对情理法关系进行了类型学的理性定位。[①] 汪习根教授此文可以说是情理法研究中具有阶段性总结意义的文章，但是该文对“情理法”这一符号的使用显然又是在合成概念的层面上展开的。另外，2011 年崔明石撰写的《话语与叙事：文化视域下的情理法》以及 2018 年杨秋生撰写的《当代中国法学学者情理法观的文化思考》都是情理法研究中的重要阶段性文献。他们均指出了“情理法”作为一个符号在实际使用过程中存在的合成概念与独立概念分裂的现实，也大体上坚持了对于独立概念的使用，但是却未能对作为独立概念的情理法本身进行更为抽象的论证。[②]

（二）研究评述

由于本书选择以情理法作为研究的切入点，所以如果暂且不考虑中国传统及近现代社会对于情、理、法关系的非学术性论证的话，总地说来，从“情理法”于 1991 年作为一个符号出现开始，经过近三十年的研究，“情理法”作为一个概念已经基本成型。尽管存在独立概念和合成概念的分裂，但是学者们的大量研究使得“情理法”作为一个工具在中国传统法律文化的研究中具有了一定程度的理论解释力和概括力。更为难得的是，作为一个与传统法律文化紧密相连的概念，“情理法”在司法实践和社会生活当中也得到了越来越频繁的使用。在法史学研究整体呈现出边缘化的背景

① 参见汪习根、王康敏《论情理法关系的理性定位》，《河南社会科学》2012 年第 2 期。

② 参见崔明石《话语与叙事：文化视域下的情理法》，博士学位论文，吉林大学，2018 年；杨秋生：《当代中国法学学者情理法观的文化思考》，博士学位论文，吉林大学，2018 年。

下，这一与传统法律文化紧密相连的概念所呈现出来的生命力确实是值得学术界关注的，相关学者为之所付出的努力同样也值得肯定。但是如果细究“情理法”的现有研究，其中依然存在着一些问题。

首先，“情理法”在使用上仍然缺乏作为独立概念的理论自觉。综上所述可以看出，在“情理法”的研究中，一个最大的前提性问题便是合成概念与独立概念的混淆使用。当然，这种混淆是否是致命的，是否一定要对二者进行区分，本人也就此问题请教过霍存福教授。霍存福教授表示，合成概念和独立概念的并存确实是一个问题，但是很难说哪一个概念更具优势，需要视具体情况而定。通过对文献的梳理和对史料的考察，尤其是对于“情理法”这一符号的语言分析，本书认为情理法作为独立概念的使用对于深化学术研究具有必要性和可能性，此观点的论证将留待正文再予以展开，但是这确实也是现有研究存在且必须解决的一个重大前提性问题。

其次，对作为独立概念的情理法的考察尚未达成坚实的理论共识，抽象程度和解释力度尚浅。正是因为对于“情理法”的研究存在合成概念与独立概念的分立，因此对于情理法作为独立概念的基本内涵尚未达成坚实的理论共识，其中大量的论述还是停留在对于“情”“理”“法”三者各自的概念及其关系，或者对于与“法理”相对的“情理”概念的反复讨论当中。这样的状况不仅仅是合成概念的使用者最常见的讨论进路，即使是独立概念的使用者也不免落入合成概念的论证逻辑当中。这恰恰表明，作为独立概念的情理法缺乏坚实的理论共识，以至于学者们的论证总是大同小异，这就极大地阻碍了情理法作为一个独立概念的发展，也限制了情理法的功能在独立概念层面具有的更多理论可能。

再次，现有关于“情理法”的研究缺乏对于司法过程的系统考察，尤其是缺乏对重罪类案件的考察。现有研究或从概念出发，从哲学、文化等层面进行论证，或是基于对某些官员的官箴书、笔记

（如《樊山政书》）等材料进行考察，或者是对于某些有影响力的案例进行个案分析。尽管出于这些进路的分析是不可或缺的，但是其难以避免代表性弱、力度不够等问题。情理法这一概念与司法活动紧密相连，这就要求对情理法的考察应该紧扣司法。当然，现有的“情理法”研究也不乏对司法档案的考察，但是这些考察大多数关注的是细故类案件，即以现代眼光来看大体属于民事的案件，典型的有如《名公书判清明集》。然而，在黄宗智与滋贺秀三关于中国传统司法究竟是以情断案还是依法断案的讨论中，二者的分歧在于州县自理的细故类案件，而对于类似现代刑事案件的重罪案件，二者均认为传统司法仍然是以依法断案为主流的。因此，对于情理法的考察，如果关注民事类的细故类案件自然很容易得出以情断案的结论，而情理法特征对于看似不典型的重罪案件受到的关注就要少得多。然而“举重以明轻”，如果重罪案件依然体现出情理法的特征，这显然比细故类案件中体现出来的情理法现象更加具有说服力，这也是本书选择刑部诉讼档案的关键所在。

最后，现有的“情理法”研究缺乏当代的问题意识，对于其在当代尤其是社会主义语境下的反思大多浅尝辄止或泛泛而谈。这一点或许受限于研究者的背景。大多数研究“情理法”的学者都是法史出身因而更加擅长考据之功，这就使得“情理法”的研究比较容易倾向于对史料的考证，从而导致当代的问题意识受到忽略。因此，有关“情理法”的大量论述不管是切入点还是材料的选择基本上都是围绕着传统社会展开的。这当然无可厚非，因为“情理法”确实是一个与传统法律文化紧密相关的概念，但是如果仅仅囿于传统的语境，就会使得“情理法”在处理司法问题方面所具有的普遍规律被极大地低估，从而造成“情理法”的研究产生大量的重复性论述，最终导致研究始终难以再有重大的突破。这样一种负面影响其实已经出现在当下，尤其明显的是，尽管情理法这一命题是一个极具理论解释力和当代价值的命题，但是却常常受到法理学者以及部门法学者的片面理解甚至是误解。进行法史研究需要扎实的考据，但是同时也需要具备当代的问题意识，这或许是从根本上解决法史学学科危机的关键之处，而对情理法这一概念进行考察同样也需要以当代的问题意识为导向。

三 前提说明

确定了以情理法作为研究的切入点只是一个开头，立足于当代的问题意识，面对源远流长的传统法律文化，仍然有许多前提性的问题是在具体展开研究前需要明确的，依次论述如下。

（一）论证逻辑

首先看论证的逻辑。总体来说，本书按照从古到今的逻辑展开论证。“古”的部分，即基于诉讼档案对情理法传统进行的历史考察。“今”的部分则是基于社会主义法治的视角对情理法传统进行反思。乍一看，直接从“古”转换到“今”也许存在着逻辑的跳跃与断裂的风险，因为二者之间的逻辑未必完全一致，单纯地以“古”论“今”确实存在着逻辑方面的风险。因此，在由“古”向“今”的转换中必须存在一个过渡，而这个过渡的部分就是找寻古今之间联系的那部分内容。

所以，本书在由“古”到“今”的中间部分，将立足于古今的不同语境辨异求同，通过对文化的解释论证情理法传统在社会主义法治语境下能够继续存在的关键原因——人。因为作为殊相的法律和作为共相的文化之间如果存在一个最大公约数，那么这个最大公约数一定是人。当然，完全从学理上进行论证难免会出现说服力不够的问题，因此在“今”的部分本书还将穿插近些年来发生的几起引发舆论高度关注的热门案件，从情理法的不同层次切入并逐渐展开，从而通过不同的个案表明情理法传统在当代社会存在的空间与可能。这一部分的个案分析实际上是对于过渡部分的延伸，是从理论到实践，从一般到个别的过程。本书的最后，则是在“今”的语境下再次从实践到理论，从个别到一般，即从学理的层面对情理法传统在社会主义法治语境下进行总结与升华。

需要特别指出的是，中华传统文化作为我们这个民族的宝贵遗产，其中有着诸多值得当下社会主义法治中国建设借鉴与学习的内容。但是我们也要清楚地认识到，传统文化当中也存在着一些与社会主义法治建设难以兼容的内容，例如男尊女卑的思想。因此，简单地以古非今或者以今非古都是有问题的。这就要求研究者必须置身于古今的不同语境，认真甄别那些真正具有普遍性意义的问题以及其中蕴含的解决问题的思路与方法。对此，习近平总书记在中国共产党第十九次全国代表大会上就曾指出：“深入挖掘中华优秀传统文化蕴含的思想观念、人文精神、道德规范，结合时代要求继承创新，让中华文化展现出永久魅力和时代风采。”[①] 总而言之，本书的研究并非是在割裂古今之间的联系，更不是将古今置于对立的语境以至于走向以古非今或者以今非古的立场。立足于社会主义法治中国这个大的前提是本书始终坚持的立场，这是需要特别强调的一点。

综上，全书的论证从形式上看大体上是一个从古到今的逻辑。但是需要补充说明的是，实际上在具体切入传统之前，本书问题意识的产生、切入点的选择等都是在社会主义法治的视野下展开思考的。因此，本书的框架除去导论外分为五个部分，在从古到今的大框架下依次展开论证，但是其中实际上始终坚持着社会主义法治这个大的前提，只不过为了保持逻辑的连续性而在行文的表达上采取了这样一种看似是由古及今的论证方式，其实质并非只是简单地转

① 习近平：《决胜全面建成小康社会　夺取新时代中国特色社会主义伟大胜利——在中国共产党第十九次全国代表大会上的报告》，人民网 http：//jhsjk. people. cn/article/29613458？isindex＝1，访问日期 2020 年 7 月 6 日。

化古今的语境，更不是人为地割裂古今去讨论问题。

（二）文献来源

再看文献的来源。首先，在文献的选择上，本书以乾隆朝刑部诉讼档案为基础，选择了《驳案新编》《刑部驳案汇钞》《刑事判例》《江苏成案》四部档案为考察对象。之所以选择清朝，是因为清朝作为中国历史上最后一个封建王朝，可以说继承了中国传统法律文化之大成与精髓，并且清朝保留下来的历史文献较为丰富，彼此之间能够较好地相互印证与补充说明。其次，之所以将考察的时间段选定在乾隆一朝是因为《大清律例》于乾隆五年正式完成，而清朝法律制度的一个重要特点就是律例并行，随着时间的推移例也越来越多，甚至出现了部分学者所谓的“以例破律”现象。[①] 对于律与例的关系以及“以例破律”的说法在多大程度上可以成立，本书暂且不予讨论，但是按照正常的逻辑，在例大规模出现前，对于律的适用仍然是主流，这是没有问题的。

因此，这四部档案能够较好且充分地反映《大清律例》在早期的司法实践当中实际运行的状况。至于选择这四部档案作为考察对象的原因，和滋贺秀三与黄宗智两位学者的争论有关。清代的案件根据刑罚的轻重分为重罪案件和州县自理案件，两位学者的争议主要集中在州县自理案件之中。滋贺秀三认为州县自理案件主要是以情断案，而黄宗智则认为是依法断案，然而对于重罪案件，两位学者均认为依法断案是绝对的主流。“举重以明轻”，如果依法断案的重罪案件依然体现出情理法的特点，这显然比探讨州县自理案件中的情理法现象更加具有说服力。因此，本书选择了乾隆一朝的四部刑部诉讼档案作为分析对象。

---

① 参见张晋藩主编《中国法制史》，群众出版社 1982 年版，第 303 页；游绍尹主编：《中国法制通史》，中国政法大学出版社 1990 年版，第 267 页；［美］D. 布迪、C. 莫里斯：《中华帝国的法律》，朱勇译，江苏人民出版社 1993 年版，第 62 页。

此外需要说明的是，如果非要对清代的法律体系作出民刑划分的话，这些重罪案件基本上对应着现代的刑事案件。同时，虽然传统中国并没有形成严格意义上的实体法与程序法的区别，诉讼制度更没有细致到区别民事诉讼和刑事诉讼的程度，但是事实上对于细故类案件和重罪案件的审理是存在着巨大差异的，而在当代的司法体制中如果不进行民事司法和刑事司法的区分很多时候是无法展开相关问题的论述的。因此，尽管本书是把情理法定义为一个事关司法的问题，但是因为选择了重罪案件，所以实际上更多地是在谈刑事司法的问题，对于当代个案的分析，也都是围绕着引起舆论重大关注的刑事案件展开的。这一点事关对于许多细节的探讨，故在此加以特别说明。具体到这四部材料，其各自的大体情况如下：

《驳案新编》系由乾隆朝刑部陕西司主事、总办秋审兼湖广司都催所律例馆纂修全士朝等纂辑，其中收录了乾隆元年至乾隆末年近六十年的驳案三百一十八件。所谓驳案，是指上级司法机关直至作为最高统治者的皇帝对下级司法机关上报覆核的案件，或因其“情罪未协”或因其适用法律不当驳回重审改拟的司法程序。而收入《驳案新编》的案例，均系刑部奉乾隆皇帝谕旨指驳改拟及准奏通行的定例，各级司法机关和办案官员均可比附援引，因而具有很高的法律效力。《刑部驳案汇钞》系由丁人可编，该书汇集了乾隆朝各省督抚呈报刑部、经刑部议决呈报皇帝、皇帝旨批的驳案二百五十一件。《刑事判例》编者不详，其中收录了乾隆、嘉庆、道光三朝的刑事判例二百六十四件，这些判例的性质同样由三部分构成，即各省督抚咨报刑部审拟批改的判例、各省督抚及刑部呈报皇帝的判例、经皇帝谕旨朱批的判例。除了几起判例记载模糊，难以判断出自哪一朝外，其中能够确定出自乾隆一朝的判例有六十件。

比较特殊的是《江苏成案》。《江苏成案》系由沈沾霖纂辑，江苏按察使熊枚鉴定，记载了乾隆四十一年至五十九年中江苏省的成案一百三十八件。所谓成案，有狭义和广义之分，狭义的成案“‘俱系例无专条、援引比附加减定拟之案’，指对法无明文的类似疑难案件进行比附处理的旧案；广义的成案则包括所有高层司法机关（主要是刑部）批准或办理的旧案”①。值得注意的是，根据《大清律例》的规定，成案的适用原则上是被禁止的。② 也就是说，即使是刑部所批准和办理的旧案，也不得直接作为判例在司法实践中使用，而必须经过刑部通行著为定例之后才可适用。因此《江苏成案》仅系一省之刑名，不仅原则上难以被视为狭义的成案，而且不得在司法实践中作为判例加以使用。然而，由于《大清律例》的模糊规定以及司法实践的现实需要，成案在清代司法实践当中实际发挥着法律渊源的效力，这是可以确定的，其效力弱于例但是却与例接近。对此，滋贺秀三通过考察也指出：“在清代的‘刑案’类书籍所收的刑事案件中，围绕拟罪的适当与否——换言之，即量刑的妥当性——的议论中，引照成案、即判例的频率很高。”③ 就《江苏成案》所收录的一百三十八起成案来说，其均是由江苏省报呈刑部的案件，甚至在几起案件当中还有乾隆皇帝的谕令。同时，根据清代审级制度的特点，只要判处笞杖以上的案件，哪怕是最轻的不涉及人命的徒刑案件，即使经按察使一级审理之后没有疑义的也要上报督抚，并最终由督抚终审之后再向刑部备案。更为关键的是，《江苏成案》中不仅出现了在后案例引用在先成案的事实，而

---

① 王志强：《清代成案的效力和其运用中的论证方式——以〈刑案汇览〉为中心》，《法学研究》2003 年第 3 期。

② 《大清律例》“刑律·断罪引律令”规定：“除正律、正例而外，凡属成案，未经通行著为定例，一概严禁，毋得混行牵引，致罪有出入。如督抚办理案件，果有与旧案相合，可援为例者，许于本内声明，刑部详加查核，附请著为定例。”

③ ［日］滋贺秀三：《清代诉讼制度之民事法源的概括性考察——情、理、法》，载王亚新、梁治平编：《明清时期的民事审判与民间契约》，范愉译，法律出版社 1998 年版，第 26 页。

且许多成案本身是被刑部著为定例之后收入的。[①] 所以，从形式上看《江苏成案》确实不是直接出自刑部，这与其他三部档案有一些区别，但是其中所载成案的效力却并不低，刑部不仅直接或间接地参与了这些案件，并且其中一些案件已经是以例的形式被收录的。

总体来说，乾隆时期涉及的刑部的这四部诉讼档案，其中记载了乾隆朝近六十年不同时期由地方报呈刑部的案件总计八百一十二件。在从各级地方官员到刑部甚至直至皇帝的逐级论证当中，这些案件彰显了法律在适用过程中的诸多问题及其相应的解决方式，这为考察情理法提供了一个绝佳的视角。

（三）研究方法

再次是研究方法的问题。法学学科常常因为研究方法的孱弱被别的学科嘲笑为“幼稚”，某种程度上来说这确实是法学学科本身无法克服的问题。这是因为，“法律不能提供分析自身的学术工具（用从立法归纳或引申出来的原则和学说分析、比较立法，是典型的循环论证），必须借助其他学科（文史哲及经济、政治、社会、语言、心理等等）的理论和研究方法，才能提出有意义的学术问题。”[②] 同样，本书的研究也需要借助多种分析方法，其中主要涉及的研究方法有语言分析法、历史文献法、文化解释法和个案分析法。

---

① 例如“疑贼锄殴平人致死量减拟流遇赦不准再减”（第 6 页）“发掘坟塚盗取尸身图诈首犯拟斩为从发伊犁”（第 103 页）均援引了江苏本省的成案，而在“图奸未成事经寝息因被翁训斥自尽奸夫拟流部饬毋得擅引成案”中，江苏巡抚处理此案时甚至援引了河南省的两个成案，尽管对于江苏巡抚擅引未经通行的成案，刑部江苏司认为欠妥，但是对于案件的最终处理结果却予以了肯定。由此可见援引成案并不拘于本省范围之内，是否通行才是关键。再者如“嗣后卑幼窃财如尊长素有周恤卑幼昧良负义有服亲属照减等本律递加一等治罪无服之亲即以凡论新例”（第 78 页），其中不仅有乾隆皇帝的谕令，并且此成案已经被制定为新例。以上均参见（清）沈沾霖纂辑《江苏成案》，载杨一凡、徐立志编：《历代判例判牍》（第八册），中国社会科学出版社 2005 年版。

② 冯象：《政法笔记》（增订版），北京大学出版社 2012 年，第 203—204 页。

首先，语言分析法。本书的研究前提是情理法作为一个独立概念，而情理法要能够成为一个独立的概念，就有必要充分把握理论探讨和司法实践对于“情理法”这一概念的使用情况，因此语言分析便成为本书前提性的研究方法。本书将通过具体梳理“情理法”这一概念在诸如学者的论述、司法裁判等不同语境中的使用情况，包括各自的语法结构、语义指向等内容，描述出“情理法”作为一个符号出现、发展与流变的全过程，并通过包括语义分析、语用分析等语言分析方法指出情理法作为独立概念之所以能够存在的可能，从而为更好地把握情理法作为一个独立概念的内涵打下基础。

其次，历史文献法。传统是活着的过去，而文献是过去留下的痕迹，本书以乾隆朝刑部诉讼档案为基础，因此历史文献法也就成为重要的研究方法。通过阅读、分析和整理这四部档案，本书将考察这些案件在从地方直至刑部乃至皇帝的逐级论证中所反映出来的规律性特征，从而在此基础上阐释在重罪案件中被学术界所忽视的情理法现象。

再次，文化解释法。时间有过去与现在之别，但是文化却蕴含着人类社会的共同价值与原理。文化是联结传统与现代的重要纽带，它不应该也不可能被人为地切断。在这一点上，古今如此，中外亦无别。因此，本书舍弃了从政治、经济、社会等殊相性角度探讨情理法在传统中国之所以如此和在当代社会缘何延续的路径，而是选择了文化这样一个共相性的切入点去把握情理法所置身的深层文化结构，尤其强调和突出“人”作为文化的核心地位，从而将影响司法实践的诸多因素予以展示和剖析，并且在此基础上指出情理法传统的哪些面向能够超越时空的界限。

最后，个案分析法。本书既强调理论层面的宏观把握，同时也强调实践层面的微观探析，因为理论探讨是为了更好地观照实践，对实践的观察则能够更好地检验理论的解释力，因此对个案的分析就显得尤为重要。本书在“今”的部分将通过对个案的分析，尤其是对当代几个热点案例将结合情理法的不同层面切入并展开，从而在对实践的考察中立体地审视情理法的内涵。

（四）创新说明

如果说本书有那么一些创新的话，窃以为大致有以下五点：

第一，强调作为独立概念的情理法。本书从综述阶段开始便将“情理法”这一符号作出独立概念与合成概念的两分，并且通过语言分析始终坚持情理法作为一个独立概念的存在，在使用这一概念的过程中也坚持独立概念的理论自觉。在对历史文献的考察中，本书也是基于已有的研究去把握学科的基本共识，在此基础上通过历史实践的考察完善情理法作为独立概念的内涵。同时，在对当代司法实践的个案分析当中，本书也始终是在情理法作为一个独立概念的前提下渐次展开论证的。

第二，立足于刑部诉讼档案的实证分析。不同于以往对于“情理法”研究的常见进路，本书立足于四部刑部诉讼档案，以实证的方法透视清代乾隆一朝的司法实践。正如前文反复强调的那样，之所以关注这些档案是因为重罪类案件中的这些情理法现象长期以来是被忽视或者被认为是不明显的。因此，关注这些刑部诉讼档案能够丰富和完善情理法概念的内涵，使其对当代司法实践的分析更具解释力和启发性。

第三，对情理法的消极面予以了集中且具体的反思。现有的研究对于“情理法”的积极面向予以了足够的重视，但是对于其中与社会主义法治不太兼容甚至冲突的面向却缺乏充分且系统的思考。研究者往往通过深入考证发现了“情理法”不同于现代的积极面向，从而自觉或不自觉地忽略了理论的反思与批判。近年来，对于中国传统文化的创造性转化逐渐成为学术界越来越强调的重点，但是对于何为创造性转化以及如何创造性转化的讨论则更多地停留在宏观层面而缺乏对具体问题的论证，其突出的表现便是对于情理法在社会主义法治语境下的消极面向缺乏足够的重视。因此，本书将力图展示情理法的积极面向，但是又不落入单纯的追古，对情理法在社会主义法治语境下的消极面向将给予充分的论证。这一点正如前文所说，本书并非以古非今或以今非古。

第四，强调以“人”为核心的文化解释方法。如上文所述，对于情理法问题的阐释可以从诸多殊相性的角度切入，但是这不免会陷入以部分说明部分的陷阱之中。作为共相性的文化和殊相性的法律，二者的最大公约数一定是“人”，对此本书将在第三章展开详细的论证。通过以“人”为核心的文化解释，对于古今在法律这一殊相方面可能存在的逻辑断裂，我们能够重新建立起新的纽带，从而实现传统与现代在对话上的可能。

第五，以当代的问题意识为导向。研究历史是为了更好地理解当下，进而更好地把握未来。作为法学研究的一部分，即使是对历史的考察也同样需要当代的问题意识。本书之所以要对情理法的消极面予以反思，并且在古今逻辑可能出现断裂的情形下坚持从古到今的论证，其最终目的是与当代对话，也就是本书始终强调的当代的问题意识。创造性转化的标准应该来自当下社会，尤其是社会主义法治这个大的时代背景。因此，本书的后半部分选择回归当代的司法实践，在立足于情理法这一概念的基础上结合对当代个案进行的分析，以更好地反思社会主义法治语境下的情理法传统，从而展现情理法这一来自传统的概念在当代的司法实践中依然具有的生命力。

第一章　追本立意：情理法的概念定位

第一节　概念的分歧：合成概念与独立概念

一　分裂的现实

导论已经谈到，从“情理法”作为一个符号出现开始，合成概念与独立概念的分裂就一直贯穿着研究的始终。合成概念与独立概念各自有什么意涵，二者之间的关系究竟如何？如果对这些前提性问题不弄清楚的话，那么围绕着“情理法”所展开的研究要么内部逻辑混乱，要么出现大量的重复性工作。因此，确定合成概念与独立概念各自的意涵应该是首先要做的事情。

首先看作为合成概念的“情理法”。有意思的是，即使是最早出现“情理法”这一符号的《情理法与中国人》一书，除了书名之外，在其正文中是找不到“情理法”这一表述的，类似的只有“情、理、法”的表达：“虽然从理论上讲，法律应尽量符合‘情理’，应尽量做到‘情、理、法’三者合一，或应尽量把情理变成堂而皇之的法律，历史上的人们也尽量追求这些。”① 从该处的使用情况来看，既然使用了顿号和“三者合一”这样的表述，那么“情”“理”“法”三者显然是一种并列的关系，并且结合上下文

① 范忠信、郑定、詹学农：《情理法与中国人》，北京大学出版社2011年版，第26页。

“法律”与“情理”的对应关系来看，这本书的标题中使用的“情理法”是一个典型的合成概念，其看似具有独立概念的外观，但是顿号的使用表明了其内部是一种并列的关系。

实际上，即使是自霍存福教授之后独立概念开始正式出现，学术界对于“情理法”的使用大部分也还是在这种并列关系的层面上进行的。例如“……情理法并重，不厌其烦、不畏其难、满腔热情地正确处理好人民内部矛盾……”①“要有机地结合起来，光讲情、理、法中的一两项，偏废其他不行”②，“情、理、法的礼先法后与现代法治社会精神相悖，应将法律位阶提升，法、理、情重新架构，以力求社会控制功能上的正当性”③。如果说第一个例子还具有“情理法”作为独立概念的外观（但是“并重”的使用又表明这是一个合成概念），那么第二、三个例子则直接表明“情”“理”“法”三者实际上是一种并列的关系，甚至第三个例子基于三者效力的考量还认为应该将“情”“理”“法”从顺序上变成“法”“理”“情”。由此可见，在合成概念当中，“情”“理”“法”三者是一种并列的关系。

既然是并列的关系，“情”“理”“法”三者就应该具有各自独立的义项。那么，“情”“理”“法”三者究竟指代什么？这正是大量论述所探讨的内容，鉴于此类的论述已经很多，故本书不再赘述，而只是做一个综合性与总结性的说明。相对来说并无太大争议的是“法”。尽管对于什么是“法”同样是一个复杂的法理学问题，但是在“情”“理”“法”并列出现的场合，显然对“法”应该作狭义的理解，“所谓‘法’者，指国家的立法，即‘国法’，

---

① 上海市第二中级人民法院告申庭：《情理法并重　防矛盾激化　苦累烦不畏　促社会稳定》，《法律适用》1998 年第 2 期。

② 沈栋材：《情、理、法要有机结合》，《青少年犯罪问题》1998 年第 2 期。

③ 栾爽：《情、理、法与法、理、情——试论中国传统法律的伦理特色与现代转型》，《南京航空航天大学学报（社会科学版）》1999 年第 4 期。

在明清时即为律、例”[①]。确立“情理法”中的“法”的含义和性质并非一个无关紧要的问题，因为既然在合成概念中“情”“理”“法”三者能够并列出现，那么至少在性质上它们应该是具有共同点的。所以确定“法”的性质，实际上是为了确立探讨“情”和“理”的大致方向。

二　“情”的内涵

首先看“情”。由于“情”本身的含义具有多样性，所以对于什么是“情”，说法也非常多，但是总结起来，本书认为大致可以分为两个方面：一是作为事实性的“情”，二是作为经验性的“情”。所谓事实性的“情”，即情节、情况等描述客观事实的“情”。对此，学者们基本上没有争议，例如滋贺秀三认为，“首先，情字有指情节、情况等事实关系的含义。刑案类中的‘情罪未协’等所说的‘情’，就有这方面的意思。”[②] 佐立治人在对“情”的内涵进行分类时，提到的第一层含义也是“事实关系”[③]。再者如苏亦工教授也提到，“所谓‘情’者，比较复杂：有时指实情，略似英美法上所说的事实。”[④] 所以，“情”的第一层含义指的是事实性的“情”。

比较复杂的是作为经验性的“情”。以佐立治人对于“情”的经典分类为例。他把《清明集》中的“情”分为四种情况：一是事实关系，二是对事实关系的评价，三是在搞清事实关系的文理意

---

① 苏亦工：《清代“情理”听讼的文化意蕴——兼评滋贺秀三的中西诉讼观》，《法商研究》2019年第3期。

② ［日］滋贺秀三：《清代诉讼制度之民事法源的概括性考察——情、理、法》，载王亚新、梁治平编：《明清时期的民事审判与民间契约》，范愉译，法律出版社1998年版，第37页。

③ 参见［日］佐立治人《清明集的法意与人情》，载杨一凡主编《中国法制史考证》（丙编第三卷），姚荣涛译，中国社会科学出版社2003年版，第452页。

④ 苏亦工：《清代“情理”听讼的文化意蕴——兼评滋贺秀三的中西诉讼观》，《法商研究》2019年第3期。

义上使用，四是指被放在公法、法度的对立位置的，予以否定性评价的“人情”。[①] 第一种含义即上文所说的事实性的“情”，至于后面三种实际上都可以将其视为经验性的“情”，对此我们依次来看。第二种含义即经常听到的表达——“合情合理”，它是对事实关系进行的价值判断。第三种含义是对事实性的“情”在文理意义上的再表达，它之所以区别于事实性的“情”是因为它在被重新表达的过程当中必然带入表达者的经验，但是它又并非第二种含义，因为表达者并没有对这些事实关系进行价值判断。所以，第一种“情”与第三种“情”的关系类似于客观事实与法律事实的关系（不过第三种“情”所说的“文理意义”并非必然指法律），尽管都是“情”，但是基于表达者的使用，第三种“情”必然带有经验性质从而区别于纯粹的客观事实。第四种内涵就比较好理解了，它指的是私情，也即经常被研究者加以批判的对象。一些论者认为情、理、法的顺序需要调整为法、理、情，其针对的“情”正是私情意义上的“情”。

本书之所以把后三种“情”统称为经验性的“情”，原因在于这三种“情”都与人的主观经验有关。不管是对事实关系的价值评判，还是对事实关系所进行的重新表达，甚或是人际间的关系、人情世故等私情，它们都与人的经验相关。由此，一个重要的问题就产生了，何为“经验”？

第一个对“经验”这一概念进行定义的是亚里士多德，他指出：“人从记忆积累经验；同一事物的屡次记忆最后产生这一经验的潜能。”[②] 亚里士多德对于经验的定义是从认识论的角度去阐释的，他认为人们通过积累经验获得知识，而经验只是一种个别知识。亚里士多德对于经验的定义直接影响到了后来的西方诸多哲学

---

① 参见［日］佐立治人《清明集的法意与人情》，载杨一凡主编《中国法制史考证》（丙编第三卷），姚荣涛译，中国社会科学出版社 2003 年版，第 452—454 页。

② ［古希腊］亚里士多德：《形而上学》，吴寿彭译，商务印书馆 1959 年，第 2 页。

派别，例如伊壁鸠鲁派和早期斯多亚学派，而更晚的英国经验主义以及康德都继承了亚里士多德的基本精神。例如培根认为，经验的实质就是“与那种感官知觉相联系的知识”，经验的作用在于“没有经验，任何东西都不可能充分被认识”①。融合了经验主义和理性主义两派观点的康德在《未来形而上学导论》中指出：“经验无非就是知觉的不断组合。”② 此外，康德还认为，“一切知识虽然以经验始，但是并不因之即以为一切知识皆自经验发生。”③

在批判地继承了以往的哲学家关于经验阐释的基础之上，马克思主义经典作家立足于唯物主义和辩证法的基本立场对经验进行了新的阐释。例如恩格斯提道：“一切观念都来自经验，都是现实的反映——正确的或歪曲的反映。”④ 由此可见，马克思主义同样认为知识来源于经验，但是其同时也指出了经验的缺陷：“单凭观察所得的经验，是决不能充分证明必然性的。”⑤ 对此，毛泽东同志有过精辟的阐述：“就知识的总体说来，无论何种知识都是不能离开直接经验的。任何知识的来源，在于人的肉体感官对客观外界的感觉，否认了这个感觉，否认了直接经验，否认亲自参加变革现实的实践，他就不是唯物论者。”⑥ 但是，“人不能事事直接经验，事实上多数的知识都是间接经验的东西，这就是一切古代的和外域的知识”⑦。

纵观中西方的思想家们对“经验”一词的阐述可以看出，有关经验的讨论大多数是在认识论层面展开的，并且常常是围绕着经验和知识的关系进行论述的。经验作为知识来源的观点基本上已取得

① 《西方哲学原著选读》（上卷），商务印书馆1981年版，第287页。

② ［德］康德：《未来形而上学导论》，李秋零译，中国人民大学出版社2013年版，第19页。

③ ［德］康德：《纯粹理性批判》，蓝公武译，商务印书馆1960年版，第27页。

④ 《马克思恩格斯全集》（第20卷），人民出版社1971年版，第661页。

⑤ 《马克思恩格斯全集》（第20卷），人民出版社1971年版，第572页。

⑥ 《毛泽东著作选读》（上册），人民出版社1986年版，第126—127页。

⑦ 《毛泽东著作选读》（上册），人民出版社1986年版，第126页。

共识，并且绝大多数思想家都认为经验与人的感官相连，是一种较低层次的知识，其未必一定能够反映事物的必然性。法律作为理性的产物区别于经验而代表着一种更高层次的知识。因此，除去表述事实关系这一项之外的后三种“情”，都和人的经验直接相关，是人基于对客观世界的感觉而形成的，是包括法律在内的知识得以产生的基础，因此是一种经验性的“情”。所以，经验性的“情”和“法”之间是存在一定的统一性的。“三尺律令，人事出其中。”[①]正是因为“情”和“法”之间具有一定的统一性，所以“情”和“法”二者才能够并列使用。但是我们也要看到，经验的作用是有限的，它未必正确，也未必一定能够反映事物的必然性。所以，由于经验和知识之间既有统一又有对立的一面，围绕着“情”和“法”的问题才变得复杂了起来，也因此有了进行更多深入讨论的可能。

比较特殊的是最后一种“情”，即被放在公法、法度的对立位置且被予以否定性评价的“人情”。此种“情”基于私人之间的关系而产生，当它产生之后，作为裁判者的一方难免会受到私情的影响，相对的一方也期望因为私情能够影响裁判的结果。仅仅就私人之间的角度来看，这样的“情”是符合经验逻辑的。但是，这种经验逻辑如果放大到社会整体的语境中显然就会出现问题，因为它尽管符合私人利益但是却不符合整体利益，因此作为与“法”在性质上相应的“情”，应该是将作为“私情”的“情”排除在外的，所以真正值得继续讨论的是第二、三种“情”。第二、三种“情”区别于第一种“情”的关键之处就在于它们都具有经验性，只不过相较于对事实关系重新表达的第三种“情”，第二种“情”是以价值判断的形式表现出来的，其所具有的经验性更强。

① （汉）班固：《汉书》，中华书局2000年版，第2532页。

所以，在“情”的内涵中除了第一重内涵属于事实性的“情”之外，剩下的三种内涵实际上其本质都是一种经验性的“情”，而这三种经验性的“情”的差别在于经验性的程度问题。当某种“情”只在少数人中得到认可时，那么这典型的就是“私情”；当经验的范围得到了整个社会的认可时，那么它就是一种“公情”。当这种“公情”对事实关系的整体作出评判时，它就是“情”的第二种内涵；当以“公情”为标准对事实关系进行表达时，它就是“情”的第三种内涵。虽然滋贺秀三没有像佐立治人那样对“情”进行详细的分类，但是滋贺秀三的论述实际上与佐立治人是一致的，他认为：“虽然一眼看去相差悬殊，但这种含义的情，实际上与作为判断基准的规范性的情，有着深刻的联系。也就是说，在判断之际，不能将作为直接对象的事实和现象孤立起来，而必须将其置于与作为背景的各种事实和现象的具体关联中，加以同情的理解和评价，这种要求就体现在情理一词的情中。”[①] 滋贺秀三所谓“这种含义的情”，即作为事实性的“情”，而“作为判断基准的规范性的情”即佐立治人所阐释的后三种“情”，即本书归纳的经验性的“情”。其他学者的论述事实上也与本书的分析在性质上相一致，例如汪习根教授从法理学的角度排除了事实性的“情”与经验程度较低的“私情”，他认为：“法理学意义上的‘情’首先意指的是‘情意’，即社会公众的意志而非个人意志。……法理学意义上的‘情’其次意指‘情感’，即公共法律意识而非个别意识。”[②] 苏亦工教授认为：“所谓‘情’者，比较复杂：有时指实情，略似英美法上所说的事实；有时指情感，但‘非指个体的特殊感受，而

① ［日］滋贺秀三：《清代诉讼制度之民事法源的概括性考察——情、理、法》，范愉译，载王亚新、梁治平编：《明清时期的民事审判与民间契约》，法律出版社 1998 年版，第 37 页。

② 汪习根、王康敏：《论情理法关系的理性定位》，《河南社会科学》2012 年第 2 期。

是具有普遍性的情感'；有时也指人情关系、请托关说等。"① 这样的分类逻辑实际上和本书的归纳在本质上仍然是一致的，其始终没有超出事实性的"情"与经验性的"情"两种类型。

需要补充说明的是，为何本书不使用滋贺秀三所言的"规范性的情"而是使用了"经验性的情"，原因在于"法"的性质。显然，"法"是一种典型的规范，并且是一种具有强制力的规范。同时，"情"的后三种内涵在一定程度上也具有规范性，正是因为它们具有规范性，所以才会形成对"法"的评判甚至是冲击，最典型的表达就是"判决不合情理"。因此，本书认为，规范性并不是"法"与"情"最为关键的对立点，真正关键的问题在于，"法"是由国家制定并实施同时具有国家强制力的规范，一旦违反将会引发国家暴力的介入。相反，违反了同为规范的"情"的行为并不必然会引发国家强制力的干预，常常对其加以惩戒的是舆论、评价等手段。由此可见，规范性并非区分"法"与"情"的关键，而使用强制性作为区分标准又并不能很好地揭示"情"的特征。因此，本书采用"情"的发生原因——经验的形成与积累作为定义"情"的关键性特征。

另一个值得探讨的问题是，作为私情的"情"是否具有规范性。从性质上看，私情与第二、三种内涵的"情"都具有经验性，这是没问题的，并且第二、三种内涵的"情"正是因为具有规范性，才能够与同为规范的"法"相并列。可是，如果认为私情也具有规范性，那么逻辑就会出现问题，因为这会推导出"因私废公"的结论，但显然这是错误的。但是，我们必须注意的是，违背私情同样可能招致来自集体的惩戒，例如大义灭亲可能导致亲情受到冲击，从而受到其他成员的排斥。因此从这个意义上讲，作为私情的

① 苏亦工：《清代"情理"听讼的文化意蕴——兼评滋贺秀三的中西诉讼观》，《法商研究》2019 年第 3 期。

“情”又具有一种类似规范的效力，但是这种规范性显然不能与凝结了广泛集体意识的第二、三种内涵的“情”相比，更不能与国法相抗衡。因此，即使私情具有一定的弱规范性，也不应该认为其属于规范性的“情”。

综上可见，作为合成概念的“情理法”，既然三者是并列关系，那么在性质上应该是类似的。同时，由于“法”是指“国法”，是由国家制定实施的规范，那么“情”也应该具有规范性，由此作为事实性的“情”则应该被排除在外，并且仅仅具有弱规范性的“私情”也应该被排除在外。因此，“情理法”中的“情”是凝结了较大范围集体意识的经验，这种经验区别于“法”，但是却同样可以对事实关系进行表达与评价。

三　“理”的内涵

相比起“情”存在着的多个面向，“理”阐释起来就要简单得多了。不过因为“理”的性质相对单一且单独出现的场合相较于“情”要少，因此在讨论“情理法”的文章当中，单独论证何为“理”的内容相比论证“情”的内容要少得多，大多数学者即使论证“理”也更愿意将其与别的内容放在一起加以论证。例如滋贺秀三就常常对“情理”加以阐释，他认为，如果将“情”与“理”“两个字分开，‘理’是指思考事物时所遵循的也是对同类事物普遍适用的道理”①。苏亦工教授则认为：“所谓‘理’者，指基于一定价值观念所形成的道理。……情与理很难截然分开。中国有句老话‘通情达理’，意即只有通情才能达理。如果不知情而抽象地论理，难免会失于空谈玄想，未必能收实益。”② 除了和“情”构成

---

① ［日］滋贺秀三：《清代诉讼制度之民事法源的概括性考察——情、理、法》，范愉译，载王亚新、梁治平编：《明清时期的民事审判与民间契约》，法律出版社 1998 年版，第 36 页。

② 苏亦工：《清代“情理”听讼的文化意蕴——兼评滋贺秀三的中西诉讼观》，《法商研究》2019 年第 3 期。

“情理”外，“理”还常常与“天”构成“天理”。对此，郭忠指出：“情理是来自于情感的，但又区别于一般我们所言的情感。它本质上和西方人所言的理性相反，属于非理性。但因又合于中国哲学中所言之‘天理’，所以称为情理。因为中国人在认识自然之理——天理时，并不从语言和逻辑上予以把握和认识，而将天理视为贯通自然与社会的普遍原理，和人心相联系。”[①] 由于中国传统文化中天人关系的特殊性，因此“天理”和“情理”两个概念常常混在一起难以区别，但是“理”本身所具有的规范性是毋庸置疑的。

正是因为“理”的性质具有规范性，所以即使按照黄宗智教授的观点，对“理”的内涵进行切割，即“理指的是普通意义上的道理，不是儒家意识形态中的天理”[②]，那么仅仅作为“道理”的“理”同样也是具有规范性的。而汪习根教授从法理学的角度对“理”进行了四个层次的划分，这四个层面同样没有超越“理”的规范性，即国家政治和法律构成的基本原理；特定国家根据自身实际和本土经验而厘定的定理；事前预设的、不可置疑的，并具有最高决断力的始源性公理；法律论证过程中所体现的内在道理。[③] 因此，“天理”也好，“情理”也罢，正是因为“理”具有规范性，所以才会对“法”形成冲击。那么一个问题就产生了，“理”和“情”既然都具有规范性但是却又区别于“法”而不具有强制性，那么二者应该如何进行区分？

本书认为，“情”和“理”在中国文化的语境下并没有本质的区别，关键在于“情”的经验性程度相对于“理”较低，“理”因为具有高度的经验性而成为许多不言自明的规范，从而表现出定

---

① 郭忠：《法理和情理》，《法律科学》2007 年第 2 期。

② 黄宗智：《清代的法律、社会与文化：民法的表达与实践》，上海书店出版社 2001 年版，第 9 页。

③ 汪习根、王康敏：《论情理法关系的理性定位》，《河南社会科学》2012 年第 2 期。

理、公理的色彩。正是因为“理”的这种高度经验性，所以在中国传统社会中形成了“天理”的说法，但是却从来未曾看到有“天情”的表达。这正是因为“天”在中国传统文化中具有最高的地位，因此那些具有高度经验性的“理”能够通过“天”的修辞而获得极高的效力。正是在这个意义上，谢觉哉老先生认为：“合情的未必合理，合乎理的定合乎情。不合乎理的情，由于有所蔽。理是经过了洗练的情。”① 由此可见，在谢老看来，“理”在层次上是高于“情”的。

一个需要说明的问题是，按照前文对于“经验”一词的阐释，经验是人基于对客观世界的感觉而产生的一种较低程度的知识，它是知识的来源却未必能够反映事物的必然性。我们把具有规范性的“情”视为经验性的“情”的同时，能否把比“情”程度更高的“理”也视为一种经验？从性质上看，“理”确实已经超出较小的群体范围并且常常能够反映事物的必然性，但是与经过特定人群和程序制定的具有体系化、成文化特点的“法”相比，“理”更多的还是以一种集体共识的形态表现出来，它并没有以体系化的方式通过国家公权力的运作得到成文化的表达。因此，“理”从性质上讲并没有超出经验的范畴，把“理”和“情”一同视为一种经验是符合逻辑的。当然，“情”和“理”虽然并不存在质的差别，但是在程度上显然“理”要高于“情”。然而，究竟经验性要达到怎样的程度才能够将之称为“理”，其与“情”的分界线究竟在何处，这显然是一个没有办法具体量化的问题，也正是因为“理”与“情”的界限很难作出清晰的区分，因此程度较低的“理”又能够和“情”结合在一起而成为“情理”。所以，从“情理”到“天理”，其内部存在着经验性程度的渐强变化，但是“情”和“理”却又并不能截然区分开。

---

① 《谢觉哉日记》（上卷），人民出版社1984年版，第679页。

最后，由于“情”和“理”二字常常并提，并且近些年在法学界的讨论中有将其与“法理”对称的现象，因此有必要对“情理”一词进行简单的说明。[①]“情理”一词也是滋贺秀三论述的重点，他认为：“所谓‘情理’，正确说应该就是中国型的正义衡平感觉。无论如何，所谓情理是深藏于各人心中的感觉而不具有实定性，但它却引导听讼者的判断。”[②] 滋贺秀三将“情理”视为一种感觉，由此区别于作为一种判断基准的国法所具有的成文性和实定性。“与此相对，情理既没有成文、先例或习惯等任何实证基础，也完全不具有实定性，在这个意义上，只是自然的判断基准。”[③] 苏亦工教授对“情理”一词的表述基本上沿袭了滋贺秀三的说法，他认为：“情理并不是任何实定性的规则，甚至连实定化的习惯都不是，只是‘常识性的’或‘中国型的正义衡平感觉’。”[④] 霍存福教授对“情理”的表述也同样是切中要害的：“西方有‘恶法亦法’与‘恶法非法’之争，中国的‘情理’实际上相当于西方自然法，起了类似自然法对实在法的批判、纠正作用。”[⑤] 霍存福教授将“情理”在中国语境中的作用比作西方的自然法，这一点同样暗含着“情理”的非成文性和非实定性。可见，即使是将“情”和“理”合并为一个独立的词，“情理”所具有的经验性色彩同样

---

① 本书以“情理”和“法理”为关键词于知网进行检索，从2014—2018年的五年间，标题中同时出现“情理”与“法理”的文章数量以年份计算分别为4、9、8、4、12篇，总体呈现出上升的趋势。

② ［日］滋贺秀三：《中国法文化的考察——以诉讼的形态为素材》，范愉译，载王亚新、梁治平编：《明清时期的民事审判与民间契约》，法律出版社1998年版，第13—14页。

③ ［日］滋贺秀三：《清代诉讼制度之民事法源的概括性考察———情、理、法》，范愉译，载王亚新、梁治平编：《明清时期的民事审判与民间契约》，法律出版社1998年版，第35页。

④ 苏亦工：《清代“情理”听讼的文化意蕴——兼评滋贺秀三的中西诉讼观》，《法商研究》2019年第3期。

⑤ 霍存福：《沈家本“情理法”观所代表的近代转捩——与薛允升、樊增祥的比较》，《华东政法大学学报》2018年第6期。

也是很明显的，它并不成文也难以实定，是作为一种感觉而存在的。至于“情理”和“情”“理”“法”各自的关系，因合成概念的内部结构是“情、理、法”而非“情理、法”，因此本书不再对“情理”一词进行过多的阐释。

综上，“情”和“理”都是具有非强制性的规范性经验，而“法”是一种具有强制性的规范。三者之所以能够并列而形成一个合成概念，其基础在于“情”“理”“法”三者的规范性特点。因此，作为合成概念的“情理法”，是具有强制性效力的“法”与不具有强制性却具有规范性效力的“情”和“理”的并列，三者均具有的规范性是它们能够并列出现的基础。

第二节　独立概念的理论可能

如果我们继续深入分析作为合成概念的“情理法”，就会发现其中存在着一个重大问题，即合成概念本身实际上并没有任何意义。因为合成概念看似是具有独立概念的符号形式，但是其内部的逻辑实际上是“情、理、法”，也就是说它只是三种规范的简单并列。换言之，作为合成概念的“情理法”只是由三个名词并列组成的。如果从语法上看，缺乏谓语动词作为中介，或者没有经过扩展成为一个名词性的短语，三个并列的名词并不能产生完整的意义。因此，在使用合成概念的表达中，“情理法”一定会与“融合”“统一”等动词结合在一起使用，或者经过扩展成为名词性的短语如“xxx 中的情理法”“情理法的体现”等，只有这样，“情、理、法”才能产生完整的意义。所以，从某种意义上说，能否将作为合成概念的“情理法”称为一个概念都是一个值得商榷的问题。因为一个完整的符号应该由能指、所指、意指三者构成，而缺乏所指的符号本身就不是一个完整的符号，这恰恰也是独立概念之所以能够成为一个概念的关键之处，这就是接下来我们要阐述的问题——独立概念的理论可能。

一 裁判文书中“情理法”的使用情况

正如凯尔森所言：“对一个概念下定义的任何企图，必须要将表示该概念的这个词的通常用法当作它的出发点。”① 因此，要论证“情理法”究竟能否成为一个独立的概念，我们就必须回到“情理法”作为一个符号被使用的通常语境中去。所以，本书以“情理法”为关键词在中国裁判文书网对裁判文书进行了检索，并对这些裁判文书中“情理法”这一符号的使用状况进行了整理。

据统计，截至2019年10月17日，“情理法”这一符号在裁判文书网中出现了529次，除去某些并不具有分析意义的情况外，有效频次为392次。② 在这392次中，明显是将“情”“理”“法”合成使用的有127次，占到了总次数的32.4%。这些合成使用的情况主要包括两种类型：①使用了“都”“均”“皆”等副词，例如“与情理法皆不符”“于情理法皆悖”；②使用了“统一”“兼顾”等动词，例如“情理法有机统一”“兼顾情理法”。这两类词都含有多数的意涵，因此“情理法”与这两类词一起使用时其内部显然是“情”“理”“法”三者并列的关系。剩余的265次虽然不能直接下结论说它们是在独立概念的层面上使用“情理法”这一符号的，但是从形式上看它们也确实没有明显合成概念的特征。

再看总体的使用频次。本书按照从高到低的顺序，将使用频次前十的用法排序如下：

---

① ［奥］凯尔森：《法与国家的一般理论》，沈宗灵译，商务印书馆2013年版，第31页。

② 不具有分析意义的情况主要包括在“情理法”中间使用了顿号，还有传销类案件中大量出现名为“汝吾伊独善情理法借助银行司契单”的单据。

表 1.1　　中国裁判文书网“情理法”一词使用频次排序表

排名	用法	频次	占比
1	不符合情理法	37	9.44%
2	符合情理法	31	7.91%
3	合乎情理法	25	6.38%
4	不合情理法	21	5.36%
5	不论情理法	18	4.59%
6	从情理法的角度	12	3.06%
7	与情理法不符	9	2.3%
8	与情理法相悖	9	2.3%
9	与情理法不合	8	2.04%
10	从情理法上的角度	8	2.04%

在这前十的使用情况中，明显属于合成概念的是第五种表达即“不论情理法”，其他九种情况在形式上都没有明显合成概念的特征。尤其有意思的是前四种情况。前四种情况从结构上看是一致的，区别在于①和②、③和④所使用的动词不同，以及①②、③④各自又以肯定和否定的表达与另一方相对。所以，如果将前四种情况视为一个整体来看的话，其总共使用频次达到了 114 次频次 392 次的近 30%。

但是，这四种情况也很难判断到底是合成概念还是独立概念。我们以“符合情理法”为例。“符合”一词显然是动词，所以其后必须跟一个名词性的成分作宾语，而“符合情理法”恰恰就是一个动宾结构的短语。因此，既然在这样的结构中“情理法”这一符号能够以名词性的成分独立地充当动词的宾语，那么我们将“情理法”视为一个独立成分于语法上来讲就是没有问题的。同时，这一符号既然可以作为一个独立成分，那么它就首先具有了能指，如果它同时再具有所指，那么就是一个独立的概念。但是，如果我们在这一表达中加上顿号，即“符合情、理、法”，从纯语法的角度来说也是没有问题的。这个时候“情”“理”“法”三个独立名词以并列的形式同时充当“符合”的宾语，其仍然是一个动宾结构。甚至即使我们不加顿号，如果读者内心确信“符合情理法”中的“情理法”就是以三个独立名词的形式出现的，虽然不太符合严格意义上的语法规则，但是却让人难以反驳，因为其他明显是合成概念的使用情况中也有省略顿号的情况出现，例如“于情理法皆悖”。

二 合成概念的困境与出路

但是，如果坚持认为即使没有使用顿号，“情理法”中的“情”“理”“法”就是并列关系，同样会导致一个逻辑上无法自圆其说的问题。还是以“符合情理法”为例。在这种情况下“符合情理法”实际上想要表达的就是“符合情”“符合理”“符合法”。既然“情”“理”“法”各自以独立的形式充当了宾语，那么对于一项事物来说，究竟是要“符合情”“符合理”，还是“符合法”呢？一项事物当然可以同时符合不同的标准，那么这些不同标准为何能够同时修饰一项事物？所以，即使是使用合成概念，在“符合情理法”的表达中，其实还暗藏了一个问题，即“情”“理”“法”三者之间究竟是何关系的问题。对这一问题的回答如果不将其纳入“情理法”这一合成概念之中，“符合情理法”就是一个缺乏完整意义的表达，“情理法”也就是一个不完整的符号。相反，如果将对此问题的回答纳入“情理法”这一合成概念，那么已经具有了能指但是所指残缺的合成概念刚好就获得了所指，这个时候它就变成了一个独立的符号，也就自然而然从合成概念走向了独立概念。因此，如果把“情理法”中的“情”“理”“法”视为并列关系的话，“情理法”一词就不是一个完整的符号，更难以解决逻辑上的困境。

可以说，正是因为作为合成概念的“情理法”作为一个符号并不完整，从而使得这一概念随之产生了一系列问题。例如合成概念需要依靠动词才能产生意义，常见的表达有如“情理法的统一”“情理法相融合”。在这种情形之中，“情理法”本身只是三种规范的并列，因而从本质上讲这甚至难以视为一个完整的符号，更难以称其为一个概念。即使并不依靠动词，而是以名词性短语的形式出现，如“xxx 中的情理法”“情理法的体现”，由于合成概念的内部结构实际上是“情、理、法”，因此在这种论证中，论者的阐述总是难以避免对“情”“理”“法”三者分别进行论述。甚至是在形式上采用独立概念的论者，如果不赋予独立概念完整的意义，也不免又会绕回合成概念的阐释路径中，即讨论司法者是如何将“情”和“理”在判决中表达出来的，以及这些“情”和“理”又是如何体现中国传统社会的特殊性的。这样的逻辑事实上打碎了情理法作为独立概念的意义，同时也缺乏法理层面的抽象与提炼，从而造成大量的重复性论证。

所以，一个聪明的论者如果想要避开对“情”“理”“法”三者的分别阐释，那么他就必须直接将“情理法”视为一个整体来展开论述，这就意味着他也必须赋予“情理法”独立的意义。如果一个论者既不赋予“情理法”以独立的意义，又在形式上将“情、理、法”假想为一个整体，却又不对“情”“理”“法”三者分别展开论述，导致的直接后果就是逻辑出现“两张皮”的现象，即形式上看是独立概念，而实质上依然是合成概念，这一问题也确实在不少论者的论证中有所体现。那么，这种“两张皮”的情况是否就一定不可行？如前所述，因为合成概念是一个不完整的、残缺的符号，即使论者在形式上采用了独立概念，但是基于合成概念本身的残缺，实际上论者很大程度上是在自己的语境中阐述问题而难以与其他学者形成对话和交锋。显然，在这样的情形下学科的共识难以形成，长此以往只会产生大量的重复性研究，学术研究的深度难以继续推进。

但是我们也注意到，即使是使用合成概念的“情理法”，也并没有影响实际的交流。也就是说，即使论者所使用的“情理法”是一个所指残缺的合成概念，但是接受者也并不因为所指残缺就会产生误解。例如，一个使用者说“A 符合情理法”（此处将“情理法”视为合成概念，即“情、理、法”），对于一个了解中国文化语境的接受者来说，即使从语法的意义上来讲合成概念的“情理法”是一个残缺的符号，但是接受者并不会因为合成概念的残缺而感到困惑，也就是说即使接受者不能准确说出“情”“理”“法”各自的内涵以及彼此之间的关系，也不会因此而感到困惑。这是因为，实际上在中国文化的语境当中，我们对于“情”“理”“法”有着基本的共识，这个默认的潜在共识在我们的交流中悄悄地填补了合成概念在所指上的残缺，从而并没有对我们的交流造成障碍。

如果以裁判文书为例我们便可以看到，那些典型的合成概念的表达实际上传递出来的就是这个共识。例如裁判文书的制作者通过使用“皆”“均”等副词和“兼顾”“统一”等动词，实际上已经传达出了关于“情”“理”“法”三者关系的潜在共识。正是因为有这样的共识，所以即使使用合成概念的“情理法”于语法规则来说在所指方面确实是残缺的，但是大家却都自动弥补了残缺的意义从而并没有引起我们假设的交流障碍。我们日常交流当然可以采取这种省略默认共识而继续使用合成概念的方法，但是在合成概念作为一个符号并不完整的前提下，如果想要推进研究的深入，唯一的路径就是采用独立的概念。因此，这个残缺的意义和使用者和接受者都默认的潜在共识，就是独立概念最为核心的内容，也正是合成概念缺乏而独立概念必须具有的内容。

第三节　独立概念的核心问题

一　独立概念指涉的场域——司法

上文已经说到，这个合成概念缺乏但是却隐含在使用者与接受者交流中的潜在共识中，是一个关于“情”“理”“法”三者之间关系的问题。究竟这个共识应该如何具体表述，我们不妨先将这个问题搁置一边，首先看看坚持独立概念的学者是如何定义情理法的。不同于合成概念在定义上的复杂性，对于独立概念的情理法，学者们有着明确的阐述。例如霍存福教授认为，情理法是一种“文化性状与文化追寻”；张正印提出，情理法是“传统司法中重要的审判方式”，它“在判案中的运作可以说是一个判决合法性的建构过程，它要解决判决能否被一般民众特别是当事人接受的问题”；[①]崔明石则认为，情理法是一个“从客观事实出发最终寻求断案公正性的过程”[②]。乍一看，除了霍存福教授之外，后面几位学者都认为作为独立概念的情理法是一个关涉司法的概念，这个概念具有鲜明的动态性和实践性。

本书以“情理法”一词为关键词，于知网搜索了标题中含有这一关键词的文章，除去明显不具有分析意义的样本，从 1991 年至 2019 年 10 月 1 日总计有 83 篇文章在标题中出现了“情理法”，其中包括期刊、学位论文、报纸三种类型。就这 83 篇探讨“情理法”的文章来看，其中有 57 篇文章是在司法的层面探讨“情理法”的，占到了总数的 68.7%，这种数量上的比例本身或许就能够说明一些问题。那么，作为最早自觉使用独立概念的学者，为何霍存福教

① 张正印：《事实的敞开：情理法判案模式的合法性构造》，《东方法学》2008 年第 3 期。

② 崔明石：《情理法的正当性：以“情”为核心的阐释——以〈名公书判清明集〉为考察依据》，《吉林师范大学学报（人文社会科学版）》2011 年第 2 期。

授将情理法视为一种“文化性状与文化追寻”？这看似与司法不相关，但是实际上霍存福教授明确地指出，对于情理的探究发轫于司法活动中的实际需要，即所谓“察狱必以情”，由此形成对于司法者司法态度与裁判技术的要求，从而使得人们去思考法律的精神，并最终扩展到对于立法的一种追求。[①] 也就是说，不管是立法中体现了情理法的特征，或者是情理法作为一种类似自然法的评判标准表达了人们对于良法善治的追求，以上种种均发端于司法过程。所以霍存福教授将情理法视为一种文化性状和文化追寻，这并不是在否定情理法与司法的关系。相反，正是因为司法过程的性质要求断狱者尽可能查清案件事实，而对案件事实的最大程度还原又是更好地作出裁判的前提。这实际上正是在强调司法过程中的“情”首先是事实性的“情”，再是基于事实性的“情”而产生的经验性的“情”，情理法正是在司法过程中形成并在不断扩展的过程当中成为中国传统法律文化的文化性状与文化追寻。

霍存福教授的这一论断确实精辟且有力，后续学者将情理法作为一个独立概念在使用时，也确实几乎都是在司法层面探讨问题的，但是这并不是说情理法只与司法相关。在上文所述的近七成在司法层面探讨情理法的文章当中，不少文章实际上并非只谈了与司法相关的问题，包括诸如立法、法律体系等问题也常常在同一篇文章中得到了探讨。这恰恰再次印证了霍存福教授的论断，基于司法过程而扩展和延伸出来的更高关怀，使得情理法同样可以作为更高层次的标准而并非仅仅囿于司法问题。但是，就问题的滥觞和关注度来看，作为独立概念的情理法确实更多地是以司法活动为核心语境的。

基于学者们对独立概念的阐释，我们把问题的关注点缩小到了

---

① 参见霍存福《中国传统法文化的文化性状与文化追求——情理法的发生、发展及其命运》，《法制与社会发展》2001 年第 3 期。

司法的场域。实际上，即使从作为合成概念的“情理法”展开论证，我们也能够得出这样的结论。前文提到，作为合成概念的“情理法”，其内部实际上是“情”“理”“法”三种规范的并列，作为非强制性的弱规范，“情”和“理”的存在使得“法”的范围大大缩小而直指实在法。既然“法”仅仅指实在法，那么在实在法已经成文化的前提之下，“情”与“理”如何得以体现进而实现融合与统一？解决问题的关键显然是司法。因为，只有通过具体的司法过程，“情”和“理”才能与已经以成文法的形式表现出来的“法”产生关系。因此即使是合成概念，只要稍微思考一下“情”“理”“法”三者缘何能够产生关系这个问题就会发现，其讨论的语境同样也离不开司法，这就又回到了独立概念的语境中去。

那么，为什么无论是合成概念还是独立概念的“情理法”，其指涉的核心语境都是围绕着司法这一场域展开的呢？对这一问题的回答还是得从司法本身的性质出发。尽管传统中国没有产生类似西方所谓“三权分立”之类的思想，但是对于一直拥有成文法传统的传统中国，既然法律成文化，那么对于裁判者来说遵循法律的指引裁判案件就是一个基本的要求。尽管滋贺秀三与黄宗智在州县自理案件究竟是以情断案还是依法断案的问题上有着不同意见，但是两位学者在重罪案件以依法裁断为主流这一问题上是没有太大分歧的，这也和传统中国尤其是后期高度集权的君主政体是符合的，因为裁判者依法裁判本身也是皇权在帝国生活中对官员加以限权和监督的手段。由此，“法”在司法实践当中就必然直指实在法。这样一来，“法”本身不可克服的诸多弊端在司法实践当中就暴露了出来，例如语言本身的模糊性、法的滞后性等，这些问题随着时间的推移显得更加突出。因此，作为具有国家强制力的“法”尽管具有当然的规范性，但是这种规范性在解决问题的能力上却是有限的。面对着纷繁复杂的社会生活，“法”的局限性就给司法者提出了难题，此时同样具有规范性的“情”

和“理”就必然得到司法者的重视。

二 独立概念的逻辑——改变“情”“理”“法”的绝对对立

大体说来，这些难题无外乎以下两种情况：

一种情况是“法”对于某一个案不能提供相应的法律依据，另一种情况是“法”与“情”“理”对于某一个案在逻辑上存在着冲突。因为在第一种情况中前提是“于法无依”，所以最终的裁判结果无论是遵照“情”和“理”还是不遵照“情”和“理”均不会产生“于法相悖”的情形，由此问题的核心就变成了裁判与“情”和“理”的关系。此时有可能产生两种子情况：A. 最终的裁判符合“情”“理”；B. 最终的裁判不符合“情”“理”。再看第二种情况，即“法”与“情”“理”对于某一个案在逻辑上存在着冲突。因为存在冲突，所以问题的核心围绕着“法”和“情”“理”的关系展开，由此也产生两种子情况：C. 符合“法”但是不符合“情”“理”；D. 符合“情”“理”但是不符合“法”。

对于绝大多数并不精通法律具体规定的当事人来说，对于一项裁判结果的判断更多地是以自己的利益和直觉作为衡量标准的。同时，由于并不存在来自整个司法系统乃至国家权力对于法官的强制性要求，因此对于裁判结果是否符合法律的具体规定，当事人的关注度显然是要低于裁判者的。所以对于当事人来说，可以接受的情形是 A 和 D。而对于裁判者来讲，首要的要求是做到依法裁判，因此从裁判者的角度来看，可以接受的情形即不会违背法律规范的情形是 ABC。由此可见，一项裁判既能让当事人接受，同时又不会违背现有法律规定的情形只有 A 一种。这意味着，只有当“法”对某一规定直接出现空白，且裁判者作出了符合“情”“理”的裁判时，对于所有人来说才是皆大欢喜的。一旦出现“法”与“情”“理”对于某一个案的处理在逻辑上存在冲突时，从纯粹逻辑的推演上看，此时无法形成一个不仅当事人愿意接受，同时裁判者也不会违法裁判的结果。

对于此种困境，唯一的化解逻辑就是改变“法”和“情”“理”的绝对对立关系，合成概念最常使用的那些动词诸如“兼顾”“统一”“融合”等表达恰恰就是在强调这一点。沿着上文的假设，对于裁判者来说要实现不违背法律规范是比较容易的，四种情形中有三种情况是可行的路径，即ABC。但是对于当事人来说，要使其接受裁判结果只有两种情形，即AD。所以，基于“法”自身的局限性所产生的司法难题，从化解难度上来说，让当事人接受的难度超过了司法者依法裁判的难度。这一结论也符合我们的常识。在一个不考虑外界因素的场域中，裁判者依法裁判只需要按照三段论的推理得出结论即可，但是要想让当事人接受裁判，难度则要大得多，尤其是在“法”自身存在局限性的情况下更是如此。

综上，基于情理法所指涉的司法场域使得“法”的性质直指实在法，由于实在法本身不可克服的缺陷所产生的最大问题就是当事人能否接受裁判的结果，而要解决这一问题，唯一的进路就是改变“法”和“情”“理”的绝对对立关系。法律作为一种由国家强制力保障实施的规范，不仅是当事人行为合法与否的判断标准，同时也是裁判者裁判行为合法与否的判断标准。因此，裁判者按照法律的规定裁决案件，即使会被评价为“不合情理”，但是从合法性的角度来说是不成问题的。相反，一个“合乎情理”的案件却有可能不合法。① 所以，如果我们使“法”与“情”“理”的关系在司法过程中变成一种可兼容的关系，那么此时的裁判就是一个既有合法性又“合乎情理”的裁判结果。因此，作为独立概念的情理法，它的核心问题应该是关于在司法过程中如

① 对于“合法性”一词的详细论证，将在本书的第三章第一节展开，此处对其做一简单说明。本书是在“legality”一词的意义上使用“合法性”的，即只考虑裁判者的裁判是否符合实在法，而不考虑这个实在法本身是否具有正当性（legitimacy）。

何使裁判“合乎情理”。

需要指出的是，张正印认为情理法是“一个判决合法性的建构过程”，但本书认为这一观点是不太贴切的，因为只要严格按照法律规定裁决案件就能够实现合法性的建构，但是张正印又说情理法要解决判决能否被一般民众特别是当事人接受的问题，这个“当事人接受的问题”显然不是裁判者完全按照法律逻辑裁判就能解决的，换言之，这不是一个只要实现合法性就能解决的问题。因此，就张正印自己的表述来看，前后逻辑是存在问题的。之所以单独将这一点拿出来讨论，是因为究竟是合法性还是合理性的问题直接关系到情理法的内核。通过接下来的分析我们将更加清楚地看到，情理法的核心内容并不关乎合法性，而是一个“合乎情理”的问题，如果要与“法”所代表的“合法性”相对应的话，“合乎情理”代表的就是“合理性”。质言之，情理法是一个关于裁判合理性的建构问题。

三　独立概念的内核——裁判合理性的建构

由此，基于语言分析和前人的研究，我们把情理法作为独立概念的内核限定在了裁判合理性的建构这一问题上。那么，另一个重要的问题就来了，何为合理性？如果不弄清楚这个问题，接下来的很多讨论将无法展开。

其实，“合理性”（rationality）这一概念来自西方，它是在对于理性（reason）的反思与批判中提出来的。因此，谈合理性就不得不先对理性加以说明。从古希腊哲学开始，理性就已经成为哲学的中心问题之一，并由此产生了在本体论和认识论、人性论两种视角下对于理性的理解。本体论视角下的理性又分为传统的理性主义和绝对的理性主义，前者以柏拉图和亚里士多德为代表，后者则以黑格尔为代表。二者虽然存在一定差异，但是他们都是把理性视为独立于人类本身的事物。例如黑格尔就把绝对精神视为理性的最高形式，认为自然、社会和人类都不过是绝对精神的外在表现形式。[①] 从认识论、人性论的视角考察理性的主要是文艺复兴时期的思想家，他们把理性视为人区别于动物的一种能力和本性，而不是把它视为独立于人类本身的事物，认为人能够从自己的本性出发去认识世界。

两种理性观虽然存在着差别，但是“究其实质都是对理性的绝对信任和无条件张扬，似乎有了理性，世界就会充满智慧与和谐，人的活动就能获得成功，人性就会得到肯定和实现”[②]。然而，这种对理性过分推崇的理念已经被人类历史的发展证明了其存在的负面影响。近代以来，人类社会在科学技术上取得巨大进步的同时，诸如生态问题、人口问题等许多新的考验也随之而来。人们开始反思，长期以来坚持的理性主义究竟何处出了问题，人的行为为何会在追逐理性的过程中结出意想不到的恶果。由此，合理性的问题开始凸显。

需要注意的是，合理性的提出并不是为了完全否定理性，它是“西方在理性时代高度肯定和推崇理性的基础上，提出用理性来要求和评价人和人造物，使一切社会事物理性化的价值取向，并由此派生出来的一个概念”[③]。有意思的是，作为绝对理性主义的代表人物，黑格尔也是从哲学的角度最早论证合理性这一概念的人。黑格尔认为，“抽象地说，合理性一般是普遍性和单一性相互渗透的统一。具体地说，这里合理性按其内容是客观自由（即普遍的实体性意志）与主观自由（即个人知识和他所追求特殊目的的意志）两者的统一；因此合理性按其形式就是根据被思考的即普遍的规律和原则而规定自己的行动。”[④] 可见，黑格尔在对合理性的表述中

---

① 参见［英］罗素《西方哲学史》（下卷），马元德译，商务印书馆2016年版，第301—322页。

② 欧阳康：《合理性与当代人文社会科学》，《中国社会科学》2001年第4期。

③ 严存生：《法的合理性研究》，《法制与社会发展》2002年第4期。

④ ［德］黑格尔：《法哲学原理》，范扬等译，商务印书馆1979年版，第254页。

依然保留了绝对理性主义的思想，但是对于主观自由与客观自由统一性的强调使得理性的绝对性已经开始出现了松动，黑格尔之后的人本主义哲学正是以对理性绝对至上地位的批判为前提的。

西方第一位从法律的角度讨论合理性问题的是马克斯·韦伯。韦伯继承了黑格尔的理论，同时又对其作出了新的阐述，并且韦伯是在对法律问题进行论证的过程中提出自己的见解的。韦伯详细论述了西方法律从罗马法到中世纪再到他所处时代的法律基于理性的发展轨迹，并且指出："法律是'形式的'，是指在实体和程序两个方面只有具有确凿的一般性质的事实才被加以考虑。"[①] 韦伯认为，这种"形式法"应该具备四个特点：（1）由法规支配；（2）具有严整结构、体系化；（3）基于逻辑分析意义；（4）由理智控制。[②] 具备这四点的形式法，就是具有合理性的法，而资本主义法律恰恰是这种形式法的典型，即韦伯所推崇的形式合理性（formal rationality）。相对于形式合理性，韦伯还提出了实质合理性（substantive rationality）的概念。在法律的制定或适用上，韦伯认为实质合理性是指，"法律制定者或适用者自觉地遵循某种一般的原则，这些原则可能是宗教原则，或伦理思想的体系，或理性的观念，或清晰的政策"[③]。

但是，韦伯实际上是站在形式合理性的对立面去阐释实质合理性的，他认为实质合理性是不可能实现的。因此在韦伯看来，东方的法律因为不具备形式合理性，也就不是一种理性的法律。所以，韦伯所强调的法律的合理性是一种形式合理性，他对合理性的阐释也是出于对西方法律的辩护。对此，苏国勋教授总结道：

---

① ［德］马克斯·韦伯：《经济与社会》，第656—657页，转引自苏国勋《理性化及其限制》，上海人民出版社1988年版，第221页。

② 参见傅永军《韦伯合理性理论评议》，《文史哲》2002年第5期。

③ ［德］马克斯·韦伯：《论经济与社会中的法律》，张乃根译，中国大百科全书出版社1998年版，第23页。

> 所谓形式法律，是指来源于罗马法中的形式主义审判原则的法律体系，它是由一套形式化的、意义明确的法规条文组成的。它把每个诉讼当事人都以形式上的“法人”对待并使之在法律上具有平等地位，它只依据法律条文对确凿无疑的法律事实做出解释和判定，而不考虑其他伦理的、政治的、经济的实质正义原则，同时还要排除一切宗教仪式、情感的和巫术的因素。①

如果按照韦伯的逻辑，司法者只要依照法律的规定定罪量刑即可实现合理性的要求，并且为了追求实质合理性而考虑法律之外的其他原则都与形式合理性相悖。显然，“这其中的错误，最主要的就是，把实质合理性和形式合理性绝对化，不懂得实质合理性是相对的和分层次的，其实现也是分阶段的”②。也就是说，形式合理性与实质合理性并非截然对立，在法律规范的逻辑中考虑实质合理性并不绝对意味着对形式合理性的违背。“在理性化的法律制度中，形式合理性是形式化了的实质合理性，两者在多数情况下是可以或可能相容的，此时，两者的对立仅仅是分析性工具之间的‘视角’分立关系；只是在少数情况下，两者才呈现出不能相容的排斥关系。因此，与其说形式合理性是一种与实质合理性不同的合理性，毋宁说它是实质合理性的一种特殊存在形态。”③ 正是因为对于形式合理性与实质合理性的处理过于绝对化，以至于韦伯生出了司法裁判会变成“自动售货机”的忧虑。至于这一忧虑是否会成真，至少从当下来看韦伯的担心是有些“杞人忧天”了。

---

① 苏国勋：《理性化及其限制》，上海人民出版社 1998 年版，第 154 页。

② 严存生：《法的合理性研究》，《法制与社会发展》2002 年第 4 期。

③ 郑成良：《法律之内的正义：一个关于司法公正的法律实证主义解读》，法律出版社 2002 年版，第 147 页。

那么，回到情理法的问题上，如果情理法关注的是裁判合理性的建构问题，那么此处的合理性究竟应该是一种怎样的合理性？正如前文所述，在一个理性化的法律制度中，形式合理性与实质合理性在绝大多数情况下是相容的，质言之，“情”“理”“法”三者本身是有同一性的。所以对于大部分案件来说，裁判者遵循法律规范的指引所得出的裁判结果本身就是兼具合法性与合理性的。真正产生具有合法性但是却不具有合理性的情形的，恰恰是因为形式合理性与实质合理性之间出现了偏差，也就是说具有实质合理性的某些内容未能被形式合理性所容纳。出现这种情况的原因有很多，但是一个重要原因是，合理性放弃了对于绝对理性的追求转而把视线的一端放到了人的身上，而人的主观性必然导致合理性作为一种评价标准不可能呈现出唯一且静止的样态。所以韦伯会认为实质合理性可能是基于宗教原则、伦理思想以及政策等内容产生的，这也反过来说明实质合理性的具体内容难以清晰界定，这和学者们认为“情理”是一种感觉也存在着某种程度的暗合。

因此，如果按照韦伯的理论以及结合传统中国司法实践的状况来看，情理法传统所关注的合理性是一种实质合理性，因为“不折不扣地一律适用既存的法规在这里并不被认为是有什么特别价值的做法”①。所以，下文在使用“合理性”这一概念时，如果没有特别说明，指的都是“实质合理性”。

当然，尽管合理性这一概念从严格意义上讲来自西方，我们不能简单地将其与看似相近的“合乎情理”“合情合理”画上等号，但是这恰恰表明古今中外的裁判者在依照法律的规定处理个案时，总会遇到法律规范所不能解决的问题。因此，合理性在内容上的非本质主义反而为我们考察传统与现代的裁判者如何建构裁判的合理

---

① ［日］寺田浩明：《权利与冤抑：寺田浩明中国法史论集》，王亚新等译，清华大学出版社2012年版，第194页。

性提供了可能。这也是本书没有选择对诸如“情”“理”“情理”等概念进行罗列式梳理的重要原因之一，因为这些概念的具体内容随着时空的发展都是可变的。相反，它们在某些时候会与法出现碰撞的事实，以及面对这种事实裁判者是如何加以化解的，对这一问题的考察是具有跨越时空的意义的，这也是作为独立概念的情理法应该关注的核心问题。

第二章　镜鉴传统：情理法的历史实践

第一节　两个前提性的问题

在具体阐释清代的司法实践是如何具体建构裁判的合理性之前，有两个前提性的问题需要交代，第一个问题是清代司法的大致样态，我们主要分两个方面进行阐释：审级制度和裁判人员。因为这两个因素对于情理法传统的实践起到了极端重要的作用，如果不加以说明将会无法透彻地理解情理法传统。

一　清代司法的大致样态

（一）审级制度

由于特殊的历史原因，清朝统治者对治下的领土采取了不同的治理模式。例如对东北地区实行军府制；在蒙古地区以盟旗制为主，军府制为辅；新疆则同时并存着郡县制、伯克制、札萨克制。由于治理模式不同，这些地区的司法体制也各不相同，因此难以将其纳入一个框架加以考察，所以我们不得不把目光转向“十八行省”。内地十八行省即原先由明朝统治的广大地区，它们不仅在制度设置上基本一致，同时作为传统中华文化的核心地带，在人口和经济上也占有绝对优势。因此，考察清代司法的大致样态，十八行省是最有代表性的。内地各行省的审级一般对应着相应的政权组织，从下往上大体分为四级：州县、府道、司、督抚。

自秦代开始，县便一直是我国政权组织中的最低一级，但是清代的政权组织中有一部分州与县同级。这些州一类是隶属于省布政司的州即“直隶州”，它们虽然在行政级别上与府同级，但是治下大多没有属县，因此其行政长官知州不得不代行知县之职，从而实际上充当了基层的司法机构；另一类则是隶属于府的州即散州，它在行政级别上与县同级，因此与县合称为“州县”。在清代，无论是何种纠纷均需由州县一级先受理。“凡军民词讼，皆须自下而上陈告，若越本管官司，辄赴上司称诉者，（即实亦）笞五十。”① 如果越级呈控会被视为越诉，即使诉求正当也会被惩罚。“户婚、田土及笞杖轻罪由州县完结，例称自理。”② 因此，州县自理案件实际上指的是户婚、田土以及笞杖轻罪类案件，而不是一些学者所称的民事案件。不过这些案件涉及的案情性质大体与现代民事案件相当，但是中国传统法律中并无与现代民刑案件直接对应的划分。对于州县自理案件，一般情况下是一审终审，当事人觉得不公可以逐级向上呈控。但是可能判处笞杖罪以上的案件，州县在作出“拟罪”之后必须将案件移转至上一级机构继续审理，这一程序叫作“审转”。

第二级是府道。府是县的上一级行政单位，介于县与省之间，其行政长官是知府。除了府之外，直隶州在行政级别上与府同级，一些直隶州因为没有属县，因此在事实上充当着第一审级。但是有一些直隶州有属县，因此属于第二审级。另外清代往往“司道”并称，道在行政级别上高于府，一般下属两到三个府，但是“道一般不作单独审级，府之二审案件不必经道审转。但对直隶厅州而言，道则是必经之审级”③。所以，府、有属县的直隶州、无属县的直

① 田涛、郑秦点校：《大清律例》，法律出版社 1999 年版，第 473 页。

② 赵尔巽主编：《清史稿》（上），上海古籍出版社、上海书店 1986 年版，第 9347 页。

③ 郑秦：《清代地方司法管辖制度考析》，《西北政法学院学报》1987 年第 1 期。

隶州的上一级道充当着第二审级。因为所有案件都要由州县先做出裁决，因此第二审级要对这些来自第一审级的案件进行复审。但是第二审级做出复审之后并不意味着二审终审，“州县一切人犯，由府审转解司，直隶州一切人犯，由道审转解司，此定章也，而刑律并无明文”①。这就是说，由州县审转至府道的案件，经过府道复审后还需要继续审转至上一级。

第三级是司级。清代的“两司”分为按察司和布政司，其中“按察使掌振扬风纪，澄清吏治，所至录囚徒，勘辞状，大者与藩司会议，以听于部院，兼领阖省驿传”②。因此按察司是清代行省中专门负责司法事务的机关，它负责审理由地方逐级审转至省一级的案件，尤其是负责以今天的眼光看来属于刑事的案件。如果案件的定罪量刑没有问题，则形成定案上报督抚；如果案件存在问题，则将案件发回原审州县重审或转发其他州县更审。特殊之处在于，布政司因主管一省民政事务，因此对于州县呈报上来的户婚、田土以及钱粮类案件同样可以进行审理。前文提到，原本州县对这些自理案件的处理结果便是终审，但是如果当事人确实存在冤屈也可逐级向上呈控。但是这一类案件最多只能到达布政司，即对于州县自理案件来说，即使当事人不满裁判结果，其最终也只能三级终审。③

第四级是督抚。这是指总督与巡抚，二者合称“督抚”，这是清代省级的最高长官。每一总督管辖一到三个省不等，总督以下设巡抚分别主管一省事务。对于不涉及人命的徒刑案件，《大清律例》规定：“外省徒罪案件，如有关人命者，均照军流人犯解司审转督抚，专案咨部核覆，仍然令年终汇题。其寻常案件，

---

① （清）薛允升：《读例存疑》，胡星桥、邓又天点注，中国人民公安大学出版社1994年版，第805页。

② 赵尔巽主编：《清史稿》（上），上海古籍出版社、上海书店1986年版，第9237页。

③ 参见［美］D. 布迪、C. 莫里斯：《中华帝国的法律》，朱勇译，江苏人民出版社2004年版，第89页。

各督抚批结后，即详叙供招，按季报部查核。”[①] 也就是说，这些案件到了督抚一级则为终审，但是需要按季度向刑部备案。对于涉及人命的徒刑案件以及判处充军、流刑的案件，督抚审理之后仍然需将这些案件送至刑部复核即“咨部”。因为督抚与刑部在级别上平等，故“咨送”并不等于报告。对于死刑案件，督抚则要直接上报皇帝。具体分为两种情况：对一般死刑案件即判处绞立决、绞监候、斩监候的案子，督抚审理后需以专本即报告的形式向皇帝提交“专本具题”；对于重大死刑案件即判处凌迟、枭首、斩立决的案件，督抚则需以奏折的形式向皇帝提交“专折具题”以示重视。同时督抚在向皇帝报告时，还需要将副本以“咨送”的方式送达刑部。

继续往上便到了中央，大致可分为刑部和皇帝。清代在中央设三法司，即刑部、都察院、大理寺，它们均具有司法审判的职能，但是刑部在其中具有举足轻重的地位。“外省刑案，统由刑部核复，不会法者，院、寺无由过问，应会法者，亦由刑部主稿。在京讼狱，无论奏咨，俱由刑部审理，而部权特重。”[②] 由此可见，在清代中央一级，刑部是最为重要的司法审判机关。根据前文的介绍可见，能够到刑部这一级的案件，主要是由督抚以“咨部”的形式转来的涉及人命的徒刑案件以及充军、流刑案件。死刑案件较为特殊，因为死刑案件是由督抚直接以报告或奏折的形式上呈皇帝，皇帝在作出批示之后一般都会交由刑部核拟具奏，因此事实上对于死刑案件的处理仍然要回到刑部。对于督抚以“咨部”形式转来的三类案件，刑部具有终审权，一般分为维持原判、驳令再审、直接改判三种情形。

至此，依然还没有终审的只剩下死刑案件。对于死刑案件，即

---

① 马建石、杨育棠主编：《大清律例通考校注》，中国政法大学出版社 1992 年版，第 1087 页。

② 赵尔巽主编：《清史稿》（上），上海古籍出版社、上海书店 1986 年版，第 9346 页。

使皇帝作出批示之后交由刑部处理，刑部也只是核拟具奏而并不具有终局性。对于刑部的处理意见，皇帝大致有以下几种处理方式：同意刑部意见、不同意刑部意见而按督抚意见处理、案情有疑问而交由刑部再次处理、案情重大交由九卿会审、将案件直接改判。但是，不管皇帝会做出怎样的处理，死刑案件的最终决定权都在皇帝手中。

以上便是清朝审级制度的大致情况。由于清朝在审理程序上的复杂性，日本学者织田万对此评价道："盖审级之多，他国罕见其例。"[①] 总体来说，清朝的审级制度大体如下表 2.1 所示：

表 2.1　**清代案件审理流程一览表**

	州县	府道	司		督抚	刑部	皇帝
			按察司	布政司			
田土、户婚、笞杖轻罪案件	终审（不服可上控）	复审后审转	终审	终审（钱粮类）			
不涉及人命的徒刑	审理后审转	复审后审转	无疑义报督抚；有疑义重审/更审		终审并向刑部备案		
涉及人命的徒刑、充军、流刑	审理后审转	复审后审转	复审后向上审转		复核后送刑部	终审	
死刑	审理后向上审转	复审后向上审转	复审后向上审转		审理后上呈皇帝并咨送刑部	审理后上呈皇帝	终审

（二）裁判人员

从前文的论述可以看到，在清代只有省一级才出现了专门的司

① ［日］织田万：《清国行政法》，李秀清、王沛点校，中国政法大学出版社 2003 年版，第 206 页。

法机构——按察司。在州县、府道都没有专门的司法机构，司法职能只是作为地方官员整体事务中的一项，因而相应由知县、知州、知府、道员兼理。所以，司法与行政不分、行政兼理司法等说法常常被用来描述中国传统司法的特点。① 此说法虽然值得进一步商榷，但是也确实具有一定的道理。从省一级往上，就开始出现了专门的司法机构和相关人员。那么在省之下的地方政府中究竟由谁去处理司法事务？这正是接下来要讨论的问题，即裁判人员的设置。本书考察的文献虽然是刑部司法档案，似乎不需要再讨论刑部以下的地方政府由何人来处理司法事务，但是审转至刑部的案件从案发地开始，州县、府道、按察司、督抚均参与了案件的调查与拟罪。因此，对于各级地方政府裁判人员如何设置的问题，有必要进行简单的说明。

首先看州县。为论述的便利，本书仅以知县为例。一县设知县，“掌一县治理，决讼断辟，劝农赈贫，讨猾除奸，兴养立教”②。可见，决讼断狱是知县的重要工作。知县之下设知县助理官、书吏首领官和杂职官，这三类统称为“佐杂”。“佐杂”中有的会参与司法行政事务，例如书吏首领官中的典狱官负责侦查与缉捕，但是其只起到辅助作用而并不能染指审判。《钦定六部处分则例》中明确规定：“佐杂人员不许准理地方词讼，遇有控诉到案，即呈送印官查办。”③ 印官即印信掌握官，一般称为“正印官”，县衙门审案时以正印官即知县为审判官。因此，唯一享有法定审判权的只有知县，由此州县的审判只能是独任制，“如印官将地方词讼

---

① 曾宪义、赵晓耕主编的《中国法制史》的总论在描述中华法系的特点时提道：“从司法体制上观察，可以说‘行政兼理司法’也是一个明显特征。”参见曾宪义、赵晓耕主编《中国法制史》（第五版），中国人民大学出版社 2015 年版，第 7 页；但是黄源盛教授认为，传统中国行政与司法表面上看似一体，司法受行政干预，但是实际上司法与行政合中有分，参见黄源盛《中国法史导论》，广西师范大学出版社 2014 年版，第 98 页。

② 赵尔巽主编：《清史稿》（上），上海古籍出版社、上海书店 1986 年版，第 9238 页。

③ （清）文孚纂修：《钦定六部处分则例》（卷四七），台湾文海出版社 1973 年版，第 973 页。

批发佐杂办理者降三级调用（私罪），佐杂即为审理者降二级留任（私罪），府州不行揭报降一级留任，道员罚俸一年（俱公罪）"[①]。如果知县擅自将审判权委托佐杂行使，除本人之外，其他相关人员都将受到处罚。

然而，由知县一人处理包括刑名在内的所有地方事务显然是不可能的，并且担任知县的官员大多是刚刚入仕，不仅在政务方面缺乏经验，而且大多并不熟悉法律，对当地的风俗民情也不够了解，所以事实上知县之外的其他人员通过不同的方式参与司法事务就是无法避免的。因此，有学者认为佐杂因参与侦查、检验等关系重大的司法事务，因而事实上获得了一定的审理权限。[②] 清人方大湜就曾明确忠告正印官："词讼勿批佐杂审理。"[③] 可以想见，如果完全不存在佐杂越权审理案件的情况，方大湜作为一个从政经验丰富的官员也不会如此告诫。

除了佐杂之外，还有四类人员对州县的司法事务也起到一定的作用，即书吏、衙役、长随、幕友。这四类人员虽然并非国家官员，但是由于其参与了案件从起诉到执行的诸多环节，因此事实上影响着案件的进行与走向。其中最值得一提的是幕友。幕友由知县自己招募，但是地位较高并且待遇也较好，因此被知县以"友"相称，通常被称为师爷，其中负责司法事务的叫"刑名幕友"。刑名幕友的职责主要包括拟批呈词、酌定审期、制作司法文书等，当然还有最重要的一项——幕后参与审讯。因为幕友仅是知县私人招募，并不能公然参与案件的审理，所以往往居于幕后。由于州县官大多不谙律例，但是司法责任对州县官来说却是

---

① （清）文孚纂修：《钦定六部处分则例》（卷四七），台湾文海出版社 1973 年版，第 973 页。

② 参见茆巍《万事胚胎始于州县乎？——从命案之代验再论清代佐杂审理权限》，《法制与社会发展》2011 年第 4 期。

③ （清）方大湜：《平平言》（卷二），载《官箴书集成》（第 7 册），黄山书社 1997 年版，第 626 页。

不小的压力，“这类责任说明，不熟悉律例的州县官绝对需要有能力的法律顾问的帮助”[①]。因此，刑名幕友在地方政府中具有不可或缺的地位。所以，尽管州县正印官是唯一享有法定审理权限的官员，但是这四类人员和佐杂一起以特殊的方式影响着案件的审理。

再往上的府道、按察司、督抚三级，除了在正印官和属官的某些称谓方面不同于州县之外，其他方面基本与州县相似。因此，对这三级不再详细展开。到了刑部，这一问题就要复杂一些了。刑部长官为尚书与侍郎，统称为“堂官”。“尚书掌折狱审刑，简核法律，各省谳疑，处当具报，以肃邦纪，侍郎贰之。”[②] 刑部下设司、处、房、厅、所、馆等机构，其中与司法关系最紧密的是司。各司以省命名，初设十四清吏司，后至乾隆六年形成十七清吏司，各司在堂官带领下分掌各分省的司法审判。另外，负责秋审的秋审处同样属于刑部，其与十七清吏司一起构成刑部各机构中直接关涉审判的部门，因此具有相当重要的地位。

综上可见，在清代只有正印官是唯一享有法定审理权限的人。这就意味着，对于绝大多数案件来说，清代基本上都是实行独审制，只有对于特殊的案件才会启动会审制度。从整体上看，按察司以下行政兼理司法的特点确实较为突出，地方行政长官作为正印官的同时也是唯一享有法定审理权限的官员，但是事实上仍然有其他人员以非正式的方式在影响着司法审判。从按察司开始，司法从行政中开始分化，司法活动的职业化、专门化程度开始凸显。

二 情理法的指导原则：“情罪允协”

在阅读诉讼档案的过程中我们发现，在各级裁判者的论争中，

---

① 瞿同祖：《清代地方政府》，范忠信、何鹏、晏锋译，法律出版社 2011 年版，第 201 页。

② 赵尔巽主编：《清史稿》（上），上海古籍出版社、上海书店 1986 年版，第 9230 页。

一项表述反复出现——“情罪允协”。可以说，这一表述蕴含了传统法律文化的诸多精髓，它不仅是指导裁判者的重要原则，也是理解情理法传统的一把重要钥匙。我们在阐述具体的历史实践之前，有必要首先对这一原则进行阐释以期更好地把握历史实践，那么究竟什么是“情罪允协”呢?

（一）“允协”的含义

“允协”一词出自《尚书·说命中》：“非知之艰，行之惟艰。王忱不艰，允协于先王成德，惟说不言有厥咎。”[①] 这段话的大致意思是：并不是知道这些东西（为政的经验）艰难，而是行动起来艰难。王如果诚心则不困难，那的确是与先王的圣德相符合，如果我傅说不说那就有罪过了。《说命》三篇为古文《尚书》所载，记载了商王武丁任命傅说为相的命辞以及傅说向武丁的进言。据说古文《尚书》为武帝末于孔子故宅墙壁中所得，后经孔安国整理成编。现存古文《尚书》为东晋梅赜所献，但是从宋代开始古文《尚书》的真实性就受到了怀疑，后经清儒考证实乃伪书，且近些年大量秦汉简牍的发现进一步证实了这一判断。[②]

尽管如此，但是这并不妨碍我们对于“允协”二字的考察，《说命》三篇虽然系伪书，却可以说明最晚在东晋“允协”二字已经开始被使用了。由于古文《尚书》已经被证实是伪书，因此对于《说命》三篇的注释相对较少，但是在能够看到的注释当中，对于“允协”这一词都是将其分为两字单独进行注释的，并且对于“允”和“协”的解释基本一致，即“允”做副词，采“的确”之义，而“协”则是“合”的意思。例如在清人阮元校刻的《十三经注疏》中，对《尚书·说命中》的“王忱不艰，允协于先王

① （汉）孔安国传：《尚书》，中华书局2015年版，第44页。

② 参见刘光胜《由怀疑到证实：由宋至清抉发〈古文尚书〉伪迹的理路》，《中原文化研究》2018年第5期。

成德”一句解释为：“王心诚不以行之为难，则信合于先王成德。”① 其中“信”显然是一个副词，和“允”字做副词时采“的确”之义一致，“合”则与“协”一致，是作为动词被使用的。在《说文解字》中：“允，信也。”② “协，众之同和也。”③ 因为《说文解字》的成书年代在东汉，早于梅赜所献古文《尚书》的时间。因此，将“允”解释为“的确”，将“协”解释为“合”基本符合这两个字本身的内涵。稍后的《后汉书·方术传·谢夷吾传》中同样有“允协”二字：“殷周虽有高宗、昌、发之君，犹赖傅说、吕望之策，故能克崇其业，允协大中。”④ 这段话的大意是，殷周即使有高宗武丁、文王姬昌、武王姬发这样的君主，尚且还需依赖傅说、吕望的策略，如此其大业才能兴盛，也的确符合中正之道。此处的“允协”同样采“的确符合”之义，由此可见，“允协”一词在早期更多采“允”与“协”二字的合成之义。

不过“允协”到了后期逐渐也具有了自己的独立意义。据《汉语大字典》所载，其义项有三种：①确实符合；②和洽；③恰当，适当。就“和洽”而言，可以举例如清代陆以湉在《冷庐杂识·尊师重道》中所言：“庶乎允协，足副朕尊崇先师至圣之意。”另外，“恰当，适当”之义，可见清人梁绍壬《两般秋雨庵随笔·酒祀典》中所载：“愚谓以宣尼为饮宗，终觉侮圣，不若推靖节先生为尊，而诸子之中再另行选一人祀之，较为允协。”⑤ 可见，“允协”作为一个独立的词，其第一个义项是“允”和“协”两个字的合成，这也是早期对于“允协”的常见用法，而后期“允协”逐渐有了自己的独立意义。

那么，清代所谓“情罪允协”的“允协”究竟应该采何意

---

① （清）阮元校刻：《十三经注疏》（上册），中华书局1980年版，第175页。
② （汉）许慎：《说文解字》，浙江古籍出版社2016年版，第282页。
③ （汉）许慎：《说文解字》，浙江古籍出版社2016年版，第461页。
④ （南朝宋）范晔：《后汉书》，中华书局2000年版，第1832页。
⑤ 参见《汉语大词典》，上海辞书1986年版，第219—220页。

呢？在这些诉讼档案中可以看到，除了直接使用“允协”一词外，“允”和“协”各自还有其他使用方法。就“允”而言，在这四部档案中尚未见到“允”字单独使用，除了“允协”之外，“允”还时常和“平”连用，如“揆之情理，实未平允”“仰见我皇上明慎用刑惟允惟平之至意”。“协”字则出现了单独使用的情况，例如“情罪未协”“仅照过失收赎，其情已为未协”。特别需要注意的是，“情罪未协”与“情罪允协”这一对构成反义的情况表明，即使“允协”一词已经具有了独立的意义，但是单独使用“协”字同样能够表达“允协”一词的义项。所以，如果认为“协”字已经足够表达“允协”之义，那么“允”字在这种情况下要想和“协”字连用，只能以副词的性质出现，这与早期“允协”的义项中“允”为“的确”之义恰恰又是一致的。可见，即使“允协”一词已经具有了独立意义，但是在清代的语言使用中几个义项呈现出并存的情况，这在这四部诉讼档案中也是能够看到的。

因此，与其细究“允协”一词究竟在清代的司法表达中是何意，不如从功能的角度观察在这些语境中“允协”起到了怎样的作用。通过古文《尚书》与《后汉书》对“允协”的使用来看，这两段话的语境中都存在着比较。前一段话构成比较的是武丁和先王，后一段则是高宗、昌、发的行为与中道。所以，“的确符合”这一义项明显存在着比较。但是，我们如果只说“A 的确符合”会让言语的接受者感到莫名其妙。即使确实在实际生活中言说者作出了“A 的确符合”的表达，那也一定是在另一项事物 B 作为标准或者参照的前提下，才能说“A 的确符合（B）”。此时 B 作为标准或参照实际上只是被省略了，而并非不存在。

以此为视角继续观察“允协”的第二和第三个义项会发现，其中依然隐含着比较。例如，我们在使用“和洽”或者“恰当，适当”的义项时，同样不可能就一个事物说“和洽”或者“恰当，适当”。形容一件事物“和洽”或者“恰当，适当”同样暗含着比较。容易引起误解的是“恰当，适当”这一义项。我们在日常使用中确实可能单独说“A是恰当的”，比较的意味确实不如“的确符合”那样明显。但是如果细究，形容一件事物恰当是因为有一个标准在衡量，这个标准或是显性的或是隐性的。如果没有一个标准，我们是没有办法对一件事物是否适当作出评价的。因此，“允协”一词的三个义项其实都隐含着比较，不管在哪一个义项的层面去使用“允协”一词，其具体的语境中一定都存在着比较关系，只不过有的比较关系一目了然，而有的则相对不那么明显。

（二）“情罪允协”的含义

以这一视角再观察“情罪允协”的表达会发现，其中同样蕴含着此与彼的比较，并且首先就是字面含义表达出来的“情”与“罪”的比较。那么问题就紧接着产生了，“情罪允协”中的“情”指什么？在第一章的讨论中谈到，“情”的义项分为两种，一是事实性的“情”，二是经验性的“情”。回到个案的定罪量刑中，显然对行为进行评价的前提是要对案件事实有着清楚的把握，即定罪量刑的前提是事实性的“情”。但是“情罪允协”中的“情”并非仅仅指事实性的“情”，因为如果此处的“情”仅指事实性的“情”，那么要实现“情罪允协”只需要尽可能还原客观事实，然后按照法律的规定定罪量刑，根本不需要各种裁判技术和特殊制度来调整情罪关系。由此可见，“情罪允协”中的“情”并非仅指事实性的“情”，“情”与“罪”并非简单的对应关系。之所以会在司法实践中产生一个个难题，原因便在于经验性的“情”与“法”对事实性的“情”产生了不同甚至相左的评价，此时如果简单地按照法律的规定定罪量刑将和经验性的“情”出现冲突，因此需要一系列裁判技术和特殊制度。所以，“情罪允协”中的“情”还是基于事实性的“情”而产生的经验性的“情”，而并非简单地指某单一性质的“情”。强调“情罪允协”，就是要求裁判者在定罪量刑时不仅应该严格地以案件事实即事实性的“情”为基础，同时还需要考虑常情、常理等经验性的“情”对于案件事实的评价，最终实现“情”与“罪”相符，而不应该造成“情”与“罪”的明显失衡，即所谓“情浮于法”或者“罪浮于法”。这是“情罪允协”蕴含的第一层次的比较关系，即“情”与“罪”的比较。

如果深入探究，实际上“情罪允协”还暗含着对合理性与合法性之关系的考量，其重点是关于在实现合法性的同时如何兼具合理性的问题。在司法场域中思考情罪关系，除了要考虑法律规范之外还需要考虑经验，这是由“情罪允协”中的“情”本身兼具事实性的“情”和经验性的“情”双重性质所决定的。所以“罪”的得出实际上有两条进路：事实性的“情”—法律规范—“罪”、事实性的“情”—经验性的“情”—“罪”。按照第一条进路，衡量“罪”的标准是法律规范，只要符合法律规范，裁判者的裁判结果从合法性上看就是没有问题的。按照第二条进路，衡量“罪”的标准是经验性的“情”，裁判者的裁判结果如果符合经验性的“情”也就具有了合理性。

当然，法律规范并非一定和经验性的“情”相悖，即法律与经验并非绝对对立。当两者契合度较高时，合法性与合理性是统一的。但是，当二者相左甚至出现冲突时，合法性与合理性之间就会出现矛盾，这正是诸多疑难案件之所以产生的本质。所以，强调“情罪允协”不仅仅是在表述“情”与“罪”之间的关系，对于合法性与合理性的关系如何处理实际上是隐含在“情罪允协”背后更深层次的问题。对于司法者来说，实现合法性是相对容易的，但是要做到合法性的同时兼具合理性，尤其是在处理那些疑难案件的过程中，着实不是一件简单的事情。

因此，我们把“情罪允协”视为情理法传统的指导原则，与我们将情理法的内核视为裁判合理性的建构在逻辑上是一致的。不管认为在“情罪允协”表达中的“允协”一词究竟应该适用哪一义项，都不妨碍“情罪允协”在事实上强调的是“情”与“罪”之间的关系以及更深层次的合法性与合理性的关系问题。无论是强调这对关系要相符，还是认为它们要和洽、适当，“允协”的不同义项所追求的本质都是一致的。正是在“情罪允协”的价值追求下，裁判者们通过一系列裁判技术和特殊制度的运用使得情罪关系在个案中达至允协的状态，因而使得合理性与合法性得以在个案中兼具，也最终使得整个司法的运作呈现出独特的面向。接下来我们将集中讨论，在“情罪允协”这一原则的指导下，情理法传统是如何具体地实现裁判的合理性的。

第二节　裁判技术的运用

一　比附援引

（一）比附援引概述

作为一种法律方法的比附在中国传统法律文化中源远流长。《尚书·吕刑》篇中就已经提道：“上下比罪，无僭乱辞。”① 意思是说，当法律没有明确规定时，比照有关的条文处罚，不要使判词出现差错和混乱。比附作为一种思维方式，它的本质是类似情况类似处理，这和人类的本能是一致的，在中国传统文化之下这种思维方式深深地影响着中国人。“意象思维、直觉思维、关系性思维共同催生了‘比’思维的发达，即中国人更擅长通过‘比’的思维和方法来分析和思考世界。”②

根据沈家本的考察，汉高祖七年出现了有关比附律令的法律，后面历代都有关于类似比附的规定，到了明代则正式规定了比附。

① 李民、王健译注：《尚书译注》，上海世纪出版股份有限公司、上海古籍出版社2016年版，第439页。

② 李拥军：《“比”的思维传统与当代中国的司法适用技术》，《法律科学》2018年第3期。

《大明律·名例律》“断罪无正条”规定：“凡律令该载不尽事理，若断罪而无正条者，引律比附。应加应减，定拟罪名，转达刑部，议定奏闻。若辄断决，致罪有出入者，以故失论。”① 清律在沿袭明律的基础上对此加以进一步细化。《大清律例·名例律》“断罪无正条”规定：“凡律令该载不尽事理，若断罪而无正条者，（援）引（他）律比附。应加应减，定拟罪名，（申该上司）议定奏闻。若辄断决，致罪有出入者，以故失论。”另有条例规定：

> 引用律例，如律内数事共一条，全引恐有不合者，许其止引所犯本罪。若一条止断一事，不得任意删减，以致罪有出入，其律例无可引用援引别条比附者，刑部会同三法司公同议定罪名，于疏内声明“律无正条，今比照某律、某例科断，或比照某律、某例加一等、减一等科断”详细奏明，恭候谕旨遵行。若律例本有正条，承审官任意删减，以致情罪不符，及故意出入人罪，不行引用正条，比照别条，以致可轻可重者，该堂官查出即将该承审之司员指名题参，书吏严拿究审，各按本律治罪。其应会三法司定拟者，若刑部引例不确，许院、寺自行查明律例改正。倘院、寺驳改犹未允协，三法司堂官会同妥议。如院、寺扶同朦混，或草率疏忽，别经发觉，将院、寺官员一并交部议处。②

从清律的规定中可以看到，比附援引的前提是“断罪而无正条者”，也就是说当法律对某一具体情形没有明确的规定时，方可考虑比附援引。同时，对于比附援引的具体操作有着种种限制，例如需要区分是“律内数事共一条”还是“一条止断一事”，两种情形

---

① 怀效锋点校：《大明律》，法律出版社 1999 年版，第 23 页。

② 田涛、郑秦点校：《大清律例》，法律出版社 1999 年版，第 177—178 页。

又各自对应着不同的操作。同时，比附援引之后需要“申该上司议定奏闻”，这是非常关键的规定，也就是说比附援引之后必须逐级上呈至皇帝，即使是原本有终审权的官员也会因为比附援引的适用而丧失终审权。如果比附援引不当而致使情罪不符甚至发生出入人罪的情形，相关人员将会承担相应的司法责任。

所以，比附援引并非意味着随心所欲。一方面国家制定法为了克服法律与现实之间的张力而赋予裁判者比附援引的权力，但是另一方面统治者也看到，比附援引可能导致裁判权的滥用，所以立法对比附援引加以诸多限制。至于比附援引的对象，从《大清律例》的规定来看包括律和例，但是部分学者认为援引成案同样属于比附援引。[①] 对于成案的援引是否属于严格意义上的比附援引，本书暂且搁置，但是出于论述的全面性，本书仍然将其纳入考察的范围。所以，根据比附援引对象的不同，可以把比附援引分为例的比附援引、律的比附援引、成案的比附援引三种情况。另外，根据清律的规定，比附援引的内容既涉及定罪的比附即“比照某律、某例科断”，也涉及量刑的比附即“比照某律、某例加一等、减一等科断”。本书以比附援引的对象为分类标准，分别举例展开论述。

（二）例的比附援引

首先看例的比附援引，以“比照奸夫自杀其夫”为例。此案的大致案情是：温氏与奸夫张庆官长期通奸，并指使其母温潘氏为其遮掩奸情。女婿潘兴来因怀疑温潘氏遮掩之情，故与温潘氏起了冲突，温潘氏一气之下下毒将潘兴来毒死。对于温潘氏的定罪量刑并无太大疑义，问题的焦点在于对于温氏的定罪量刑。两广总督认为，“温氏讯不知情，亦非因奸肇衅，与奸夫张庆官均依军民相奸

① 例如李拥军教授便认为法律适用中的比附援引分为“条文之比”与“案例之比”，对于律例的比附是“条文之比”，对成案的比附则属于“案例之比”。参见李拥军《“比”的思维传统与当代中国的司法适用技术》，《法律科学》2018 年第 3 期。

例，拟以枷杖。”① 但是刑部却认为：“温潘氏毒死潘兴来之处，潘温氏虽相距百里，并不知情，但是伊夫之受毒身死，实因潘温氏潜匿恋奸所致，比依奸夫自杀其夫，奸妇虽不知情亦绞之条，已干缳首，况致其母身罹重辟，情罪尤不可宽，将潘温氏仅科奸罪，拟以枷杖，情法实未允协。”最终经过驳议，“温氏应比照奸夫自杀其夫，奸妇虽不知情亦绞例，拟绞监候，秋后处决”②。

在此案中，两广总督原本依据“军民相奸例”对温氏拟处以枷杖，但是最终刑部却比照“奸夫自杀其夫，奸妇虽不知情亦绞例”将其改为“绞监候”，这就是一个典型的例的比附援引。如果细酌刑部比附之例，该例中适格的主体是“奸夫”，但是此案中的主体却是奸妇之母，所以严格来讲在主体方面确实不适格。但是除此之外，其他构成要件基本上是一致的。并且，相比简单地以“军民相奸例”来定罪量刑，比附援引“奸夫自杀其夫，奸妇虽不知情亦绞例”确实更加适当一些。但是，比附援引之后的刑罚却从枷杖变成了绞监候，这一量刑上的变化是相当大的。因此，此案中的比附援引，既是针对定罪的比附，同时也是针对量刑的比附。

（二）律的比附援引

再看律的比附援引，以“擅用赦字世表字样拟徒”一案为例。案情较为简单，即案犯韦玉振在为其父刊刻的行述中，对于其父免其佃户之租的行为用了一个“赦”字去形容，因而被认为大逆不道。但是根据调查，韦玉振实际上并没有悖逆的行迹，并且此行述已刊刻十余年，控告之人实际上是挟私报复。在此案中，乾隆皇帝的态度还算客观，他谈道：“朕综理庶务，从不预存成见，其情真

① （清）全士朝等纂辑：《驳案新编》，载杨一凡、徐立志主编：《历代判例判牍》（第七册），中国社会科学出版社 2005 年版，第 315 页。

② （清）全士朝等纂辑：《驳案新编》，载杨一凡、徐立志主编：《历代判例判牍》（第七册），中国社会科学出版社 2005 年版，第 316 页。

罪当者，必不稍事姑容，其事属虚诬者，更不肯略使屈抑。”① 刑部指出，韦玉振的行为属于“僭妄”，并非单纯的违制可比。但是《大清律例》对于“僭妄”如何定罪却没有明文规定，最终刑部认为：“今该抚仅将韦玉振照违制律拟杖，殊未允协。应请比照僭用违禁龙凤纹者，杖一百，徒三年律，杖一百，徒三年，以示惩儆。”②

此案就是一个典型的律的比附援引，并且是一个针对定罪的比附援引。对于韦玉振的行为，刑部自己也承认没有相应的规定。但是为了表示惩儆且实现情罪允协的目的，刑部不仅没有按照违制律定罪，同时还选择了“服舍违式”律中的第二款对韦玉振的行为予以了处罚，即“若僭用违禁龙凤纹者，官民各杖一百，徒三年（官罢职不叙），工匠杖一百，违禁之物并入官”③。如果比照韦玉振的行为和最终定罪的依据会发现，二者在构成要件上相去甚远，如果以现代刑法的眼光去看，甚至有些不可思议。所以，相比律的比附援引和例的比附援引会发现，例的比附援引在某些构成要件上还有相似之处，但是在许多律的比附援引的场合中，犯罪行为与所引之律在契合度上明显减弱。究其原因，这与律和例的性质有关。因为律的抽象程度较高，而例则更加具体一些，许多例的生成本身就是从个案中来的，即“因案生例”。所以，当裁判者把例作为比附援引的对象时，往往这些例的内容和具体个案相似度更高，而律因为相对抽象，所以当比附援引律时，律的内容常常和具体个案的契合度相差较远。

（三）成案的比附援引

再看成案的比附援引，以“疑贼锄殴平人致死量减拟流遇赦不

① （清）全士朝等纂辑：《驳案新编》，载杨一凡、徐立志主编：《历代判例判牍》（第七册），中国社会科学出版社 2005 年版，第 103 页。

② （清）全士朝等纂辑：《驳案新编》，载杨一凡、徐立志主编：《历代判例判牍》（第七册），中国社会科学出版社 2005 年版，第 105 页。

③ 田涛、郑秦点校：《大清律例》，法律出版社 1999 年版，第 286 页。

准再减”一案为例。此案的大致案情是：刘玉受姑母顾刘氏之托，在顾刘氏家帮忙看守田地。乾隆五十四年十月十四日半夜，唐宗连喝醉之后路过顾刘氏的菜地，刘玉喝问而唐宗连非但不答反而突然向前，刘玉怀疑其为贼且向前是为了抵抗，所以用锄头殴伤了唐宗连的头顶。随后邻人认出唐宗连并即时施救，但唐宗连旋即殒命。对于此案，江苏巡抚分别引了乾隆三十三年南汇县沈荣补案、乾隆三十四年仪征县秦连云案、乾隆四十八年娄县沈沅征案。这三起案件的案情大同小异，都是当事人夜晚疑贼而误致平人身亡，并且前两案的处理结果都是照斗杀律量减拟流且刑部也都覆准在案。所以，江苏巡抚认为：“今唐宗连虽非窃贼，而刘玉瞥见之时，实因心疑是贼，一时仓促致毙。既为应捕之人，即与事主无异，似可援案定拟。刘玉请照斗杀律量减一等，杖一百，流三千里。”① 对于此处理意见，刑部最终也给予了认可。

此案江苏巡抚的处理便是对于成案的比附援引。本书在导论中对于成案的性质已经进行了说明，虽然《大清律例》明确规定未经通行著为定例的成案不得援引，但是此案中对于江苏巡抚比附援引成案的做法，刑部最终却予以了认可。由此可见，成案在司法实践当中确实也发挥了裁判依据的作用，并且许多例本身也是由成案演变而来的。所以，成案的效力虽然未能得到法律的明确规定，但是在司法实践当中却与例的作用相当接近。因此，把对成案的比附援引与对律例的比附援引等同，虽然确实存在值得商榷的空间，但是从司法实践的角度来看也未尝不可。

以上是比附援引的三种类型在司法实践中的具体体现。在四部档案当中，比附援引的方法随处可见。需要指出的是，虽然《大清律例》对于比附援引的适用有着前提性的规定——“凡律令该载不

---

①（清）沈沾霖纂辑：《江苏成案》，载杨一凡、徐立志主编：《历代判例判牍》（第八册），中国社会科学出版社 2005 年版，第 7—8 页。

尽事理，若断罪而无正条者”，但是“这样的模式，在法有正文与无正文之间仍然可保留相对清晰的界限，那么，在现实模式里，法律适用中，法有正条与法无正条之间则出现了相对混沌的状态，即在某种程度上，以牺牲法的形式性来换取量刑的‘妥当’，同时仍然要给出所谓法源上的依据——‘以法之名’行事，此点也折射出传统中国式的‘法治’一个独特的面相”①。实际上我们也确实能够看到，在许多比附援引的案件中常常并非没有可适用的律例，只是因为如果按照相应的律例论处可能显得情罪关系失衡，所以裁判者通过比附援引而选择适用一个能够达至情罪允协的裁判依据。从上述的案例中我们也能够窥见，情罪关系是影响裁判者定罪量刑的重大因素，在这样一种思维的指引下，此罪与彼罪之间必然在犯罪构成上出现不一致，而这恰恰与现代刑法的核心精神——罪刑法定原则构成了矛盾。因此在清末修律时，比附援引受到了极大的抨击，并最终在《钦定大清刑律》中被罪刑法定原则所代替。

二　原则活用

（一）“准五服以制罪”概述

在中国传统法律文化中有许多基本的法律原则贯穿着中华法系的发展，即使朝代更迭，这些基本的法律原则却能够在不同朝代的法律中得到体现与遵行。但是，这些基本的法律原则在司法实践当中没有得到严格的遵守，相反它们呈现出被裁判者灵活运用的特点，本书以“准五服以制罪”为例予以说明。

五服制度是中国传统文化中的重要制度，它原本起源于西周时期的丧服制度。根据死者与其亲属血缘关系的亲疏，不同的亲属对应着不同规格的丧服和不同时长的丧期。根据《仪礼·丧服》的记

① 陈新宇：《法有正条与罪刑不符——〈大清律例〉“审拟罪名不得擅拟加等”条例考论》，《清华法治论衡》2009 年第 2 期。

述，五服分别对应着斩衰、齐衰、大功、小功、缌麻，从斩衰到缌麻，血缘关系逐渐疏远，丧服的制作也更加精良。就斩衰来说，丧服是用最粗的生麻布制成，且断处外露不缉边，以此表示毫不修饰以尽哀思，而缌麻则是由细麻布制成。在丧期方面，斩衰为三年；齐衰根据具体情况的不同又可分为三年、杖期、不杖期、三月；大功分为成人九月、殇九月或七月、穗衰七月；小功分为成人五月、殇五月；缌麻为三月。[①] 由此可见，五服制度是按照血缘的亲疏展开的，血缘越近，丧服制作越粗糙，丧期越长；反之，血缘越远，丧服制作越精细，丧期越短。

这样一套原本适用于丧礼的制度，后经汉代经学家的系统阐释而逐渐成为规范亲属和社会关系的一套制度。到了西晋，这一源于礼制的重要制度被正式纳入了《泰始律》，“准五服以制罪”由此便成为中华法系中一个重要的法律原则。所谓“准五服以制罪”，指的是对亲属之间的互相犯罪，根据五种丧服制度所表示的远近亲属来定罪量刑。[②] 大体来讲，在亲属之间的人身类犯罪中，如果是以卑犯尊，则血缘越近刑罚越重，如果是尊亲属伤害卑亲属，则血缘越近刑罚越轻。例如同样是谋杀，如果是卑亲属以下犯上，则“凡谋杀祖父母、父母及期亲尊长、外祖父母、夫之祖父母、父母已行（不问已伤、未伤）者（预谋之子孙不分首从），皆斩；已杀者，皆凌迟处死”[③]。反过来，“尊长谋杀（本宗及外姻）卑幼，已行者，各依故杀罪减二等；已伤者，减一等；已杀者依故杀法”[④]。

---

① 具体内容可参见（清）阮元校刻《十三经注疏》（上册），中华书局 1980 年版，第 1096—1128 页。

② 周子良：《中国法制史》，法律出版社 2006 年版，第 123 页。

③ 田涛、郑秦点校：《大清律例》，法律出版社 1999 年版，第 422 页。

④ 田涛、郑秦点校：《大清律例》，法律出版社 1999 年版，第 423 页。

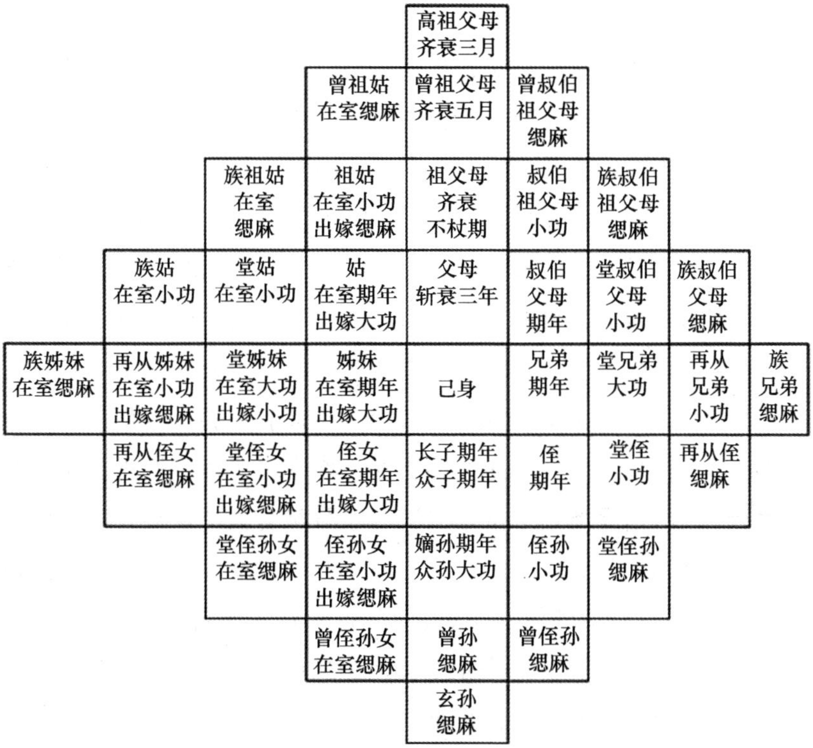
高祖父母 齐衰三月
曾祖姑 在室缌麻
曾祖父母 齐衰五月
曾叔伯祖父母 缌麻
族祖姑 在室 缌麻
祖姑 在室小功 出嫁缌麻
祖父母 齐衰 不杖期
叔伯祖父母 小功
族叔伯祖父母 缌麻
族姑 在室小功
堂姑 在室小功
姑 在室期年 出嫁大功
父母 斩衰三年
叔伯父母 期年
堂叔伯父母 小功
族叔伯父母 缌麻
族姊妹 在室缌麻
再从姊妹 在室小功 出嫁缌麻
堂姊妹 在室大功 出嫁小功
姊妹 在室期年 出嫁大功
己身
兄弟 期年
堂兄弟 大功
再从兄弟 小功
族兄弟 缌麻
再从侄女 在室缌麻
堂侄女 在室小功 出嫁缌麻
侄女 在室期年 出嫁大功
长子期年 众子期年
侄 期年
堂侄 小功
再从侄 缌麻
堂侄孙女 在室缌麻
侄孙女 在室小功 出嫁缌麻
嫡孙期年 众孙大功
侄孙 小功
堂侄孙 缌麻
曾侄孙女 在室缌麻
曾孙 缌麻
曾侄孙 缌麻
玄孙 缌麻

图 2.1 五服图

为了使这一原则在司法实践中能够得到更好的贯彻，《大清律例》将《丧服图》与《服制》置于法典卷首，“律首载丧服者所以明服制之轻重，使定罪者由此为应加减之准也”[①]。在这几部诉讼档案中也能清晰地看到，只要犯罪发生在亲属之间，基本上都会根据服制关系的亲疏远近来定罪量刑。然而，这一基本的法律原则在司法实践当中除了表现出严格贯彻的一面，在某些案件中却同样因情罪允协的目标而体现出了一定的弹性。本书试举两例加以说明。

① 《大清律例汇辑便览》，湖北谳局 1872 年版，第 46 页。

（二）具体适用

首先看“因窃杀死姨母比依窃盗临时拒捕杀人”案。案情较为简单：案犯蒋汝才因窃姨母于氏衣服被发现，被姨母詈骂而一气之下将姨母杀害。对于此案，江苏巡抚作出了“将蒋汝才依故杀外姻小功尊属致死律，拟斩监候”的拟判。但是刑部却认为：“该犯欺氏年迈，既窃其衣，复戕其命，凶恶已极，原情定罪，实与窃贼临时杀死事主者相同，自当罪坐所因，该抚将蒋汝才仅依故杀外姻小功尊属律，拟以斩候，是但论其杀死之罪，而不究其忿杀之由，情法殊未允协。……蒋汝才依窃盗临时拒捕杀人例，拟斩立决。”[①]最终乾隆皇帝肯定了刑部的处理意见，蒋汝才被即行处斩。在此案中，一向被严格贯彻的“准五服以制罪”被舍去。从最终的处理结果来看，蒋汝才和姨母于氏的小功亲属关系并没有得到体现，裁判依据变成了“窃盗临时拒捕杀人例”这一适用于普通人之间的例。相比起“准五服以制罪”在定罪量刑中的严格贯彻，对于服制关系的突破虽然不是主流但是也并非个案。

再看“发掘远祖坟塚开棺见尸斩决”一案。此案的大致案情为：案犯张栋梁系同族无服兄弟张侣侯之胞叔张应科立继之子，张栋梁欲私卖家族宅基山场中的一块，而该块山场中葬有张侣侯之十一代远祖张书忠及祖母，经张侣侯阻止并告官，张栋梁被责惩且文契被追回涂销。张栋梁心有不服而意图翻案，遂邀其子及佃户前往张书忠墓，将墓中骸骨挖出并焚毁。针对此案，湖南巡抚认为：“查张栋梁与承继远祖张书忠已隔十一代，并无服制，应同凡论。将张栋梁依发掘他人坟墓开棺见尸律，拟绞监候。”[②] 然而，刑部却认为：

---

① （清）全士朝等纂辑：《驳案新编》，载杨一凡、徐立志主编：《历代判例判牍》（第七册），中国社会科学出版社2005年版，第178—179页。

② （清）全士朝等纂辑：《驳案新编》，载杨一凡、徐立志主编：《历代判例判牍》（第七册），中国社会科学出版社2005年版，第219页。

> 至曾高而上至于远祖其服虽尽，而木本水源自不得以服尽遽同凡论。今张栋梁既系承继张应科为子，是张应科之远祖，即属张栋梁之远祖。乃该犯因盗卖十一代远祖张书忠坟山，经伊堂兄张侣侯喊禀受责，辄思翻断，起意挖坟装窖，以为另讼刨试之地，遂率领伊子张老双并佃户伍子贵，将伊远祖张书忠坟塚发掘，刨出枯骨，又复图荫子孙烧骨滴血致成灰烬，忍心害理，不法已极。自应按例科断，以惩残恶。该抚乃因张书忠系张栋梁承继十一代远祖，并无服制，将张栋梁照凡人开棺见尸律，拟以缳首，情法实未允协。①

最终经过驳议，“张栋梁合依奴婢发掘家长坟塚，开棺见尸毁弃者斩决，子孙犯者，照此例科断例，拟斩立决”②。

此案和前一案有所不同。在前一案中蒋汝才与其姨母于氏原本具有的小功关系最终被舍去。相反，在第二起案件中，严格来讲张栋梁与其远祖张书忠确实已经超出五服的范围，并且张栋梁的身份为立继之子，但是最终已经超出五服之外的子孙关系还是影响到了定罪量刑。两起案件，一反一正，一个是取消了原本存在的服制关系对于定罪量刑的影响，另一个则是避开了服制关系已经不存在的事实，而以子孙关系的存在另引他律加重了处罚。从这两起案件可以看出，作为重要法律原则的“准五服以制罪”在司法实践当中也呈现出了弹性适用的情况，为了实现“情罪允协”的目的，刑部在这两起案件当中都避开了这一原则。

对于服制关系在定罪量刑中的具体适用，在“卑幼行窃拒伤小

---

① （清）全士朝等纂辑：《驳案新编》，载杨一凡、徐立志主编：《历代判例判牍》（第七册），中国社会科学出版社2005年版，第220页。

② （清）全士朝等纂辑：《驳案新编》，载杨一凡、徐立志主编：《历代判例判牍》（第七册），中国社会科学出版社2005年版，第220页。

功尊长”案中，湖北巡抚的一段话颇值得细细品味。他指出：“细酌律文，以应合服制盗伤各罪，互相比较，如服制杀伤罪重，则科其服制杀伤之罪，窃盗杀伤罪重，则科其窃盗杀伤之罪，未便拘泥服制，转至轻重悬殊。”① 当然，这种观点所展示的内容并不能代表清代司法的常态，在绝大多数事关服制的案件当中，在准确认定服制关系的基础之上严格依照身份关系定罪量刑依然是主流。但是，当一些案件因为服制问题出现情罪关系的明显失衡时，突破服制关系而对个案进行纠偏就成为另一种进路。

值得一提的是，其实细酌这些案件，对于服制关系的突破实际上都是为了实现情罪允协，两起案件中的案犯均因为服制关系被突破而受到了更为严格的惩罚。究其实质，突破服制关系实际上反而强化了服制关系背后所代表的伦理纲常的重要性。对此，已有研究者认为：“乾隆的等级伦理观及其维护等级伦理的措施较其先辈更为系统，其方式之新，施行范围之广，乃前所罕见。”② 甚至于在“毒死继母之母按照新定服制斩决”一案中，根据乾隆皇帝的谕令，最终的裁判结果不仅形成了新例，并且还对服制图中有关外姻亲属的部分进行了修改，可谓是原则活用的典型。③ 所以，我们以“准五服以制罪”这一原则为例确实能够看到，法律原则在传统的司法实践中的适用确实具有一定程度的弹性，并由此成为调整情罪关系的重要裁判技术。

三　因案生例

明清两朝法律的一大特点是律例并行，律和例的关系也一直是清

---

①（清）全士朝等纂辑：《驳案新编》，载杨一凡、徐立志主编：《历代判例判牍》（第七册），中国社会科学出版社2005年版，第195页。

② 张仁善：《论乾隆的等级伦理观及其维护等级伦理的措施》，载张仁善：《法律社会史的视野》，法律出版社2007年版，第108页。

③ 具体案情可参见（清）全士朝等纂辑《驳案新编》，载杨一凡、徐立志主编：《历代判例判牍》（第七册），中国社会科学出版社2005年版，第545—549页。

朝法律制度研究中的重要问题。“‘律’为纲，有较大的稳定性；‘例’为目，性质较为灵活，用以补充‘律’之不足，两者相互依存。”[①] 雍正三年（1725）的《大清律集解》中共有律346条，至此之后律就不再变化，而例则不断增多。因为律轻易不会加以修订，所以例在司法实践当中发挥着重要作用，以至于对《大清律例》有着“以例代律、以例破律”的说法。例如《清史稿·刑法志》说道：“盖清代定例，一如宋时之编敕，有例不用律，律既多成虚文。而例遂愈滋繁碎，其间前后抵触，或律外加重，或因例破律，或一事设一例，或一省一地方专一例，甚且因此例而生彼例；不惟与他部则例参差，即一例分载各门者，亦不无歧异，辗转纠纷，易滋高下。”[②] 然而，也有学者认为《清史稿》中的这一段论述过分夸大了例的地位，“以例辅律”才是清代律例关系的主流。[③]

（一）基于皇帝的诏令而生的例

本书并不打算讨论律与例的关系，但是不可否认的是，相比起较为稳定的律，例具有更大的灵活性和可变性。如果对于例的来源加以探讨我们会发现，例主要来源于两个方面，“一是皇帝的诏令，以及皇帝对臣下奏议等文件做出的批示（上谕）；二是从刑部就具体案件所做的并经皇帝批准的判决中抽象出来的原则”[④]。第一种情况下生成的例基于皇帝的绝对权威，因此操作起来较为便利，所以我们先对第一种生成例的情况加以考察。

以“谋杀十岁以下斩决”案为例。案情较为简单，案犯杨张氏与邻人周万全长期通奸，一次被八岁的邻人李么儿撞见，杨张氏担心李么儿向他人泄露奸情，故设计将其勒死并抛尸荒野。对于此案，四川总督认为：“杨张氏除和奸轻罪不议外，依律拟斩监候，

① 黄源盛：《中国法史导论》，广西师范大学出版社2014年版，第304页。

② 赵尔巽主编：《清史稿》（上），上海古籍出版社、上海书店1986年版，第9344页。

③ 参见吕丽《例以辅律　非以代律——谈〈清史稿·刑法志〉律例关系之说的片面性》，《法制与社会发展》2002年第6期。

④ 何勤华：《清代法律渊源考》，《中国社会科学》2001年第2期。

系妇人照例免刺。”① 刑部也同意了这一处理意见。然而乾隆皇帝对于这样的处理结果则颇为不满，他认为：“其淫凶残忍，实出情理之外。刑部拟以斩候，入今年情实，不足敝辜。杨张氏著即处斩。嗣后，有谋死幼孩，如年在十岁以上者，仍然照向例办理，其在十岁以下者，即照此案问拟立决，以儆凶残而示惩创。”②

根据乾隆皇帝的诏令，最终对杨张氏的量刑由斩监候变成了斩立决，并且乾隆皇帝要求嗣后如果谋杀的幼孩在十岁以下者均按照新例处理。这便是一个典型的“因案生例”，并且是第一种情形，即由皇帝的诏令直接生成的例。这样的例不仅对以后的类似案件都有约束力，更为关键的问题是，这一新例立即适用于本案。有意思的是，这种根据乾隆皇帝诏令直接生成的例，在卷首还会用謄黄的方式抄录乾隆皇帝的谕旨，由此可见，两种不同方式生成的例在记载上也存在着差别从而以示不同。③

（二）从个案中抽象而成的例

就第二种情况生成的例来说，一般应遵循的程序是：个案基于司法实践先以成案的形式出现，后经过刑部律例馆的官员整理研究，以《刑部通行条例》的名义颁布，再经过皇帝奏准以《续纂条例》的形式在特定的时间正式颁行。乾隆朝一开始将修例的时间定为三年一次，后改为五年一小修，十年一大修，在这样的修例频率下，同治年间例的总数已经达到了 1892 条。从这一过程可以看到，成案只有经过这一系列程序才能够最终变成例，质言之，成案要想成为之后其他类似案件的裁判依据，必须以例的形式加以援引才合法。然而有意思的是，这些在个案中生成的例，尽管从严格意义上讲，在最终变成例之前不能直接在司法实践中加以适用，但是

① （清）全士朝等纂辑：《驳案新编》，载杨一凡、徐立志主编：《历代判例判牍》（第七册），中国社会科学出版社 2005 年版，第 255—256 页。

② （清）全士朝等纂辑：《驳案新编》，载杨一凡、徐立志主编：《历代判例判牍》（第七册），中国社会科学出版社 2005 年版，第 256 页。

③ 謄黄，又名誊黄，指礼部用黄纸将皇帝下的诏书进行誊写，因以黄纸印刷故得名。

它们却几乎都立刻适用于本案。

以“明知贼情说合赎赃”案为例。此案的大致案情为：案犯葛精怪、黄娜养、葛应科先后二十二次偷赶他人牛马羊只，并以此为要挟勒令事主交钱收赎，稍不遂意便将赃物即行转卖，所获金额总计在一百二十两以上。在这个过程中，有多人长期为案犯三人的行为提供便利，例如包庇、揽赎、勒赎等。对于主犯三人以及其中重要从犯的定罪量刑均无异议，但是广西巡抚对于其中说合赎赃的葛锦等六人并未作出处罚。对此处理刑部却有不同意见：

> 再查，说合赎赃之葛锦、秦尚积、秦勇、秦宗相、龙登任、秦尚卿等六犯，皆系亲友，明知贼情，既不据实鸣官，又复为之查赃向赎，表里为奸助贼获利，若不加以惩治，则此种恶习流风，何由整顿？应将葛锦等六犯，比照为贼探听事主消息通线引路者，照强盗窝主又不分赃律，杖一百，流三千里，减一等，杖一百，徒三年，以示惩儆。①

刑部并未止于通过比附援引对这六人进行惩处，为了应对此种案情在两广、两湖以及云贵诸省的频发，刑部要求此案应该载入例册。“应请俟命下之日，移付律例馆，载入例册，遵照办理，并行文两广、两湖及云贵各督抚，饬令各地方官严行示禁，再有犯案者，皆照此案从重拟徒。”②

此案的亮点恰恰就在此。乍一看，刑部直接通过比附援引已经解决了特殊案件定罪量刑的难题，这似乎与单纯的比附援引没什么区别。但是关键在于，除了通过比附援引对巡抚未处理的六

---

① （清）全士朝等纂辑：《驳案新编》，载杨一凡、徐立志主编：《历代判例判牍》（第七册），中国社会科学出版社2005年版，第227页。

② （清）全士朝等纂辑：《驳案新编》，载杨一凡、徐立志主编：《历代判例判牍》（第七册），中国社会科学出版社2005年版，第228页。

人定罪量刑外，刑部还将此案移交给律例馆载入例册，这就启动了“因案生例”的第一步。对于之后如何经过一系列程序而最终变成定例，我们暂不讨论。重点在于，因案而生的例在最终变成定例之前是不能在司法实践中加以适用的，但是这些“例”对于生成它们的个案却能够当即产生效力。也就是说，这一新“例”对当下产生了效力，但是在最终变成定例之前却不再适用，中间有一段效力空白期，这从逻辑上讲是很吊诡的事情。之所以将“例”打上引号，是因为这些“例”还不能直接成为定例，但是为了解决定罪量刑的难题，实际上刑部在比附援引的掩盖下，已经对个案作出了超出律例规定之外的处罚。这样的处理显然存在巨大的风险，因为这挑战了皇帝的最高权威，所以刑部需要借助比附援引的外壳，在作出超出律例规定的处理之后将这一新的处理办法载入例册，最终再通过生成定例的程序正当化刑部的越权处理。因此，两种生成例的方式实际上本质并无不同，它们都是对个案作出了超出法律之外的处理。第一种方式的实质是皇帝对于案件的直接改判，只不过其直接借助了皇帝的最高权威而省略了后续的程序性问题，第二种方式则借助“因案生例”的程序正当化对案件的处理。

需要强调的是，第二种“因案生例”的方式与单纯的比附援引存在着差别。比附援引从形式上看，尚且还是在法律所划定的范围内对个案进行处理，而因案生例实际上是超出现有立法范围作出的处理。其实在本书所举的这两起案件中，乾隆皇帝和刑部的措辞已经透露出了此种区别。例如在第一起案件中，乾隆皇帝强调：“嗣后，有谋死幼孩，如年在十岁以上者，仍然照向例办理，其在十岁以下者，即照此案问拟立决，以儆凶残而示惩创。”① 也就是说，

① （清）全士朝等纂辑：《驳案新编》，载杨一凡、徐立志主编：《历代判例判牍》（第七册），中国社会科学出版社 2005 年版，第 256 页。

这一案件不仅基于皇权生成了新例，同时这一新例还对旧例构成了实质上的修改，嗣后此类案件的处理将以“十岁”作为标准分别处理，这从反面印证了新例实际上超出了现有立法的规定。在第二起案件中，刑部对将此案的处理结果移交律例馆的行为作出的解释中提道：“臣等见近日两广、两湖及贵州诸省，屡有此种案情，地方官不能早为禁止，及事犯到官，仍以为并无不合，概不重治其罪，遂致习惯成风，既接踵而起，必须严加惩治，以儆恶俗。”① 这一番表达更加明显地透露出，因案生例实际上超出了现有立法所划定的范围，其本质就是一种司法过程中的造法，它往往针对某些特殊情形而特别处理，甚至出现为个案立法的情况。

正是因为司法实践是例的重要来源，许多例甚至直接能够在司法实践中找到原型，所以例的规定往往更加细致，甚至只针对某些特殊地区或者特殊群体。从上文的两起案件也能看到，第一起案件对嗣后谋杀十岁以下幼孩的处理增加了新的规定，第二起案件则是对“明知贼情说合赎赃”这一原本并无具体规定的情节进行了入罪化的处理。由此，例的抽象程度不断降低，较低的抽象程度又导致例的适用范围变窄，而较窄的适用范围使得面对新情况又不得不再次求助于新例。长此以往，用例解决律的不足便陷入了一个循环，以至于清代的例到了后期也就越来越庞杂，适用起来也越来越复杂。对此，沈家本先生有过精辟的阐释：“今人修法，多求其密，密则必至有抵牾之处，往往立一例而有无数之例相因而生。持有限之科条，驭无穷之情伪，谓必能无事不相中也，能乎？追律无正条，而复以律外苛求之，此法之所以日益纷繁也。”② 沈家本先生的这一段论述可以说是非常切中要害的。

---

① （清）全士朝等纂辑：《驳案新编》，载杨一凡、徐立志主编：《历代判例判牍》（第七册），中国社会科学出版社2005年版，第228页。

② 沈家本：《寄簃文存》，商务印书馆2015年版，第162页。

四 法律解释

只要法律成文化，法律解释的问题就会随之而来。相比起相对静止的法律，社会生活具有高度的复杂性和动态性，而人类的理性是有限的，即使再精妙的法律也不可能涵盖变化着的全部社会生活。同时基于语言本身的特点，法律必然会呈现出一种“开放性结构”①。当某一行为与法律规定的构成要件之间并非十分契合时，法律解释就成为化解难题的重要方式。因此，从某种意义上讲，正是法本身的局限性决定了法律解释的必然性。所以，尽管在中国传统法律文化中找不到所谓法律解释的概念，但是法律解释所要解决的问题却是古今中外的裁判者普遍面对的。同时，现代法学对法律解释作出的诸种分类几乎都可以在清代的司法实践当中找到相对应的实例。本书以文义解释、目的解释、扩大解释、体系解释为例分别予以说明。

（一）文义解释

首先看文义解释。所谓文义解释，是指对法律文本的字面含义所作的解释。② 当然，立法者所使用的语言既包括普通大众日常使用的普通用语，同时也包括具有专业性质的法律用语，但是不管法律文本使用何种语言，解释者在进行文义解释时都应该尊重文本，按照通常的理解来解释文本。以“窃赃满贯（之二）”一案为例。案情较为简单：案犯陈二小前后两次盗窃店主刘心瑞店内客人的财物，两次盗窃金额分别为一百两和二十两，两笔财物均系客人交由刘心瑞保管而非刘心瑞本人所有。按照清律的规定，如果盗得两家财物，从一家赃多者科罪。对于此案，直隶总督认为这两笔财物因为分别归不同人所有，因此应当认定为两家，故将陈二小依窃赃一

---

① H. L. A. Hart, (*second edition*) *The concept of law*, (Oxford: Oxford University Press, 1994), pp. 128.

② 葛洪义主编：《法律方法论》，中国人民大学出版社 2013 年版，第 88 页。

百两拟流。然而，刑部对于这一处理表示了异议，刑部认为：

> 是律文主守专指被窃一家之事主，非一家被窃之物，又各分主也。故开设行店，货物充斥，客商不一其人。但是经各商将财物交明店主，即与店主财物无异。历来办理窃案，经事主按日开报，地方官缉贼追赃，并不更问事主查问所失单内，是否自己财物，有无他人财物。正以贼之行窃，并非两地两次。主之被失，又非两日两家，自不得强为分别，以滋弊端。①

最终根据刑部的建议，直隶总督将陈二小改依窃盗赃一百二十两以上律拟绞监候，并最终获得乾隆皇帝的批准。

在本案中，刑部与直隶总督的分歧在于对律文中“家”和“主”的认定。直隶总督认为两笔财物分属于不同的人，因此应该认定为两家。但是刑部却认为，律文所指的“主”针对的是被窃的人，而不是被窃的物，以往实践中对于窃盗案件也是根据事主来认定，而不是根据物的所属关系来认定的。所以，既然客人将货物交给店主保管，那么这些货物就和店主的财物无异，因此理应按照一家一主来认定，而不应该认为是两家两主。其中当然还涉及对于占有问题的认识，在此不再展开。但是就刑部围绕着“家”和“主”的区别所进行的阐释，显然与现代法解释学中的文义解释相当。也正是因为刑部与直隶总督对于“主”的理解有所不同，因而导致前后在定罪量刑上产生了差异，而最终解决这一问题的途径便是法律解释。

（二）目的解释

再看目的解释。目的解释是指以某种目的来阐释法律规范的法

---

① （清）丁人可编：《刑部驳案汇钞》，载杨一凡、徐立志主编：《历代判例判牍》（第六册），中国社会科学出版社 2005 年版，第 45—46 页。

律解释方法。[①] 根据目的性质的不同，又可以分为主观目的解释和客观目的解释。主观目的解释探求立法者的目的，而客观目的解释则是探求所谓客观的由法律规范文本所表现出来的规范目的。

以“夫殴妻致死拟徒”一案为例。案情较为简单：王瑞之妻张氏性格泼辣，时常与其姑杨氏争吵。乾隆四十五年二月二十二日，张氏与杨氏再次起了争执并辱骂杨氏。后杨氏将情事告知王瑞，王瑞一怒之下将张氏殴死。对于王瑞的行为，直隶总督认为确实更加符合“擅杀”，但是他也提出：“查律载，凡妻妾因殴骂夫之父母而夫擅杀死者，杖一百，亲告乃坐。……但杨氏虽经到案供明，究未先行亲告，且子妇詈骂翁姑，被夫忿激致毙，既有秋审再减明文，则定案时自不得率引擅杀之条，其谋杀妻命应依故杀法科罪。将王瑞以故杀妻律，拟绞监候。”[②] 由于缺乏“亲告”这一构成要件，直隶总督以“故杀”对王瑞的行为定罪量刑。对此刑部却认为：“至若媳忤其姑见证确凿，其媳实系罪犯应死之人，即当准情引律，以正伦常而惟风教。……核其情节，此等泼悍之妇，殴詈其姑，实属罪干恶逆。不但伊母杨氏到案确供，且有邻人王智当场目睹，情非捏饰，即与亲告无异。”[③] 最终经过驳议，王瑞按照“妻殴夫之父母而夫擅杀者，杖一百律”量加一等，处以杖六十，徒一年，至配所折责二十板的刑罚。

此案对是否构成“亲告”所引发的争议，就是一个典型的目的解释。根据《大清律例》的规定，要构成“妻妾因殴骂夫之父母而夫擅杀死者”，必须有当事人亲告的情节。因为在现实生活中会出现夫妻间因关系不睦或者他事起衅，夫将妻殴毙之后，父母出于溺爱而附会妄供以图脱子之罪的现象。所以立法为了避免这种情况

---

① 葛洪义主编：《法律方法论》，中国人民大学出版社 2013 年版，第 91 页。

② （清）全士朝等纂辑：《驳案新编》，载杨一凡、徐立志主编：《历代判例判牍》（第七册），中国社会科学出版社 2005 年版，第 430—431 页。

③ （清）全士朝等纂辑：《驳案新编》，载杨一凡、徐立志主编：《历代判例判牍》（第七册），中国社会科学出版社 2005 年版，第 431 页。

发生，要求必须由当事人亲告才可以适用该条规定。就本案的情节来说，确实不存在亲告。但是刑部指出，张氏的行为实属“恶逆”，对王瑞从轻处罚恰恰是对张氏行为的否定，从而能够更好地“正伦常而惟风教”，虽然本案不存在严格意义上的亲告，但是种种情节实际上与亲告无异，因此仍然应该算作亲告而以擅杀论处。刑部着眼于律意的立法目的，从而对此案究竟构不构成亲告进行了解释，这恰恰符合目的解释的性质，并且是一个典型的客观目的解释，即针对律意本身进行的解释。

（三）扩大解释

再看扩大解释。扩大解释是通过解释使法条的字面含义扩张的解释方法。[①] 但是即使是使字面含义扩大，扩大解释也应该根据字面意义进行，因此扩大解释在理论上仍被认为属于文义解释的一种。[②]

以“奴仆诬告家长”案为例。大致案情为：案犯关言曾被卖予窦长裕做仆人一年有余，其间因欲偷窃银钱而被窦长裕给还文契并逐出。关言因此怀恨在心，于是到县衙诬告窦长裕霸占其妻。此案的关键在于关言与窦长裕是否构成奴仆与家长的关系。如果不构成，那么关言只需要反坐诬告之罪，即“家长将奴仆之妻妄行占夺，即将伊主发黑龙江当差”，但是如果构成主仆关系，那么“仍然照干名犯义律，从重治罪”。河南巡抚对于此案的具体论证过程不得而知，只知道地方的拟罪是按照凡人处理的，即反坐诬告之罪——发遣。对此乾隆皇帝十分不满，文献的记载开篇就是乾隆皇帝的谕旨：“奴仆诬陷其主，与子孙诬告祖父母同罪，应照干名犯义律拟绞，例有正条，何得仅照凡人诬告之例拟发遣，殊属舛误。著传谕该抚徐绩，即照部驳另拟具题，并著该抚及署按察使周于智

① 葛洪义主编：《法律方法论》，中国人民大学出版社2013年版，第93页。

② 参见王利明《法律解释学》，中国人民大学出版社2011年版，第135—136页。

将因何错拟之处明白回奏。”① 经过再次驳议，刑部认为：“此案关言本系只身立契，卖与窦长裕为奴，业已服役年余，是其主仆名分已定。嗣因欲窃主母房内银钱，被窦长裕闻知不肯容留，虽给还文契责逐外出，而恩义未绝名分尚存。该犯辄敢怀嫌捏造窦长裕霸占伊妻陈氏等情词诬控。准情定罪，自应将关言依奴仆诬告其主，照干名犯义本律，与子孙诬告祖父母、父母同罪拟绞，以正厥辜。”② 最终乾隆皇帝认可了这一处理意见，关言被处以绞立决。

从形式上看，此案中的文契已经给还，关言和窦长裕之间的主仆关系确实已经解除，因此地方对关言照凡人定拟反坐诬告之罪是没有太大问题的。但是和许多事关伦常的案件一样，司法实践对这类案件的处理时常会突破律例的规定。但是如果对关言从重处理，必须确认关言和窦长裕间的主仆关系仍然存在。因此，刑部对于此案的处理关键在于解释关言和窦长裕的关系。对此，刑部认为关言之所以被给还文契，原因在于其自身行为不端，使作为家长一方的窦长裕不愿再继续收留。作为有过错的一方，如果因为在先的过错反而适用轻刑则“不足敝辜”。因此，刑部认为二者之间即使文契已经给还，但是“恩义未绝名分尚存”，仍然应该认定为主仆关系。从不具有主仆关系而以凡论，到具有主仆关系处以绞决，这一改判的核心便是对于主仆关系的解释，并且明显是一种扩大解释。

（四）体系解释

最后看体系解释。体系解释是以法律文本的篇章节、基本制度的安排等形成的逻辑体系为标准所作的解释。③ 我们以“毁弃父母死尸”案为例。案情大致为：

陈柜臣为陈钤与陈郁的叔辈尊长，因琐事与陈钤起了口角，陈

① （清）全士朝等纂辑：《驳案新编》，载杨一凡、徐立志主编：《历代判例判牍》（第七册），中国社会科学出版社 2005 年版，第 687 页。

② （清）全士朝等纂辑：《驳案新编》，载杨一凡、徐立志主编：《历代判例判牍》（第七册），中国社会科学出版社 2005 年版，第 689 页。

③ 葛洪义主编：《法律方法论》，中国人民大学出版社 2013 年版，第 90 页。

柜臣欲责打陈钤，陈郁加以阻拦而散。陈柜臣气愤之下到官府控告陈钤殴叔且陈郁相帮。在官府调查的过程中，因陈郁屡拘不出，陈郁之父陈松臣与陈钤一起前往官府，途中陈松臣因中风身亡。陈郁买通了刑书和仵作在其父陈松臣的尸骨上做伪证，并且捏称其父之死系陈柜臣买通差役殴毙所致，然而最终经过再次尸检而情事败露。对于陈郁的行为，广东巡抚依照“卑幼诬告致蒸检尊长之尸例拟绞监候”进行了拟罪。对此，刑部却表示异议：“该抚将陈郁依蒸检尊长尸律拟绞，不知律内所称尊长，系统指期功缌麻而言。若祖父母、父母，俱系逐条另行，从无列入于泛称尊长条内者。该抚所引实属错误。查该犯诬叔死罪未决，律止杖流。其欲陷叔以重辟，遂忍心伤毁父尸，残惨已极。自当依毁弃父尸律科断。”① 最终经过驳议，陈郁按照刑部的处理意见被处以了斩监候。

本案的焦点在于，对于“卑幼诬告致蒸检尊长之尸例”中“尊长”一词的理解。如果只着眼于该条例文，陈郁的行为确实符合这一条例的构成要件。因为把“父母”理解为“尊长”所涵摄的范围，于日常经验来说的确无可厚非，广东巡抚的拟罪也正是在这样的理解下做出的。然而，刑部根据《大清律例》对于“尊长”和“父母”的使用情况指出，律内所使用的“尊长”专指期功缌麻之亲属，即只包括大功、小功、缌麻三种服制的亲属。对于犯罪行为关涉到祖父母、父母时，律例都会专条说明而从未有过将专指期功缌麻之亲的“尊长”和祖父母、父母混在一起使用的情形。刑部的这一论证立足于整个法律体系，从而明确指出了“尊长”这一符号的准确内涵，这正是体系解释的鲜活例证。

以上是对文义解释、目的解释、扩大解释、体系解释四种法律解释方法在清代司法实践中的具体展示。在这些案例中，当某一概

---

① （清）丁人可编：《刑部驳案汇钞》，载杨一凡、徐立志主编：《历代判例判牍》（第六册），中国社会科学出版社2005年版，第79页。

念的内涵和边界出现争议时，裁判者通过法律解释对其加以明确，从而解决了定罪量刑的难题。虽然当时的司法者未必有法律解释的理论自觉，但是面对司法实践的现实需要，通过对法律的解释来更好地适用法律成为平衡情罪关系的重要裁判技术。

第三节 特殊制度的适用

上文阐释的四种裁判技术都是某一个裁判者在个案当中所能采取的方法，如果把视野扩展到整个案件的审理过程，我们可以看到，情理法的背后有着完整的制度支撑，在这些制度的支撑下情理法的要求得以进一步实现。根据这些制度产生的功能的不同，可以将它们大致分为三类：一是扩大参与，二是特别提醒，三是结果矫正。

一 扩大参与

就不断扩大的司法参与来说，又可以分为两种情况：一是司法体制内的参与，二是司法体制外的参与。我们先看司法体制内的参与。

（一）司法体制内的参与

从前文的介绍中可以看到，清代的审级制度在设计上非常具有特色。就内地十八省的一般规定来说，它是以可能判处的刑罚轻重为标准来划分审理权限的，越高的刑罚对应着越高的终审权。同时，任何一起案件步入诉讼程序都要从案发地的基层政府开始，也就是州县一级。即使没有终审权，从州县开始的每一审级都要实质性地参与案件的调查并且附上拟罪。问题的关键就在于拟罪。虽然拟罪的本质只是一种处理意见，但是如果拟罪不当，相应的官员将会受到惩罚。本书将这四部档案中几起因拟罪失当而受到处罚的典型案例进行了整理，具体情节如表 2.2 所示：

表 2.2　　因拟罪失当受惩案例一览表①

案名	官员	拟罪	终审	惩罚	性质
卑幼殴伤期亲尊属拟流	巡抚	斩监候、绞监候（针对两犯）	军流	从宽免其革任	入人
轮奸	按察司	遣戍	斩立决	著降三级，从宽留任	出人
教唆诬告畏累自缢	知府	发遣	绞监候	罚俸一年	出人
	知州				
平坟械斗致毙七命依罪人拒捕科断	知县	杖一百，流三千里	斩监候	革职	出人

这四起案件，受惩罚的官员最低一级到了知县与知州，最高一级到了巡抚，可以说覆盖了所有拥有法定审理权限的地方官员。“卑幼殴伤期亲尊属拟流”案中的安徽巡抚闵鹗元因主动请罪，并声称其下按察使、府县原拟本无错误，因而最终被从宽而免其处罚。其余三起案件中的按察司、知府、知县均受到了实质性的严厉处罚。需要指出的是，“教唆诬告畏累自缢”案中的案犯已经在监病故而“应勿庸议”，但是这并不意味着相应官员针对这位已经病故的案犯的拟罪也不再有司法责任的存在。即使案犯已经病故，但是拟罪失当的知府和知州统统被罚俸一年。在“平坟械斗致毙七命依罪人拒捕科断”案中，该知县因患病而离职，现病愈而处于候补状态，也就是说他已经不是案件原审地的知县，但是这依然不妨碍对其进行的司法责任追究。

由此可见，拟罪产生的司法责任具有相对的独立性，其不因案

① 具体案情可分别参见（清）全士朝等纂辑《驳案新编》，载杨一凡、徐立志主编：《历代判例判牍》（第七册），中国社会科学出版社 2005 年版，第 588—590 页、第 263—267 页、第 682—686 页、第 729—734 页。

犯病故、官员离职等客观情况的发生就可以免于追究。此外，这四起案件中有三起都是“出人”，即原应判重罪而处以轻罪。由此可见，虽然中国传统司法强调“慎刑”，对死刑的控制尤为严格，但是这并不意味着一味地轻判就是规避司法责任的有效途径。做到情罪关系的平衡，才是传统司法追求的最高标准。

所以，拟罪伴随的严格的司法责任意味着即使超出审理权限，官员们也不得不小心谨慎地参与案件的调查与审理。因此，如果一起案件对应的刑罚越重，那么意味着案件的终审也就越高，参与案件调查与审理的人员也就越多，并且这是一种实质性的参与。一般说来，高级的官员即使不具备专业的法律素养，他们也具备充分的从政经验，也更加谙于人情世故。同时，到了省一级的按察司就有了专门的司法人员，并且各级地方正印官也都有刑名幕友辅佐。因此，清代在审级制度上的特殊设计无形之中扩大了参与重大案件审理的人员范围。由越高级的官员参与案件的审理，意味着有更加专业化的裁判者参与其中，案件裁判的合理性也就相应地能够得到更高程度的保障。

这样一种扩大参与之所以能够实现是整个审级制度发挥作用，因此本书将其视为一种司法体制内的扩大参与。需要特别指出的是，在这个过程中正印官以外不具有法定审理权限的人员也会以直接或者间接的方式参与案件的审理，尤其是刑名幕友发挥的重要作用不容小觑。作为由正印官自己招募的非国家公职人员，刑名幕友的参与似乎很难被称为司法体制内的参与。但是，这些不具有法定审理权限的人员是依附于正印官而存在的，其本身不仅不能直接作出裁决，更为关键的是他们并非国家官员，唯一能够最终作出裁决结果的仍然是正印官。因此，将包括刑名幕友在内的不具有法定审理权限的人员视为司法体制内的扩大参与应该说是合适的，而这与即将讨论的司法体制外的参与，诸如九卿会审中具有独立地位的国家官员参与疑难案件的审理是存在差别的，这一点需要特别注意。

（二）司法体制外的参与

再看司法体制外的参与，典型的是九卿会审。前文在谈到清代的审级制度时提到，死刑案件的终审权在皇帝。通常死刑案件由督抚根据不同情况以“专本具题”或者“专折具题”的方式直接向皇帝报告，同时将副本咨送刑部。皇帝接到督抚的报告并作出批示之后会将案件交给刑部，由刑部再进行具体的处理。对于刑部的处理意见，皇帝会作出不同的反应，对于其中案情重大的，皇帝可能会交由九卿进行会审，这便是清朝的九卿会审制度。

我们先从一起案件入手，以“谋杀缌麻尊长已杀”案为例。[①]此案的案情较为简单：因被兄长李二临时威逼，李三帮助兄长李二按住李廷枚，致使李廷枚被殴致死。就服制关系来说，李二和李三都是李廷枚的小功服侄。对于李二处以斩立决的拟罪并无争议，争议点在于李三。河南巡抚原本将李三拟以流刑，经过驳议之后其将李三拟以斩决。对驳议之后的处理结果乾隆皇帝仍然不满意，于是下旨交由“九卿议奏”。最终九卿会审将李三改为斩监候，乾隆皇帝也批准了这一处理结果。

在本案中，对河南巡抚经过驳议而改拟斩决的处理，乾隆皇帝即使不满意也并非必须交由九卿会审。结合本书所举的其他案件可以看到，九卿会审并非制度化的必经程序。就死刑案件来说，即使皇帝不同意刑部的处理意见，其仍然有督抚的处理意见可做参考，或者是让刑部再次处理，再或者由皇帝直接改判。质言之，即使案情重大，九卿会审也不是必走的程序，而是一种非常规化的选择。此外，九卿会审中的所谓九卿，分别是大理寺卿、都察院左都御史、通政使以及六部尚书，其中除了大理寺卿、都察院左都御史、刑部尚书属于司法官员外，其他六人均属行政官员。需要特别说明

---

① 具体案情可参见（清）丁人可编《刑部驳案汇钞》，载杨一凡、徐立志主编：《历代判例判牍》（第六册），中国社会科学出版社 2005 年版，第 115 页。

的是，在每年八月举行的秋审中同样有九卿参与，但是这和案件驳议过程中的九卿会审不同。秋审是一种制度化、常规化的会审制度，它负责集中审理地方每年判监候的死刑案件。也就是说，只要是地方判了监候的死刑案件就必须经过秋审这一程序，秋审已经属于整个司法制度的重要组成部分。因此，即使秋审有九卿参与其中，但是仍然应将其视为司法体制内的参与。与此相反，九卿会审是非制度化的程序，并没有某种情形必须经过九卿会审才能结案，这是它与秋审的重要区别。

所以，本书把九卿会审视为一种司法体制外的参与。这一分类是基于九卿会审的非制度化、非常规化以及九卿中绝大多数官员的身份性质作出的判断，由此区别于基于审级制度而使司法参与的扩大。通过九卿会审，对疑难案件的处理又多了一条路径，并且这一路径使得并非拥有法定审理权限的行政官员甚至监察官员也加入了其中。这些官员均属于朝廷重臣，都察院左都御史更是享有除皇帝外的最高监察权。因此从某种性质上说，九卿会审是一种多种权力参与案件审理的制度，行政权、监察权的加入能够对司法权形成牵制，从而降低枉法裁判的可能，也为疑难案件的解决增加了不同的视角。

综上可见，越是重大疑难的案件对应着越多的参与者。就这些不断扩大的参与者来说，他们的参与有的属于司法体系内的应有环节，有的则是司法体系之外的非制度化环节。即使情罪关系在某一环节出现失衡，通过不断扩大的司法参与，情罪关系也有可能在动态中达至允协的状态。

二　特别提醒

除了通过程序的设置扩大参与之外，还有一些特殊制度也不容忽视。在不影响个案的调查和定罪量刑的情形下，它们将案件的特殊性以某种方式提醒皇帝，从而通过皇帝最高司法权的运作对情罪关系的平衡发挥作用。本书主要论述容易被忽视的两种特殊制度：上请与夹签。

（一）上请制度

其实上请这一制度对于稍微了解中国法制史的读者来说并非一项陌生的制度。“上请制度确立于西汉时期，是指官僚贵族犯罪之后，普通审判机关不能随意审断，而应将案件上报中央，由廷尉请示皇帝后，最终由皇帝作出处理，并且通常会因犯罪人的特殊身份而给予宽宥。”① 上请制度不仅体现了部分人的司法特权，同时也体现了皇权对于司法的控制。从汉朝之后，上请制度一直被后世采纳，直至在唐律中第一次被全面、完整地规定，后世历朝也基本沿袭了这一制度。尽管各朝对于需要适用上请的主体范围的规定略有不同，但是总体来说都是贵族与官僚可以适用上请，并且适用范围呈现出逐渐扩大的趋势。《大清律例·名例律》中第 3.00 至 6.00 条分别规定了八议、应议者犯罪、应议者之父祖有犯、职官有犯需适用上请。由此可见，上请的范围在清代包括三部分：八议之人、八议之人的相关亲属、职官。

但是容易忽视的是，上请并非只针对贵族与官僚。在《大清律例》中还规定了许多需要奏请皇帝裁决的特殊情形。例如“老小废疾收赎”律中规定：“八十以上，十岁以下，及笃疾（瞎两目、折两肢之类），犯杀人（谋、故、斗殴）应死（一应斩、绞）者，议拟奏闻（犯反逆者，不用此律），取自上裁。”② 再如“犯罪存留养亲”律中也有条例规定：“凡犯死罪非常赦不原者，而祖父母（高曾同）、父母老（七十以上），疾（笃废）应侍（或老或疾），家无以次成丁（十六以上）者（即与独子无异，有司推问明白），开具所犯罪名，（并应侍缘由）奏闻，取自上裁。”③ 由此可见，针对一

① 陈光中：《中国古代司法制度》，北京大学出版社 2017 年版，第 99 页。
② 田涛、郑秦点校：《大清律例》，法律出版社 1999 年版，第 106 页。
③ 田涛、郑秦点校：《大清律例》，法律出版社 1999 年版，第 99—100 页。

些特殊的案情，即使犯罪者不是贵族和官僚也必须适用上请。明清两朝是我国历史上中央集权发展到顶峰的时期，在这一大背景下，体现了皇帝最高司法权的上请制度，其适用范围被扩展也就能够理解了。

试以两案为例，首先是“双瞽殴死双瞽”案。案情较为简单：姚小上和赵小东均系盲人，两人因事起了冲突，在互殴中姚小上扎伤赵小东并致其毙命。按照清律的规定，作为盲人的姚小上可通过上请适用收赎，山东巡抚也确实是依据“老小废疾收赎”律请旨定夺。但是刑部却认为：“查名例内开，笃疾犯杀人应斩绞者，议拟奏闻，取自上裁。此原指殴死有目者而言。今姚小上虽系双瞽笃疾，但被杀之赵小东亦系瞽目笃疾，与议拟奏闻之例义不符，应将该抚声请之处毋庸议等因。”① 最终乾隆皇帝批准了刑部的建议，并且此案还生成了新例。此案表明，通常情况下老幼废疾者杀人在清代的司法实践中确实严格地适用上请制度，此案因为案情特殊即被害人也是盲人而难以定拟，最终这一难题就是通过上请制度得到了化解。

再看“犯罪存留养亲（之一）”案。案情大致为梁国升殴伤陈亚念致其身死，按律应当拟以绞监候。对于梁国升的定罪量刑本无疑义，但是案件的特殊点在于，梁国升之母已年逾八十，其弟虽然已经二十八岁但是却身患瘫症，因而在事实上无力赡养梁母。对此广东巡抚认为：“梁国升杀人拟抵，有弟而若无弟。正与名例所载，家无以次成丁之律意相符，自应取具承审各官，及邻族人等，印甘各结送部，照例奏闻。”② 刑部对此处理意见要求进一步核实情况，在巡抚将案情核实并再次要求上请之后也表示了赞同的意见。最

---

① （清）全士朝等纂辑：《驳案新编》，载杨一凡、徐立志主编：《历代判例判牍》（第七册），中国社会科学出版社2005年版，第27页。

② （清）丁人可编：《刑部驳案汇钞》，载杨一凡、徐立志主编：《历代判例判牍》（第六册），中国社会科学出版社2005年版，第9页。

终，乾隆皇帝批准了这一处理方式，免除了梁国升的死罪，准其留养。

通过以上两案可以看，清代的上请制度在适用范围上已经不只是针对贵族和官僚，类似老幼废疾、存留养亲等特殊类型的案件也在上请制度的适用范围当中。当这些特殊类型的案件按照律例的明确规定定罪量刑却有可能导致情罪关系出现失衡时，启动上请制度由皇帝来最终裁决案件就成为司法者的一种可行选择。

（二）夹签制度

再看夹签制度。“作为公文制度的‘夹签’，即是各部院主管官员根据要求，将所陈述事件中的某类特殊情况写入签内夹入本章，提请皇帝注意，为其最终裁决提供参考。就刑部而言，‘夹签’主要应用于刑案的审断裁决。”[①] 夹签是清代的一种公文并且为上行公文，这种公文同样被刑部运用在对于特殊案件的审理当中。

根据学者的考察，至光绪朝将“夹签声请之案”全部改为“双请候旨”之前，关于适用夹签的条例总计18条，后咸丰二年（1852）经修并、移改变为20条，其中乾隆年纂修或修订的有9条。[②] 这20个条例全部都与服制案件相关，并且其中19个为命案。同时，这些条例针对的情形都是一些存在“可矜”的情形但是却因为服制关系的存在必须适用重刑的案件。因此，夹签制度创立的初衷就是解决因服制关系而导致的一些定罪量刑的难题，这与直接突破服制关系定罪在目的上是一致的，由此也可以看出乾隆皇帝对于伦理纲常的极度重视。但是，不同于突破服制关系有可能会加重对案犯的处罚，夹签制度是专为与服制关系有关的重罪案件开了一道可能的矜悯之门。

① 姚旸：《论清代刑案审理中的“夹签”制度》，《天津社会科学》2009年第5期。

② 参见顾元《服制命案、干分嫁娶与清代衡平司法》，法律出版社2018年版，第183—197页。

具体说来，当刑部复核条例规定可以夹签声请的案件时，如果认为确实有可以矜悯的情节，在按照律例拟罪的同时可以在题本相应的位置夹签说明情况的特殊。针对刑部报送的“夹签”题本，内阁审核无误之后往往票拟“双签”，与原签一同夹入题本内上呈皇帝。“双签”中前一签的内容为按照律例的应有判决，而后一签的内容往往并不固定。在多数情况下，后签内容为“九卿定议具奏”或为依律例减拟之判决。[①] 针对内阁上呈的题本，皇帝则根据具体情形作出最终的判决。我们同样从一起案件入手加以具体说明。

以“卑幼共殴期亲尊长身死伤轻拟流”案为例。案情大致为：敖善荣系敖善富胞弟、敖大高胞叔，敖善荣与敖善富因田间事务起了冲突，敖善荣持铁锚戳伤敖善富之妻，敖大高见母被戳伤且敖善荣意欲继续伤其父，故情急之下取木棍帮护其父，三人混殴中敖善荣被敖善富戳至多处致命伤而殒命。敖善富因在监病故而应勿庸议，问题的关键便到了对敖大高应该如何定罪量刑上来。此案并未详细记载地方是如何论证的，只知道湖北巡抚严格按照“侄殴胞叔至死不分首从”对敖大高拟以斩立决。这一意见直接上呈乾隆皇帝的同时，也以“咨部”的方式递交给了刑部，刑部经过核覆之后使用了夹签将处理意见上呈。

对于刑部夹签声明的具体内容我们不得而知，但是既然刑部使用了夹签，那么刑部必然是主张从轻处理，因为这才能够和巡抚的处理意见形成冲突，也符合夹签制度的设计理念。面对刑部与巡抚的分歧，最终乾隆皇帝启动了九卿会审。九卿认为：

> 从前该抚因律有侄殴胞叔至死不分首从之文，定拟斩决具题，原属从严办理，是以刑部等衙门于核覆时，照情轻之例夹签声明。……今敖大高救护其母，致伤其叔，既非无故逞凶干

① 参见姚旸《论清代刑案审理中的“夹签”制度》，《天津社会科学》2009 年第 5 期。

犯尊长，且敖善荣实因敖善富戳伤致命顶心等处致毙，并非死于敖大高所殴胳肘两伤。臣等核与李羊儿护父殴伤胞叔李忠之处情罪相符，应将敖大高照李羊儿之案减为杖一百，流二千里。①

最终，乾隆皇帝也批准了九卿的这一处理意见。

行文至此，我们阐释了乾隆朝裁判者在建构裁判合理性的过程中适用的诸种技术和制度，此案不仅包含本节论述的夹签制度，还包括前文谈到的比附援引、九卿会审，可谓非常生动地展示了情理法的历史实践。就夹签制度而言，此案也很好地表明夹签是怎样在个案中被适用以及如何在个案中具体运作的。按照法律的规定，敖大高确实能够被处以斩立决，这也正是湖北巡抚的拟罪意见。但是细酌案情又确实存在可矜的情节，因而刑部适用了夹签声明的程序。造成刑部与巡抚在处理意见上出现分歧的关键，恰恰是服制关系的存在。夹签的适用使得此案有了回转的余地，最终也确实通过九卿会审得到了从轻处罚。

从上文的阐释中可以看到，不管是上请还是夹签，它们都是运转在定罪量刑过程之外的特殊制度。与基于审级制度而产生的扩大参与相比，即使启动上请或者夹签，它们的功能也更多的是在提醒皇帝案情可能需要特殊处理。当然，不管是基于审级制度还是九卿会审的扩大参与，相关官员的意见只是一种拟罪，最终的决定权还是在皇帝手中。但是这种拟罪是有实质内容的，而上请和夹签则更多的是一种提示，至于皇帝收到提示之后应该如何处理，是否会依据提示启动后续的程序，如果需要启动后续程序是交由九卿还是交由刑部处理？这些都是由皇帝自己决定的，所以本书把上请与夹签

① （清）全士朝等纂辑：《驳案新编》，载杨一凡、徐立志主编：《历代判例判牍》（第七册），中国社会科学出版社2005年版，第592页。

这两种制度根据其“特别提醒”的性质放在一起进行说明。通过上请和夹签这两种制度的适用，一些法律所不能涵盖的特殊情节能够以特别的方式引起皇帝的关注，并最终通过皇帝的最高司法权使得情罪关系达至允协。

三 结果矫正

不管是扩大参与还是法外渠道，它们都是在裁判结果最终作出之前发挥作用。此处要讨论的结果矫正则是在裁判结果已经得出之后，通过某些特殊制度的运用直接对裁判结果产生影响，故本书将其称为结果矫正，并以赎刑和恩赦为例分别展开论述。

（一）赎刑

早在《尚书》中就有关于赎刑的记载：“象以典刑，流宥五刑，鞭作官刑，扑作教刑，金作赎刑。”① 对此孔安国解释道：“金，黄金。误而入刑，出金以赎罪。”② 赎刑是中国传统法律制度中的一项重要制度，并且以不同的形态伴随着中华法系的始终，直至《钦定大清刑律》才被罚金刑彻底取代。长期以来对赎刑的认识存在着不少的误解，例如沈家本就认为：“富者得生，贫者坐死，自汉以来，议赎法者皆以此为言。”③

然而经过学者们的细致研究发现，将赎刑视为一种司法特权的观点是值得斟酌的。例如熊谋林基于对《刑案汇览》的实证研究发现，赎刑的适用对象主要以老幼废疾、妇女、过失等平民犯罪为主，官员等特殊群体则处于次要地位；涉及的刑罚类型主要是杖、徒、流刑，笞刑和死刑基本不赎。“刑部和皇帝在司法裁判中，高度重视犯罪人的主观恶性，从而使准赎与否在整体上做到相对公正。特别说明的是，汇览中的旗人、宗室和官员在收赎方面并无优

---

① （汉）孔安国传：《尚书》，中华书局 2015 年版，第 5 页。
② （汉）孔安国传：《尚书》，中华书局 2015 年版，第 5 页。
③ 沈家本：《历代刑法考》，商务印书馆 2016 年版，第 393 页。

势可言，这说明大清赎刑在司法裁判上并没允许以钱买刑。”[①] 就本书的考察来说与熊谋林的判断大体一致，并且值得进一步指出的是，赎刑的灵活适用常常成为实现“情罪允协”的重要路径。

首先看积极适用赎刑的案件，以“被父带往行劫拟流收赎”案为例。大致案情为：僧人天贤向碧研借米被拒，于是纠集左元安及其子左元儿在内的八人，三更时分前往碧研处行劫，众人将惊觉的碧研殴伤后捆绑并将庙内的钱米、衣物取走，后碧研经人解救而报官。此案的关键争议点在于对包括左元儿在内的为从者的处理，湖北巡抚认为：“左元儿上盗年止十岁，系伊父带往，与被人诱胁同行者有间，比照十五岁以下之例，拟以满流，仍照律声明，奏请定夺。”[②] 此案到了刑部之后，刑部认为：“查例内情有可原之伙盗内，如果年止十五岁以下，审明实被人诱胁随行上盗者，无论分赃与不分赃俱问拟满流，不准收赎等语。细绎律意，此指被人诱胁随行上盗而言也。今左元儿上盗时年止十岁，又系伊父带领同往，究与被人诱胁随行上盗者不同，应将左元儿所拟流罪准其收赎。”[③] 最终刑部的这一处理意见得到了乾隆皇帝的首肯，左元儿被准许收赎。

此案就是一个典型的通过积极适用赎刑来调整情罪关系的例子，并且是在法律解释的基础上对赎刑的运用。此案中的左元儿年仅十岁，且“系属为从，并未捆绑伤人，又止行劫一次，情有可原”[④]，如果按照律例的规定处以满流难免过于严苛，但是按照律例的规定又确实不得适用赎刑。所以刑部通过对“诱胁随行上盗

---

① 熊谋林、刘任：《大清帝国的赎刑：基于〈刑案汇览〉的实证研究》，《法学》2019 年第 6 期。

② （清）全士朝等纂辑：《驳案新编》，载杨一凡、徐立志主编：《历代判例判牍》（第七册），中国社会科学出版社 2005 年版，第 25 页。

③ （清）全士朝等纂辑：《驳案新编》，载杨一凡、徐立志主编：《历代判例判牍》（第七册），中国社会科学出版社 2005 年版，第 26 页。

④ （清）全士朝等纂辑：《驳案新编》，载杨一凡、徐立志主编：《历代判例判牍》（第七册），中国社会科学出版社 2005 年版，第 26 页。

者"进行文义解释，认为左元儿的情形与律例规定的情形存在区别，其流罪可以适用赎刑。这样一种处理问题的办法相比前述的诸多裁判技术，其发挥作用的着力点并非定罪量刑的具体过程，而是对于业已形成结论的裁判本身直接进行矫正。

再看对赎刑的消极适用。以"姑磨折媳毙命"一案为例。大致案情为：因儿媳资氏偷吃冷食，姑黎氏用绳将其捆绑罚跪并责骂，罚跪一夜之后黎氏令其起身，因资氏两腿受伤未能及时起身，黎氏误以为资氏性格倔强而发怒，将其殴倒在地并用烧红的铁钳烙其眉眼，邻居听到资氏的呼喊后将其解救，但是资氏因伤势过重旋即殒命。对于此案，湖南巡抚依照父母故杀子孙之妇，杖一百，流二千里律，对黎氏作出杖一百，流二千里，并且因其系妇人照律收赎的拟判。然而刑部认为黎氏的行为"残酷狠毒已极，所拟流罪应不准其纳赎。应令该抚将黎氏照拟发配，并令照例汇题可也"①。

从此案的始末可以看到，对于湖南巡抚的拟判，不管是定罪的依据还是量刑的结果，刑部都是表示赞同的，唯一的分歧在于是否准许适用赎刑的问题上。刑部认为黎氏的行为"残酷狠毒已极"，如果适用赎刑免其发配之实将导致"情罪未协"的情形，所以最终刑部否定了赎刑的适用。和积极适用赎刑不同，赎刑的消极适用是对那些原本可以适用赎刑的案件却选择不适用。但是不管是消极适用还是积极适用，二者在本质上都没有反对定罪量刑本身，而是在结果上对裁判进行矫正，从而达至"情罪允协"的价值追求。

（二）恩赦

有意思的是，有关"赦"的最早记载和赎刑出自同一处，即《尚书·舜典》："象以典刑，流宥五刑，鞭作官刑，扑作教刑，金

① 《刑事判例》（卷下），载杨一凡、徐立志主编：《历代判例判牍》（第六册），中国社会科学出版社 2005 年版，第 509 页。

作赎刑。眚灾肆赦，怙终贼刑。钦哉，钦哉，唯刑之恤哉！”[①] 对于“眚灾肆赦，怙终贼刑”的内涵，孔安国解释道：“眚，过。灾，害。肆，缓。贼，杀也。过而有害，当缓赦之。怙奸自终，当刑杀之。”[②] 也就是说，一个人如果因为过失对他人造成伤害是可以赦免的，但是如果一直以来都是故意的话则要对其加以严惩。这段话也被视为中国法制史中最早作出过失与故意这一区分的出处，后世强调“原心定罪”的理念也可以在此找到渊源。

和赎刑一样，“赦”也以各种不同的制度形态伴随着中华法系的始终。据学者统计，从秦始皇至清帝逊位的两千多年里，中国历史上仅皇帝颁布的大赦就超过了一千二百次。[③] 一般来说，皇帝颁布恩赦的情形大体有三种：皇室的喜庆、国家的祭典以及灾异。[④] 已经定罪量刑的罪犯基于皇帝在后的恩赦而获得相应的减刑或免刑，这是最为常见的一种形式，故本书不再加以讨论。本书要讨论的是犯罪行为发生在恩赦之前，但是定罪量刑在恩赦之后的情形，涉及对这些发生在恩赦之前的犯罪行为，恩赦有无溯及力的问题。正是基于对这一问题的判断，恩赦的适用与否成为裁判者平衡情罪关系的重要手段。

我们以“硬解他船系缆排帮碰落淹毙二命”案为例。此案的大致案情为：因为想将自己的船停在张陇友和姜林周两艘船的中间，但是另外两船却有缆绳绑在一起，于是解由头自行解开张陇友的缆绳。张陇友之嫂张季氏怀抱幼女同其子一同站在张陇友的船头，见状对解由头加以劝止。然而解由头非但不听，还令沈文学继续解开缆绳，又令曾又陇调转自己的船头，不料船掉头时船

---

① （汉）孔安国传：《尚书》，中华书局2015年版，第5页。

② （汉）孔安国传：《尚书》，中华书局2015年版，第5页。

③ 刘令舆：《中国大赦制度》，载中国法制史学会1981年《中国法制史论文集》，第129页。

④ 参见陈俊强《中国古代恩赦制度的起源、形成与变化》，载中国政法大学法律史学会研究院2006年《中华法系国际学术研讨会文集》，第185页。

身不稳，将张季氏及其子女撞入水中，致张季氏及其幼女溺毙。对于此案，巡抚认为：“自应以斗杀问拟，将解由头改依斗殴杀人律拟绞。曾又陇等拟以笞杖，援免。”[①] 此案到了刑部之后，针对解由头的拟罪刑部表示赞同，但是对于曾又陇的拟罪，尤其是援引恩赦免除处罚的决定刑部表示反对。刑部认为：“查曾又陇听从解由头硬行撑架排档，沈文学听从解缆，以致误碰张季氏母女坠河致毙二命，未免仅拟轻责，应将二犯各枷号一个月，满日重责二十板。虽遇恩诏，不准援免，等因。”[②] 最终乾隆皇帝首肯了这一建议。

此案的发生时间为乾隆四十一年五月十四日，而乾隆四十二年五月初二发布过恩赦。因此，按照时间的先后顺序，对于曾又陇和沈文学二人的处罚是可以援免的，巡抚也是这样作出拟判的。但是刑部认为巡抚仅仅对二人拟以笞杖且根据恩赦援免二人之罪实在过于轻责。因此，刑部不仅改变了对二人的处罚，并且不准恩赦。由此可见，原本体现恤刑观念的恩赦制度在司法实践当中也成为平衡情罪关系的重要手段。同时，这一制度和赎刑的共同点是，它们都是针对定罪量刑的结果直接发挥作用，故本书将二者合称为结果矫正。

① 《刑事判例》（卷下），载杨一凡、徐立志主编：《历代判例判牍》（第六册），中国社会科学出版社2005年版，第610页。

② 《刑事判例》（卷下），载杨一凡、徐立志主编：《历代判例判牍》（第六册），中国社会科学出版社2005年版，第611页。

第三章　花开两面：情理法的理论反思

上文集中梳理了情理法传统在清代乾隆朝的历史实践，主要包括裁判技术和特殊制度两个部分。需要特别指出的是，不同于裁判技术中例如比附援引这种传统法律文化原本就存在的概念，以及法律解释这种虽没有严格意义上完全等同的说法，但是却不会在语境上出现过度偏差的概念，本书在对特殊制度进行阐释时采取了一种功能的视角对这些制度进行了分类，以避免出现语境的混淆和误解。

总体来说，清代的裁判者通过这些裁判技术和特殊制度的运用对个案的情罪关系进行调整，从而实现了情理法对于"情罪允协"的追求，即实现了裁判合理性的建构。但是，正如"情罪允协"本身所强调的不只是裁判的合理性问题，其中还隐含着如何处理合法性与合理性二者之间的关系问题。第二章的内容更多的是在谈裁判者如何通过具体的裁判技术和特殊制度实现裁判合理性的建构，然而仅仅停留在这一层面是不够的，我们还需要沿着传统的语境继续追问，传统司法是如何处理这一对关系的；在处理这一对关系的过程中，传统司法呈现出了怎样的特点以及为何会呈现出这些特点；呈现出独特面向的情理法传统又与社会主义法治有着怎样的冲突与契合，这些都是本章要逐一回答的内容。

第一节　情理法的内在机理

一　合理性与合法性建构的分离

（一）合法性证成的关键：皇权

面对以上种种疑问，我们首先解决第一个问题，即何为“合法性”。在英文中，有两个词可以被译为“合法性”，一个是“legality”，另一个是“legitimacy”，但是二者的具体内涵存在着质的区别。“legality”指的是合乎实在法的规定，即使实在法本身是“恶法”，只要做到严格适用，那就符合“legality”的内涵。正是在这个意义上，凯尔森认为：“将一个一般规则适用于按其内容应该适用的一切场合，那便是‘正义的’。把它适用于这一场合而不适用于另一类似场合，那便是‘非正义的’。这里所谓的‘非正义的’与一般规则本身价值是无关的，这里仅讲一般规则的适用。在合法性的意义上，正义具有与实在秩序内容无关而与其适用却有关的特性。”①

因此，“legality”是一个描述性的概念，它并不涉及价值评判的问题。与之相对，“legitimacy”所表达的“合法性”还具有“正当性”的内涵，而自韦伯之后，社会学和政治学更多是在这一层面使用“合法性”的。这一词区别于“legality”只是一个描述性的概念，它具有价值评判的色彩。因为如果法律本身就意味着“正当性”，那么法律将失去对其加以评判的标准，从而得出“恶法亦法”的结论。所以，凯尔森特别强调这样一种区分：“如果将某种行为是否符合法律规范的陈述称之为价值判断，那么，这是一个客观价值判断，必须同用以表达判断人愿望或感情的主观价值判断明

---

① ［奥］凯尔森：《国家与法的一般理论》，沈宗灵译，商务印书馆2013年版，第43页。

确地划分开来。”① 也就是说，尽管法律本身也是价值判断的产物，但是只要存在实在法，对于一个行为“合法”还是“非法”的判断就是一个脱离判断人本身主观情感的判断，是一种客观的判断。因此，本书所使用的“合法性”是在“legality”所对应的层面进行的，它仅仅以是否符合实在法为考量标准。

那么，传统司法在实现裁判合理性建构的同时，是如何处理好合理性与合法性之间的关系的呢？如果我们将视野从个案的具体裁决转移到整个裁判过程就会发现，对于这一问题解决的关键往往是依靠皇权的特殊地位。

我们首先以比附援引来举例。根据《大清律例》对比附援引的规定，裁判者因“断罪无正条”而通过比附援引的方式进行拟罪后，必须“申该上司，议定奏闻”②。这就是说，只要裁判者运用了比附援引，哪怕裁判者本身对于个案享有终审权，此时的处理也并非终局性的，即使是刑部作为仅次于皇帝的最高司法机关也是如此。这意味着，只要运用了比附援引，除了皇帝之外的任何一级裁判者的处理意见都只是一种拟罪，即并不具有最终的法律效力。既然是拟罪，也就不具有法律效力，并且比附援引意味着律例没有明确的规定，即不存在相对应的实在法，因而也就不存在合不合法的问题。质言之，一旦裁判者运用了比附援引，那么他们所进行的论证都是围绕着合理性的问题展开的。

在这样的视角下再看第二章谈到的诸多裁判技术和特殊制度，我们就会发现，皇帝在许多情境下都发挥着至关重要的作用。例如在因案生例当中，基于皇帝的诏令生成的例就直接凭借皇权获得了既判力，而那些通过从个案中抽象而生成的例，尽管从形式上看是通过一系列程序而最终成为定罪量刑的依据，但是这些程序实际上

① ［奥］凯尔森：《国家与法的一般理论》，沈宗灵译，商务印书馆2013年版，第44页。

② 参见《大清律例·名例律》“断罪无正条”的规定。

正是皇权限制官员滥用职权的一种手段，它的实质依然是皇权对裁判活动的控制。质言之，不管因案所生的例是何种性质，其效力都源自皇权。同样典型的还有以上请和夹签为典型代表的特别提醒制度，其中不管是上请规定要“取自上裁”还是夹签本身就只是一种仅供参考的公文，皇权在其中对裁判终局性所起到的决定性作用是显而易见的。

至于裁判技术中的原则活用和法律解释，以及特殊制度中的扩大参与和结果矫正则需要特别说明。一方面，对法律原则的灵活运用和通过适用法律解释，裁判者有可能找到适合的律例，此时并不会出现“断罪无正条”的情形，也就无须由皇帝作出最终的裁决；如果找不到定罪量刑的依据，裁判者常常就必须依靠比附援引，这就又回到了比附援引需要“议定奏闻”的路径。另一方面，扩大参与本身是制度设计的结果，重罪案件直接使得终审权导向了高位阶的审级，以至于死刑必须由皇帝作出裁断；结果矫正则是针对已经得出的定罪量刑的结果本身，它并没有违反律例的规定，因此也不存在合法性的问题。所以，这两个方面从形式上看确实不像前述的裁判技术和特殊制度那样有律例明确规定必须由皇帝作出终局性的裁判，但是这与本书认为清代司法中重罪类案件的合法性问题需要依靠皇权的判断是不构成矛盾的。

由此我们把视野逐渐聚焦到皇权本身，就提出了另外一个问题，即为什么说皇权与合法性问题相关。对于这个问题的探讨留待后文阐述中国传统文化中天人关系这一问题时再进行展开，但是为了论证的连续性，我们有必要先将前提性的问题予以释明。简单地说，基于中国传统文化的特殊性，极具特色的“父母官诉讼”模式使得百姓认为越高位阶的官员越具有“德”，而皇帝本身作为“天之子”代表着一种“至德”，即使抛却皇权实际上在传统中国政制架构中享有的最高权力的事实，皇帝的行为本身基于“至德”的性质（这种“至德”未必是现实）就代表了合法性本身。对此，寺田浩明的观点可谓是相当切中要害的：

> 在遥远的地方，存在着对天下所有的百姓共存负有总体责任的皇帝形象和他所代表的天下共论。这既是一种虚幻的梦想，又是一种实在的激励。对于公论和最高层次上有德之人的期望正是整个社会纠纷解决机制和诉讼得以运行的动力。也正是此种人们在从事诉讼时具有的目标向上开放性，会给处于纠纷解决不同层级和阶段、作为审判主体的各级官僚带来“必须给出世人都公认的经得起考验的判决结论”这样一种压力，一般情况下不致完全放任地恣意妄为。①

也就是说，皇权的特殊地位使得皇帝对案件的处理本身就具有了合法性，在某种程度上这与法国国王路易十四的名言——“朕即国家”的表述恰巧存在着某种契合。正是因为民众对于君主代表“至德”这一观念的认可，所以在中国传统文化中百姓总是呼唤“明君”，呼唤汉武唐高式的帝王出现。因此，在这样一种文化背景下，即使是主张“壹刑”的法家所倡导的也只不过是“rule by law”而并非“rule of law”。在如何处理君主权力这一问题上，儒家和法家并没有质的分歧，两家只不过是在“德”和“法”之间存在着倾向性的不同而已。因为在传统中国的政制架构中，为皇帝的权力留下最高和最后的位置是一个必然的结果。所以，皇帝本身对于案件的最终处理为之前各审级做出的拟罪赋予了合法性。质言之，从州县开始到皇帝之前各级裁判者通过裁判技术和特殊制度的运用，使得可能出现“情罪未协”的案件逐渐向“情罪允协”靠拢，也就是案件的合理性程度开始逐渐增强，这种对于个案合理性

---

① ［日］寺田浩明：《权利与冤抑：寺田浩明中国法史论集》，王亚新等译，清华大学出版社2012年版，第433页。

的调整即使超出了现有律例的规定，也可以最终通过皇权的作用而获得合法性。由此，一个兼具合理性和合法性的裁判就得以生成了。

（二）两个关键的要素

在这一过程当中，有两个关键要素推动了这样一种案件裁判模式的生成与运作，即过于具象的律例和特殊的审级制度。所谓过于具象的律例，若稍微留心《大清律例》的规定就会发现，相比现代法律的规定，清代律例的内容规定得非常具体，留给裁判者自由裁量的空间极为有限。以对故意杀人行为的规制为例。如果不考虑司法解释的话，我国现行《刑法》仅有第二百三十二条作出了规定："故意杀人的，处死刑、无期徒刑或者十年以上有期徒刑；情节较轻的，处三年以上十年以下有期徒刑。"① 然而在《大清律例》中仅"人命"就有 20 条律，其中"谋杀人律"下在乾隆一朝适用的条例又有 6 条。这些律和例详细地列明了各种不同的情形，其中的一些律例可以说非常详尽以至于烦琐。例如在这 20 条律中，有如"造畜蛊毒杀人""窝弓杀伤人""杀一家三人"等，而在"谋杀人律"中，又有诸如"苗人有图财害命之案，均照强盗杀人斩决枭示例办理""凡僧人逞凶，谋、故惨杀十二岁以下幼孩者，拟斩立决。其余寻常谋、故杀之案，仍然照本律办理"等例文。② 据学者考证，"谋杀律"中的这两个条例均来自真实的个案，以至于其中对于犯罪的构成要件规定得极为详尽。从功能上看，这样的立法模式使得皇权通过律例的形式对哪些事实性的"情"能够成为法律事实产生了严格的限制作用。

同样被严格限制的还有与"情"相对应的"罪"。我们看到，现代法律在对法定刑的规定上大多采取了相对法定刑的立法模式，

---

① 1997 年《中华人民共和国刑法》第 232 条（2017 年修正）。

② 对此可详见马建石、杨育棠主编《大清律例通考校注》，中国政法大学出版社 1992 年版，第 772—774 页。

即对于量刑的种类和幅度往往没有作出唯一的规定，而是给司法者留下了一定自由裁量的空间供其选择。例如现行刑法对于“故意杀人罪”的量刑就规定了死刑、无期徒刑、有期徒刑三种主刑，在有期徒刑当中又根据情节的轻重作出了“十年以上”和“三年以上十年以下”这两种不同量刑幅度的规定。与之形成鲜明对比的是，《大清律例》采取的却几乎都是绝对法定刑的立法模式。且不说规定得极为详尽的条例，即使是抽象程度相对较高的律，在对“罪”的规定上也依然没有给裁判者留下过多的空间。例如“谋杀人律”中明确规定：“凡谋（或谋诸心，或谋诸人）杀人，造意者，斩（监候）；从而加功者，绞（监候）；不加功者，杖一百、流三千里。”[①] 就“罪”的规定来看，裁判者几乎没有选择的余地。至于如何面对现实与案情的复杂性，裁判者只能首先去律例中寻找适当的依据，如果律例中仍然没有规定，或者即使有规定但是“罪”的程度却可能与“情”不相符时，一旦裁判者试图作出超越现有立法的裁决时，裁决的终局效力就自动转移到了皇帝的手中。因此我们看到，过于具象的律例在“情”和“罪”两个方面严格地限制着各级裁判者的自由裁量权，这就使得皇权对于裁判活动的控制达到了相当高的程度。

另一个要素则是我们反复在提及的审级制度。在清代的审级制度下，越重的刑罚对应着越高的终审权，这就使得合法性问题需要依靠高位阶的终审权来解决，其中涉及死刑的重罪案件更是需要由皇帝作出终局性裁决的现实便是这一问题的突出体现。一起案件可能判处的刑罚越重，错判所付出的代价也就越大，由此裁判合理性的建构问题也就越突出，而由高位阶的裁判者作出终局性的裁决就越能让裁判的合理性获得高位阶的合法性证成，由此在实现裁判合

① 马建石、杨育棠主编：《大清律例通考校注》，中国政法大学出版社 1992 年版，第 772 页。

理性建构的同时解决裁判的合法性问题。在这样一种体制之下，即使是那些并无律例明文规定必须由皇帝作出终局性裁决的裁判技术和特殊制度，只要涉及死刑，最后的终审权就自然转移到了皇帝的手中。

由此我们可以发现，这样一种裁判模式是一种合理性与合法性建构存在一定分离的模式。之所以说分离，是因为在一起重罪案件中，合理性的建构往往交给了终审之前的各级裁判者，而最终赋予裁决合法性的是享有终审权的裁判者。当然，这并不是否认享有终审权的裁判者就不过问裁判的合理性，我们也看到许多案件是在终审时才作出了不同于之前所有审级的裁判的。只是终审之前其他审级的裁判从本质上说只是一种处理意见，他们也许通过各种裁判技术和特殊制度的运用在“情”与“罪”关系的处理上使得可能的裁判结果的合理性大大增强，但是这种处理却始终不具有终局性，而解决这一问题的关键则是高位阶尤其是皇权的运作。

需要特别指出的是，尽管在描述情理法的历史实践尤其是裁判技术的部分时，本书用了诸如“法律解释”“法律原则”等看似并无独特之处的概念，但是如果将这些概念放到情理法传统所置身的独特裁判模式当中会发现，其中存在着与当代所称的概念并不能完全等同的特殊之处。拿“法律解释”来说，传统的裁判者在个案当中哪怕看似运用了当代称之为“法律解释”的方法，但实际上一旦进行了可能超越文本含义的“法律解释”，那么裁判者此时对个案的处理常常就变成一种“意见”，这种“意见”并不具有既判力更不具有终局性，也就是说它们不能直接产生司法裁判的效果。为了避免读者被当下诸如“法律解释”等常见概念遮蔽而忽视情理法传统的特殊之处，进而忽视情理法传统所置身的特殊裁判模式，故在此处对这点予以特别的说明。

二　情理法的运作特点

澄清了读者可能对情理法传统中裁判技术存在的误解，接下来又有一个问题产生了，即情理法传统对裁判合理性的追求有何特殊之处呢？对于裁判合理性的追求确实并非情理法传统的特别之处，因为任何时代的裁判者必须解决裁判的合理性问题，缺乏合理性的司法制度是不可能得以长期运行的。所以我们必须进一步追问，情理法传统在追求裁判合理性的过程中究竟在哪些方面呈现出了自己独特的中国面向？对此，本书认为大体说来主要有以下四点：定罪量刑的个殊性、罪刑关系的均衡性、司法裁判的开放性、裁判指向的未来性。接下来我们就逐一进行阐释。

（一）定罪量刑的个殊性

首先，定罪量刑的个殊性。“个殊性”这一词由法律现实主义代表人物杰罗姆·弗兰克提出。法律现实主义源于20世纪二三十年代的美国，其主要成员包括卡尔·卢埃林、杰罗姆·弗兰克、费力克斯·科恩等。在现实主义者看来，法官根据案件事实能够在多大程度上打动他们来进行判决，而不是根据法律规则要求某种特定的结果而进行判决。他们指出，法官在作出判决的时候回应的主要是事实而不是规则。[①] 除了共享法律现实主义的基本观点之外，弗兰克还认为，“法官的职责就是要对个殊性的案件作出裁判”[②]。在弗兰克看来，“每一个具体案件的判决结果最为直接地影响每个人的实际生活，每一个案件的判决结果也最能体现法律平等保护的理想”[③]。基于对规则决定性作用的怀疑以及认为事实认定具有主观性，弗兰克极端强调案件的个别性和法官的主观性。“在法院里，具体案件必须个别化。在抽象思维外表的背后，明智的初审法官应当看到卷入法律诉讼的是活生生的人，应当体会到那些将某个案件

---

① 参见［美］丹尼斯·帕特森编《布莱克维尔法哲学和法学理论指南》，汪庆华、魏双娟等译，上海人民出版社2012年版，第264页。

② Jerome Frank, *Law and the Modern Mind*, (New York: Coward – McCann Publishers, 1930), p. 127.

③ 于晓艺：《最忠诚的反叛者——弗兰克法律现实主义思想研究》，中央编译出版社2014年版，第122页。

与另一个案件区别开来的人性因素。”①

尽管“个殊性”一词来自现代的西方法哲学，弗兰克在使用这一词的时候也有其自身的语境，但是以此为视角观察中国传统的情理法现象却能够发现其中的某些特征与“个殊性”一词存在着高度的契合，这种契合尤其体现在对待个案事实的态度上。裁判者要想在个案中实现“情罪允协”，那么就不得不认真对待每一个案件的具体案情，因为在现实生活中绝不可能有两个案子完全一致。我们在第二章的论述中也确实能够看到，之所以产生诸多司法难题，一个重要的原因就在于每一起个案总会存在自己的特殊性。因此，每一起案件都是个别化的，也都是具有特殊性的，追求“情罪允协”的传统司法“就是要对个殊性的案件作出裁判”②。然而，由人所制定的法一定具有局限性，法有限而情无穷的困境使得裁判者即使想要成为法律的自动售货机也是不可能实现的。更重要的是，传统中国的司法权在国家权力配置中的分化程度较低，并且司法的职业化程度也不高。从第二章的介绍中我们可以看到，省级以下地方政府中享有法定审理权限的正印官本身又肩负着其他行政职能，即使是省级以上专门化的司法机构也受到行政权、监察权乃至皇权的牵制，这就使得弗兰克的“法官是人吗?”疑问为考察中国传统司法提供了一个可行的角度。③ 即使是现代司法者，其自身的特殊角色也使得法律与经验不可避免地对其同时产生影响，而传统裁判者在整个司法体制中的角色（主要是基于司法的非职业化）更是加剧了这一倾向。

因此，出于“情罪允协”的价值追求，传统裁判者在面对复杂

① ［美］杰罗姆·弗兰克:《初审法院——美国司法中的神话与现实》，赵承寿译，中国政法大学出版社 2007 年版，第 426 页。

② Jerome Frank, *Law and the Modern Mind*, (New York: Coward – McCann Publishers, 1930), P. 127.

③ 参见［美］杰罗姆·弗兰克《初审法院——美国司法中的神话与现实》，赵承寿译，中国政法大学出版社 2007 年版，第 157 页。

的个案时，一定会表现出对个案事实的高度关注，而对个案事实的关注又会不可避免地产生更多经验性的“情”，这就使得裁判者将无可避免地会把超出法律规范的经验性的“情”或有意或无意地渗入定罪量刑的过程当中，这恰恰和弗兰克强调的法官的主观性不谋而合。所以，基于这样一种逻辑我们看到，以“个殊性”来描述传统司法定罪量刑的过程完全是适合的。对此，寺田浩明先生也提出：“最理想的审判就是立足在当时一般的价值观基础上，却着力于分别找到与每个具体案件的微妙之处相适合的最佳个别方案，即合乎‘情理’的解决。”[①] 强调为具体个案寻找最佳的个别方案，这一点与现实主义法学强调个殊性司法恰恰存在着异曲同工之妙。

（二）罪刑关系的均衡性

其次，罪刑关系的均衡性。通过前文的论证可以看到，传统司法更加看重量刑的结果，并且呈现出一种以量刑轻重为导向的裁判逻辑。在这样一种裁判逻辑之下，裁判者会去寻找最有利于支持自己裁判的律例，而类似教义分析的对律例本身逻辑的关注和遵守并不是首要的目的。对于此，现代刑法理论中的“以刑制罪”恰恰描述的就是中国传统司法中的这一现象，其背后的逻辑是一种后果主义的论证思路。然而对于罪与刑的关系，现代刑法理论一般认为已然的犯罪与刑罚之间应该是一种决定与被决定的关系，它的内涵是刑从罪生（质）与刑当其罪（量）。[②] 因此，按照主流的逻辑，司法裁判应该是“以罪制刑”。但是“以刑制罪”恰恰与这样的逻辑相反，它是基于对后果即刑的考量从而进行的逆向化论证。具体到个案的论证当中，“司法裁决的后果主义论证主要出现在法官为正当化案件裁判所进行的二次证明中，它是基于可欲后果的证立，这

① ［日］寺田浩明：《日本的清代司法制度研究与对“法”的理解》，载王亚新、梁治平编：《明清时期的民事审判与民间契约》，范愉译，法律出版社 1998 年版，第 126 页。

② 参见陈兴良、邱兴隆《罪刑关系论》，《中国社会科学》1987 年第 4 期。

种可欲后果是裁决的逻辑后果或一般后果”①。

理论界对于“以刑制罪”的定位一直存在着争议。有的学者认为，“以刑制罪”违背了罪刑法定原则，也与刑法的谦抑性相悖。②并且，不管是出于目的正当、公正量刑还是政策的融贯，“以刑制罪”都有其无法克服的方法论上的缺点。③然而也有不少学者认为，“以刑制罪”并不违背罪刑法定原则，它既没有“摆脱法教义学的基本分析框架，也不会导致司法自由裁量权的滥用。同时，以刑制罪也并不意味着‘重量刑轻定罪’，刑法明文规定的犯罪构成要件对于刑法解释具有最基本的限定功能”④。罪刑关系中究竟应该“以罪制刑”还是“以刑制罪”，对于这一问题的回答显然不是本书能够处理的。但是传统裁判者为实现“情罪允协”而逆向寻找裁判依据的现象，确实与“以刑制罪”的逻辑高度一致，这样一种现象尤其以比附援引为典型。

当然，我们不得不承认比附援引确实缓解了“律例无正条”时的尴尬，但是也必须看到，比附援引常常只不过是在为“情罪允协”的目的寻找一个合法性的依据而已，但是这些证成裁判合法性的依据却常常在犯罪构成上与案件事实存在着出入，甚至有时候大相径庭，这种情形确实与罪刑法定主义相悖。然而，传统司法中也同样存在严格依法裁判的情形，完全以“以刑制罪”去评价传统司法又有失偏颇。因此，本书将传统司法在罪刑关系的处理上所体现出来的特点称为一种罪刑关系的均衡性。

（三）司法裁判的开放性

再次，司法裁判的开放性。沿着上文的分析，传统裁判者基于

---

① 杨知文：《司法裁决的后果主义论证》，《法律科学（西北政法大学学报）》2009年第3期。

② 参见温登平《“以刑制罪”思维模式批判》，《法律方法》2015年第1期。

③ 参见贾银生《“以刑制罪”之否定：兼议罪刑均衡原则的刑法解释机能》，《甘肃政法学院学报》2017年第6期。

④ 王华伟：《误读与纠偏：“以刑制罪”的合理存在空间》，《环球法律评论》2015年第4期。

对“情罪允协”的追求，必然要面对个案的特殊性，这就导致了法有限而情无穷的困境。同时，对于刑的重视使得司法者必须逆向寻找裁判合法化的依据，这进一步使得法的有限性更加突出。从某种程度上说，司法裁判的开放性正是基于对这些问题的解决而产生的，这种开放性具体说来又可以分为裁判依据的开放性和裁判过程的开放性。

首先看裁判依据的开放性。我们并不否认传统司法中也有严格依法断案的一面，但是为了在个案中实现“情罪允协”，裁判者常常突破现有法律体系的范围从而使得裁判依据呈现出开放性的特点。这一点集中体现在四种裁判技术当中。在比附援引中我们看到，许多行为并非没有可依据的律例，但是为了实现“情罪允协”的裁判目的，构成要件明显更加符合的此律常常被裁判者舍弃，同时围绕着量刑的轻重，裁判者最终会选择虽然构成要件明显有间但是在量刑上却更加符合的彼律。与此类似，因案生例的本质实际上就是突破现有法律规定的直接改判，只不过和比附援引需要另行在现有法律体系之内寻找一个合法性的依据不同，因案生例要么直接借助皇帝的最高权威，要么启动生成新例的程序，这两条路径实际上所要实现的目的就是合法化突破现有规则的直接改判。至于对原本应该严格遵循的法律原则的灵活适用，那更是裁判依据开放性的典型例子。唯一比较中性的裁判技术是法律解释，因为我们很难从理论上去准确界定某一解释是否违背了罪刑法定主义，即使是放在个案当中我们也很难判断法律解释有没有突破现有法律规定的边界，尤其是扩大解释和类推解释的边界问题一直以来是一个难点。[①]但是我们仔细阅读那些运用法律解释的个案会发现，对于“情罪允协”的追求同样是直接促使裁判者运用法律解释的重要原因。这些

① 参见刘志远《刑法解释的限度——合理的扩大解释与类推解释的区分》，《国家检察官学院学报》2002 年第 5 期。

裁判技术都是个案中的裁判者在“情罪允协”的价值追求下，通过适用相应的裁判技术将法律体系之外的经验性的“情”纳入相对稳定的法律体系当中，由此使得传统司法所赖以定罪量刑的裁判依据呈现出一种开放性的特点。

再看裁判过程的开放性，这典型地体现在参与定罪量刑的人员方面。我们以司法体制内的扩大参与为例可以看到，刑罚越重，审级越高，参与案件裁判的官员也就越多，这样的设计本身迥异于现代司法在审级制度上的一般规律。因此，清代司法到底是几审终审是一个让人很难回答的问题。因为在一起州县自理案件中，如果当事人不上控，那么案件有可能在州县一级就终结，如果当事人上控，那么就可能是二审或者三审终结。如果是一起死刑案件那么就更加复杂，即使不算复核程序，在正常的审判阶段就需要走从州县到皇帝的六个审级，即六审终审。这和现代司法的审级制度相比，在参与人数上要多得多。此外，非制度化的九卿会审更是开放性的典型体现。让九卿在案件的关键审理环节参与其中，使得原本从省一级开始出现司法专门化的特点因为九卿的参与而再次弱化。这些都使得裁判过程体现出了开放性的特点，从而进一步缓解了法律与经验之间可能存在的错位，使得个案能够最终达至“情罪允协”的状态。

（四）裁判指向的未来性

最后，裁判指向的未来性。追求“情罪允协”的传统裁判者不仅着眼于个案的特殊性，同时还明显地体现出一种“向前看”的思维。根据这种思维所考虑的范围，我们又可以将其进一步分为司法性质的未来指向性和非司法性质的未来指向性。

首先看司法性质的未来指向性，即所谓“以刑去刑”或“以辟止辟”。“以刑去刑”的思想源自法家，例如商鞅就明确提出：“以刑去刑，国治。以刑致刑，国乱。”[①] 对此，韩非子进一步解释道：“行

① 高亨：《商君书注释》，清华大学出版社 2011 年版，第 62 页。

刑，重其轻者，轻者不至，重者不来，此谓以刑去刑。罪重而刑轻，刑轻则事生，此谓以刑致刑，其国必削。”① 法家认为，如果对轻罪用重刑，这样即使轻罪也不会产生，重罪自然也不会跟着出现，从而最终用刑罚制止了刑罚，国家也必将走向强盛。虽然法家的思想并没有被秦朝之后的统治者全盘接受，但是“以刑去刑”的思想却在传统中国的司法实践中时常得以体现。之所以将“以刑去刑”称为司法性质的未来指向性，是因为裁判者对于裁判结果可能产生的此种影响的考量是符合司法本身性质的。因为从本质上来说，“司法权的本质是判断权”②。司法通过对个案的是非曲直作出判断，在对个案产生影响的同时也势必会对今后的类似案件产生影响。

正是在这个意义上，培根强调：“一次不公的（司法）判断比多次不平的举动为祸尤烈。因为这些不平的举动不过弄脏了水流，而不平的判断则把水源败坏了。”③ 在“子殴父母例”一案中，我们就能够鲜明地看到裁判者考虑未来指向性的特点。在该案中，乾隆皇帝对三法司的处理并不满意，他认为：“该部拘泥律文，转令凶逆之徒得稽显戮，而无知者且以为未必即死，是不孝犯法者之无所儆畏，未始非此等迟回妇人之仁之见有以酿成也。”④ 因此，强调司法需要考虑个案的处理对于未来的影响，这就是一种典型的“向前看”的思维，强调的是裁判的未来指向性，它“不是把案件的处理仅仅视为当下任务的完成，而是要为以后的道德走向、公序良俗提供指引”⑤。

---

① 张觉等译注：《韩非子译注》，上海世纪出版股份有限公司、上海古籍出版社2016年版，第850页。

② 孙笑侠：《司法权的本质是判断权——司法权与行政权的十大区别》，《法学》1998年第8期。

③ ［英］培根：《培根论说文集》，水天同译，商务印书馆1983年版，第193页。

④ （清）全士朝等纂辑：《驳案新编》，载杨一凡、徐立志主编：《历代判例判牍》（第七册），中国社会科学出版社2005年版，第621页。

⑤ 李拥军、郑智航：《主体性重建与现代社会纠纷解决方式的转向》，《学习与探索》2012年第11期。

再看非司法性质的未来指向性，它是指裁判者对于裁判结果可能产生的影响的考量是超越司法本身的性质的。例如上文谈到的“犯罪存留养亲（之一）”案。如果对梁国升处以绞监候，那么其弟因瘫痪必然无法实际赡养八十岁的老母亲，由此梁国升之母的养老问题无疑将对地方政府产生压力。所以，身为地方父母官的裁判者不得不认真思考裁判对于未来可能产生的影响。和“以刑止刑”所追求的目的不同的是，对于因案犯入刑之后的案犯家人的考量显然是超越了司法权作为一种判断权的范围的，因为这与纠纷的解决并没有直接的关系。质言之，司法者在此种情形下所考虑的内容和司法权本身作为一种判断权的性质并没有直接的联系，所以本书将这样一种对裁判后果的考量称为非司法性质的未来指向性。这样的特点在国家权力分化程度较低的中国传统社会尤其明显。这是因为，省级以下地方政府的正印官不仅仅是唯一享有法定审理权限的国家官员，他也是执掌一方大小事务的“父母官”，这样的身份决定了他在审理案件时不得不考虑案件的裁判结果可能产生的超越司法权性质的影响。在这样的前提下，传统社会中的司法权就不完全是一种判断权，所以传统裁判者难以做到消极地居中裁判并由此表现出一种能动司法的特点，这和非司法性质的未来指向性在产生原因上其实是一致的。①

其实，传统司法实践能够表现出裁判指向的未来性，除了裁判者的主观追求之外，与前三点内容也存在着逻辑上的必然联系。如前所述，裁判者追求“情罪允协”的价值势必会面对个案的特殊性，个案当中所包含的新情况、新问题使得裁判者需要通过“以刑制罪”的逻辑逆向寻找合法性的依据，而法的局限性使得在逆向寻找合法性依据的过程当中裁判过程必然呈现出开放性的特点。沿着这一逻辑继续往前走，裁判指向的未来性也就成为题中之义。因为

① 参见康建胜、卫霞《传统司法中的“能动主义”及其价值——以“情理法”为视角》，《甘肃社会科学》2012 年第 2 期。

裁判者在这一处理个案的过程当中对现有法律之外的内容进行了处理，处理的结果在客观上填补了现有法律的空白，由此使得法律这一相对封闭的体系能够容纳更多具有合理性的经验性的“情”，这对于未来类似情况的处理自然也就能够提供指引，法律体系的合理性程度也就越来越高。

由此可见，情理法传统的这四个特点都是围绕着对于“情罪允协”的追求而依次展开的，这四个特点内部又有着紧密的关联性，并由此呈现出了情理法传统丰富的历史实践。

第二节　情理法在传统社会中的必然性

为什么情理法在传统中国的司法实践中具有必然性，这显然是一个非常宏大的问题，并且从不同的角度切入会得到不同的答案。然而本书认为，要想真正回答这个问题就必须把问题还原到起点，否则我们都难以避免切入问题的角度只具有殊相性而难以触及问题的核心。那么，情理法传统为什么在传统中国的司法实践中具有必然性，这个问题的本原究竟在何处？

一　寻找问题的本原：人

对此，本书认为，要回答这个问题必须从“文化”入手。“文化”这一词语在拉丁文中为 Cultura，它的本意为土地耕耘与作物培育，指的是农耕和园艺类的物质生产活动，“以后逐渐引申到精神生活，用于人类自身的心灵、智慧、情操、德行和风尚的培养教育，引申到泛指一切知识乃至全部社会生活内容”①。在我们的日常生活和学术研究中，文化一词都被极其频繁地使用着，但是同时

① 王仲士：《马克思的文化概念》，《清华大学学报（哲学社会科学版）》1997 年第 1 期。

它却也是一个难以下定义的概念。对此，梁漱溟先生有云：

> 文化，就是吾人生活所依靠之一切。如吾人生活，必依靠于农业生产。农工如何生产，凡其所有器具技术及其相关之社会制度等等，便都是文化之一大重要部分。又如吾人生活，必依靠于社会之治安，必依靠于社会之有条理有秩序而后可。那么，所有产生此治安此条理秩序，且维持它的，如国家政治，法律制度，宗教信仰，道德习惯，法庭警察军队等，亦莫不为文化重要部分。①

受到梁漱溟先生的启发，张中秋教授认为："文化是人类最基本的属性，人是文化的原点，法律文化也不例外。这是一种'追道还原'的方法，把问题还原到最初的起点，从人开始探讨中西法律文化，那人是什么呢？当然有不同的解释和解答。"②

的确，我们可以从政治的角度去探讨皇权对于情理法传统的重大影响，也可以从经济的角度去分析传统社会的小农经济对于情理法传统的形塑作用，还可以从社会的角度去阐释家国一体的社会结构缘何形成了情理法传统的独特面向。但是这些角度都不外乎和法律一样，都只是文化的一个方面，其始终不能从源头上解释为何现象表现为如此。"因为，用部分说明部分，只能在互为因果的圈子里打转，却不能深刻地把握部分。只有把部分放到整体的背景中考察，才可能跃上一个层次，一下子抓住本质的东西。这个整体就是上文所说的文化，也不妨称之为文化体、文化结构。"③ 所以，我们探讨情理法传统为何在传统中国具有必然性就一定要回到文化这个母体。

---

① 梁漱溟：《中国文化要义》，上海人民出版社2018年版，第10页。

② 张中秋：《辨异—求同—会通——我的中西法律文化比较的经历与体会》，载曾宪义主编：《法律文化研究》，中国人民大学出版社2006年版，第11页。

③ 梁治平：《法辨：法律文化论集》，广西师范大学出版社2015年版，第3—4页。

当然，也许把人之所以为人的根本原因归结为文化并不能让所有人信服，但是我们不得不承认，文化属性确实使得人区别于自然状态下的人，区别于其他的生命形态。而作为文化的一部分，法律与人的关系就更加紧密了。

> 从这个角度看，则包括法律在内的社会制度就不仅仅是安排社会生活和解决社会问题的工具和手段，它们同时也是特定人群价值追求的某种显现。换言之，法律并不只是解决纠纷的手段，它也是传达意义的符号。当然这并不是说，一个社会中法律的内容和形式与这个社会的物质发展状况毫无关系，而是说，法律从来都不是物质发展状况的简单反映。归根到底，法律是人创造出来的，而人对于世界的反应必得通过文化这一中介。①

因此，即使把文化作为人最为基本的属性并不能说服所有的人，但是站在文化的角度去探讨法律问题，我们的核心关注点就必须落到人的身上。因为，“法是人的行为的一种秩序。一种‘秩序’是许多规则的一个体系”②。“首先，一切法律关系可以还原为人的关系，不论这类关系表现为何种形态，人始终是主体和原点。中西方在协调人与神、人与人、人与社会、人与自然的关系中形成不同的法律文化，但我们没有理由怀疑‘人’不是这两种文化的主体和原点，即便在中世纪的欧洲，上帝也是人格化的神。”③ 失去了人这样一个最基础的前提，不仅法律失去了调整的对象，整个社

---

① 梁治平：《寻找自然秩序中的和谐——中国传统法律文化研究》，商务印书馆2013年版，再版前言，第1页。

② ［奥］凯尔森：《国家与法的一般理论》，沈宗灵译，商务印书馆2013年版，第29页。

③ 张中秋：《辨异—求同—会通——我的中西法律文化比较的经历与体会》，载曾宪义主编《法律文化研究》，中国人民大学出版社2006年版，第12页。

会也将不复存在。所以，从文化的角度去探讨法律，我们必须找到文化和法律之间的最大公约数，而这个最大公约数显然只能是人。质言之，法律的文化解释从根源上讲是一个关于人的问题。

至此，我们把法律问题还原成了文化的问题，又把文化问题还原成了有关人的问题，这就最终迎来了最为核心的问题——人是如何理解自身与世界的，即现代所谓自然哲学最原初的问题。为什么这个问题是最原初的问题呢？对此，我们稍微留意一下就会发现，世界上不同民族的文化在一开始要解决的都是这个问题。例如古希腊哲学最早讨论的核心议题就是世界的本原问题，如米利都学派的创始人泰勒斯认为万物都是由水构成的。[①] 《圣经》的开篇之作——《创世纪》同样也是在解释宇宙、人类以及犹太民族的起源问题。还有各个民族丰富有趣的始祖神话，其实际都表达了各个民族对于自身与世界起源问题的朴素理解。这个问题在传统中国文化中同样也是存在的，并且这一问题贯穿着传统中国文化的始终，成为理解其他诸多问题的核心，它就是天人关系。

二　天人关系

要真正理解中华先祖在当时的条件下是如何理解人与自然的关系的，显然是一件不可能的事情，但是我们依然可以作出一些推断。渊源于黄河流域的华夏文明属于典型的季风气候，这样的气候一方面显示出了极强的规律性，但是另一方面又时常不免出现旱涝灾害。规律性意味着“不变”，难以预料的自然灾害则意味着“变”，所以这样的自然条件本身就蕴含着不变与变的关系，其中不变是主要方面，变是次要方面。“早在历史初期，人们就从事探

① 参见［英］罗素《西方哲学史》（上卷），何兆武、李约瑟译，商务印书馆 1963 年版，第 31 页。

索那些能扭转自然事件进程为自己利益服务的普遍规律。”[①] 对于那些常人无法理解的变，出于偶尔意外的发现或者某些方面的天赋，一些特殊群体逐渐总结出一定的规律，并利用这些规律更好地安排生活与生产活动，进而为自己谋利甚至于成为某一特权阶层，这就是巫或祭司群体的出现。我们现在还很难下定论说中国传统社会是否出现过类似西方中世纪的神明裁判制度，但是不可否定的是，在殷商时期祭祀确实是国家的重要活动。《礼记·表记》中记载：“殷人尊神，率民以事神，先鬼而后礼。”[②] 从大量出土的甲骨文也可以看出，殷人极端重视祭祀。同时，这一时期对于天的认识还是一种单向性的理解，即殷人相信只要通过祭祀就可以永远保有天命，以至于商纣王发出“我生不有命在天乎”的感慨。[③] 甚至于即使是作为正义的一方，周武王在牧野之战前也同样免不了进行占卜，并且“鬼兆不吉，风雨暴至”并由此引发“群公尽惧”的记载也从侧面表明，当时的人们仍然相信天命难违。[④]

然而，最终小邦周还是取代了大邑商，这一历史事件直接奠定了整个中国传统文化的基调。商周更替的事实也让周人开始反思，为何原本享有天命的商朝最终被取代。翻阅《尚书》等重要的先秦文献可以看到，对于这一历史事件的反思成为这一时期的重要命题。例如在《尚书·太甲下》中伊尹反复向王告诫说：“惟天无亲，克敬惟亲；民罔常怀，怀于有仁；鬼神无常享，享于克诚。天位艰哉！德惟治，否德乱。”[⑤] 这段话的大意是：上天没有经常的亲人，能敬天的天就亲近；人民没有经常归附的君主，他们归附仁爱的君主；鬼神没有经常的享食，他们享食于能诚信的人。处在天

① ［英］J. G. 弗雷泽：《金枝——巫术与宗教之研究》（上册），汪培基、徐育新、张泽石译，商务印书馆2016年，第90页。

② （清）阮元校刻：《十三经注疏》（上册），中华书局1980年版，第1642页。

③ （汉）孔安国传：《尚书》，中华书局2015年版，第47页。

④ 参见（汉）司马迁《史记》，中华书局2000年版，第1245页。

⑤ （汉）孔安国传：《尚书》，中华书局2015年版，第35页。

子的位置很不容易啊！用有德的人就治，不用有德的人就乱。类似的言论在《尚书》中占据了大量的篇幅，这也最终促使周代出现了“以德配天”的重大文化转向。

这一命题的形成，使得原本单向性的天命观开始注入了人的因素，中国传统文化中的现实主义传统由此滥觞。到了春秋战国时期，动荡的社会环境却从反面激发了思想的争奇斗艳。目睹了春秋争霸的孔子更是将思想的关注点放到了现实生活中的人身上。当孔子听说自己家的马厩着了火之后，第一反应不是马匹等财产损失了多少，而是首先发问“伤人乎?”[①] 面对季路有关鬼神的发问，孔子回答道：“未能事人，焉能事鬼?”不甘心的季路又以死发问，孔子继续回答说：“未知生，焉知死?”[②] 也就是说，孔子不仅对鬼神采取了存而不论的态度，并且对于彼岸世界的人也同样不关心。虽然儒家并非严格意义上的无神论者，他们也并没有完全走向唯物主义的道路，只是相比起现实生活中的人，儒家认为鬼神实在不值得花精力去关注，“子不语怪力乱神”是孔子的基本立场。这使得儒家学说体现出了浓厚的入世精神，这也构成了后世儒者的基本精神面貌。

孔子的“仁学”到了孟子那儿更是得到了极大的发展。孟子认为，“仁者爱人”[③]。也就是说，作为一个“仁者”，爱的对象是“人”。看似简单的一句话，实则表明了儒家思想充满人文关怀的现实主义倾向。儒家强调“爱”的对象是“人”，并且是生活在现实世界中的人，而不是爱神或者其他。孟子借孔子的嘴大骂人殉制度：“仲尼曰：始作俑者，其无后乎!”[④] 这样一种极具现实主义人文关怀的思想在两千多年前就出现在中国人的心中，实在是令人感

---

① 杨伯峻译注:《论语译注》，中华书局 1980 年版，第 105 页。
② 这一场对话参见杨伯峻译注《论语译注》，中华书局 1980 年版，第 113 页。
③ 杨伯峻译注:《孟子译注》，中华书局 2010 年版，第 182 页。
④ 杨伯峻译注:《孟子译注》，中华书局 2010 年版，第 8 页。

慨。相比受宗教观念影响至深的西方文明，中华文明似乎从一开始就显露出其早熟的特质，并且纵观中华文明的发展历程，宗教对于世俗政权也从来没有获得过压倒性的权力，或许这一点正与我们很早就走向了现实主义不无关联。

沿着孔子的路径，孟子把“仁学”思想发展为“仁政”，“仁”这一原本从横向调整人与人之间关系的思想开始生出更多的可能，其矛头从纵向上指向了君主。因此，孟子细化了对天人关系的阐释，尤其是重点阐释了天人关系中君的角色和定位，从而使得天人关系开始呈现出政治哲学的色彩。孟子指出：“得天下有道：得其民，斯得天下矣；得其民有道：得其心，斯得民矣；得其心有道：所欲与之聚之，所恶勿施，尔也。”① 在孟子与齐宣王的对话中，孟子更是以两个譬喻向齐宣王发问：“四境之内不治，则如之何?”② 这一段对话暗含着如果王不行仁政，民可“弃之”“已之”的逻辑，因而使得齐宣王只好“顾左右而言他”。

然而，历史从春秋时期的争霸战进入战国时期的灭国战之后，儒家思想在富国强兵的急迫需求下注定走向沉寂，取而代之的法家最终促使秦国六合天下。但是，充满工具主义色彩的法家思想最终却使得秦朝速亡，通过黄老思想以休养生息的汉朝统治者意识到，儒家思想在维持中央集权的大一统王朝中具有不可替代的作用。于是，一度走向历史后台的儒家思想重新崛起并由此获得了在中国传统文化中的核心地位。在这个关键的历史节点上，董仲舒起到了决定性的作用。董仲舒在儒家思想的基础上吸收了各家之所长，最终提出“天人合一”的重大理论命题，从而实现了“屈民而伸君，屈君而伸天”的目的。③

由此，中国传统文化中天人关系的结构最终形成。可以说从西

① 杨伯峻译注：《孟子译注》，中华书局 2010 年版，第 156 页。
② 杨伯峻译注：《孟子译注》，中华书局 2010 年版，第 37 页。
③ 张世亮、钟肇鹏等译注：《春秋繁露》，中华书局 2012 年版，第 30 页。

周“以德配天”开始，到董仲舒“天人合一”的正式提出，中国哲学的脉络便基本确立了，后世的宋明理学不管是“性即理”还是“心即理”，其内在的大前提都是“天人合一”。所以从某种程度上说，“天人合一”是中国哲学最精华之所在，正如钱穆先生所言：“天人合一是中国文化的最高信仰，文化与自然合一则是中国文化的终极理想。”① 由此也可以看出，中国传统文化中的“天”并不完全是自然之天，中国人在理解人和自然及其相互关系时，也并非基于一种纯粹的自然哲学的视角，其中具有鲜明的道德哲学和政治哲学色彩。

因此，如果深入天人关系的内部，还可以将其分为“天—君—民”三个层次。这是一个非常精妙的结构，其中最为精妙的地方在于，它并非一个单向性的关系。“民之所欲，天必从之”②，“天视自我民视，天听自我民听”③。也就是说，天是以老百姓的心愿作为自身判断标准的，老百姓看到的听到的，也就是天所看到的听到的。这就使得原本处在两端的“天”与“民”又联系在了一起，“天—君—民”三者由此形成了一个闭合的回路。当然，这样一种理论模型并非完全由董仲舒创造，只是真正得到官方认可确实是始于董仲舒。他利用“天”的权威将君主的正当性予以了神圣化，与此同时“天”被抬高到“君”之上又使得“君”不得不屈居于“天”之下，从而形成了“天—君—民”这一精妙且稳固的文化结构。

三　情理法在天人关系下的必然性

基于天人关系这一大的文化前提，我们再去理解情理法在中国传统社会的必然性就明朗了许多。按照儒家的主流观点，人的本性

---

① 钱穆：《国史大纲》，商务印书馆2010年版，第928页。

② （汉）孔安国传：《尚书》，中华书局2015年版，第50页。

③ （汉）孔安国传：《尚书》，中华书局2015年版，第51页。

是善的，“人皆可为尧舜”①。恻隐之心是仁的开端，“无恻隐之心，非人也”②。既然如此，那么在一起案件当中，如果裁判者的裁判不能达至“情罪允协”，就意味着其中受损的一方未能得到充分的救济，这自然很容易引起他人的同情即“恻隐之心”。民众基于“情罪未协”而产生的“恻隐之心”，其实质是一种对司法裁判的不满，进而延伸为对于裁判者乃至皇权的不满。这种不满情绪的积累与发酵，直接关系到君主及其治下的整个官僚体系的正当性问题。因为，在“天—君—民”的结构中，君主要想保有自己的位置，从位阶上看必须做到“敬天”，然而天与民的闭合回路又使得君主还必须做到“保民”，这也正是商周更迭之后与“以德配天”同时兴起的重要思想，即“敬天保民”。在与民的切身利益甚至是生命直接相关的司法活动中，裁判者的处理如果有失偏颇，将与敬天保民的要求相悖，这也是形成罪刑关系均衡性的重要原因。因为相比起“罪”，刑罚种类的差别与轻重的不同直接与当事人的身体乃至生命息息相关。

所以，在个案中追求“情罪允协”不仅仅与当事人自身的利益有着直接的联系，其还与君主自身是否有德直接相关，而是否有德则直接关系到君主地位的合法性以及整个政权能否稳固的问题。因此，在个案中实现“情罪允协”的裁判目标，是一个直接关系到君权自身正当性的问题，这也是情理法传统会呈现出定罪量刑的个殊化和裁判指向的未来性的原因。因为它们直接传达出了君主及整个官僚集团对于个案背后所隐含的某些更深层次问题的立场与态度，而这些立场与态度适当与否直接与君主是否有德相关联。所以，一场审判实际上不仅仅是对两造的审理，同时它也是对裁判者乃至王权本身的考验。所以，“王权本身最终也必须屈从于更高层面的审

① 杨伯峻译注：《孟子译注》，中华书局2010年版，第255页。

② 杨伯峻译注：《孟子译注》，中华书局2010年版，第72页。

判，而这个更高层面的审判则是王权正当性的源泉”①。

因此我们会发现，在“天—君—民”的结构当中找不到一个绝对的权威，三者构成一个回环往复的平衡系统，其中彰显着中国传统文化的最高境界——“天人合一”。

> 然而“天人合一”只是作为一种最高的价值追求而存在，不仅“天—君—民”存在位阶的不同，作为具体规范而表现出来的各种“道”也存在着差异，所以才有“天道”与“人道”的分野，才会有“人法地，地法天，天法道，道法自然”的递进关系。这种规范形态方面的差异反映在“天—君—民”这一结构中便相应地表现为“天理—国法—人情”的区别。②

既然裁判者要在个案当中追求“情罪允协”的裁判目标，那么他们就不得不面对国法与天理、人情之间存在的差异，司法裁判之所以在裁判依据和裁判过程方面都表现出开放性，实际上还是因为“天—君—民”以及“天理—国法—人情”的内部并不完全一致，从而迫使司法裁判必须保持一定的开放性。因此，如果严格遵照国法的逻辑会造成“情罪未协”的结果，那么基于“天—君—民”的结构而并不享有绝对权威的国法就必然会被突破，天理与人情的合理内容被纳入裁判当中也就成为必然的选择。因为对于并不享有绝对权威的国法的突破，是符合国法之上的更高位阶的天理的，而符合天理的要求又反过来和民众的期待是相一致的。

但是对于官员们来说，以皇权为基础的国法是享有高度权威的，遵循国法的规定裁判案件是皇权控制司法权具体运作的一种手段。因此，除去州县自理案件和皇帝亲自参与的案件，其他类型的

---

① ［法］罗伯特·雅各布：《上天·审判——中国与欧洲司法观念历史的初步比较》，李滨译，上海交通大学出版社 2013 年版，第 34 页。

② 张杰：《花开两面：人情在司法难题中的双重面向》，《民间法》2019 年第 1 期。

案件确实能够比较好地实现罪刑法定主义。[①] 在这个意义上，包括俞荣根、滋贺秀三以及黄宗智三位学者的判断都是非常中肯的。但是对于皇帝来说，只要能做到“情罪允协”，即使是超越国法的规定也是符合“天—君—民”这一结构的。也就是说，“固然在情、理、法之间存在着某些矛盾与冲突，但是其基本上能在儒家的纲常伦理中自我消化”[②]。也正是因为这一点，借助皇帝的最高司法权来实现对个案情罪关系的平衡就成为情理法传统中许多裁判技术和特殊制度的共同特点。所以，皇帝的行为在情理法传统中看似擅断，国法也貌似被突破，但是实际上就总体而言，这些都是符合“天”以及“民”的要求的。

因此，当按照法律的规定裁判案件但是却会出现“情罪不协”的情形时，作为民的一方出于“性本善”的本能自然乐意看到皇权及其治下的官僚集团作出能够达至“情罪允协”的裁判。作为代表皇权的司法裁判者一方，也愿意作出最有利于证成自身地位正当性的裁判。对此，梁治平教授曾一针见血地指出：“如果说，君主有时也会表示对法律的尊重，那只是为了取信于民，树立自己的公正形象，使‘民知罪之无私，故甘心而不怨；臣下见信无忤，故尽力效忠。’”[③] 至此，君与民各自的价值取舍最终在追求“情罪允协”这一目标上实现了高度的一致。所以，基于这样一种潜在的君民合意，一个尽管突破了现有法律的规定但是却能最大限度实现“情罪允协”的裁决，显然比一个固守法律规定但是却导致“情罪不协”

---

① 本书认为，州县自理案件可能有违罪刑法定原则的原因在于，对于州县自理案件的处理只要得到当事人的满意，案件即可一审终审，即案件是否二审甚至三审的决定性动因在当事人。一旦案件被上控至上一级政府，这对下一级官员来说就多了一重考核的压力。因此，相比起裁判是否严格遵照法律的规定，让当事人对裁判结果满意更为重要，这就使得州县自理案件可能呈现出非罪刑法定主义的特点。

② 朱俊：《“情理法”的西方困境及其疗治初探——以〈自然法：法律哲学导论〉为例》，《重庆大学学报（社会科学版）》2013 年第 5 期。

③ 梁治平：《寻找自然秩序中的和谐——中国传统法律文化研究》，商务印书馆 2013 年版，第 77 页。

的裁决更能让人从情感上接受。

这种潜在的君民合意及其生发出来的情理法传统表明，“旧中国的文明并不把严格依据事先存在的客观性规范作出最终判断视为具有特殊或重大价值的纠纷解决方式。最理想的审判就是立足在当时一般的价值基础上，却着力于分别找到与每个具体案件的微妙之处相适合的最佳个别方案，即合乎‘情理’的解决”①。所以，我们在中国传统的司法实践中既能看到裁判者严格依法裁判，也能够看到情理法传统的丰富实践。二者看似矛盾实则统一，关键点就在于个案的裁判能否对“天—君—民”这一结构起到维护和促进作用，而要想对这个结构起到维护和促进作用，裁判者就必须在个案当中实现“情罪允协”，这便是情理法传统在中国传统司法当中具有必然性的文化根源。

第三节　情理法与社会主义法治的相悖面

一　语境的区别

首先我们不得不承认，强调“情罪允协”的情理法传统确实能够使个案的“情”与“罪”大体一致，从而实现裁判的合理性建构。这与现代刑法的罪责刑相适应原则有着异曲同工之妙。我国《刑法》第五条规定：“刑罚的轻重，应当与犯罪分子所犯罪行和承担的刑事责任相适应。”② 从这一表述来看，“情罪允协”确实与其非常相似。然而，除了这一原则性的规定之外，罪责刑相适应原则还有着一系列的具体规则对其加以体现与落实，例如对于共同犯罪的区分，累犯制度、缓刑制度的设计等。我们还要看到，罪责刑相适应原则在现代刑法中发挥作用时，还有两个同样重要的原则也

---

① ［日］寺田浩明：《权利与冤抑：寺田浩明中国法史论集》，王亚新等译，清华大学出版社 2012 年版，第 196—197 页。

② 1997 年《中华人民共和国刑法》第 5 条（2017 年修正）。

在约束着司法者，即罪刑法定原则和适用平等原则。

罪刑法定原则原本是资产阶级为反对封建刑法的擅断和残酷而提出来的，经过刑事古典学派的代表人物贝卡利亚和费尔巴哈的进一步细化和发展而逐渐系统化，并最终成为世界性的刑法铁则。简单地说，罪刑法定原则可以表述为："法无明文规定不为罪，法无明文规定不处罚。"在司法这一环节，罪刑法定主义体现了立法权对司法权的限制，"司法如果没有立法的限制，擅断就不可避免，专横也在情理之中"①。贝卡利亚就表现出了对法官极大的不信任，由此将法官的使命严格限定在判定公民的行为是否符合成文法之中，并且他还竭力否认法官解释刑事法律的权力，他认为："严格遵守刑法文字所遇到的麻烦，不能与解释法律所造成的混乱相提并论。这种暂时的麻烦促使立法者对引起疑惑的词句作必要的修改，力求准确，并且阻止人们进行致命的自由解释，而这正是擅断和徇私的源泉。"② 我国的刑法同样规定了罪刑法定原则："法律明文规定为犯罪行为的，依照法律定罪处刑；法律没有明文规定为犯罪行为的，不得定罪处刑。"③ 如果以罪刑法定原则为视角再去观察"情罪允协"会发现，传统裁判者为追求"情罪允协"而对个案所进行的纠偏，其中许多行为例如比附援引是突破了罪刑法定原则的，这一点上文已经有所提及，下文也将会进一步详述。

再看适用平等原则。适用平等原则更为通俗的说法即耳熟能详的"法律面前人人平等"。我国《刑法》第四条规定："对任何人犯罪，在适用法律上一律平等。不允许任何人有超越法律的特权。"④ 这一原则的诞生同样和资本主义的兴起有着直接的联系。1789年法国《人权宣言》第六条明确阐释了这一原则，从而使

① 陈兴良：《罪刑法定的当代命运》，《法学研究》1996年第2期。

② ［意］贝卡利亚：《论犯罪与刑罚》，中国大百科全书出版社1993年版，第13页。

③ 1997年《中华人民共和国刑法》第3条（2017年修正）。

④ 1997年《中华人民共和国刑法》第4条（2017年修正）。

“法律面前人人平等”这一让人类为之奋斗的理想终于变成了“统治人类社会的神圣宪章”[①]。因此，这一原则不仅仅体现在刑法当中，它更是现代法治精神的重要体现。例如我国《宪法》第三十三条明确规定：“中华人民共和国公民在法律面前一律平等。”[②] 我国《刑事诉讼法》第六条后半段也规定：“对于一切公民，在适用法律上一律平等，在法律面前，不允许有任何特权。”[③]

中国传统法律是一种典型的身份法，“准五服以制罪”这一原则便充分地体现了这一点。因此从某种程度上说，中国传统法律这种身份法的特点与“法律面前人人平等”的基本精神本身就是相悖的。所以，我们在中国传统社会的语境中讨论法律的普遍性，显然应该采取法律与道德相分离的实证主义立场，即抛却立法内容本身是否违背了平等原则这一问题。但是即便如此，传统中国的法律在适用的过程中同样未能实现严格的普遍性。从裁判者在个案中通过对各种裁判技术的运用以期实现“情罪允协”的情形可见，过分追求个案正义实际上是以牺牲法律的普遍性为代价的。“在许多具体案件中，古代法官为了直接实现结果上的公道，牺牲了法律的普遍性。”[④]

综上可见，罪责刑相适应原则并非独立地发挥作用，它与罪刑法定原则、适用平等原则一起构成了现代刑法精神的三大基石。在这三项原则的共同作用下，即使现代司法者出于罪责刑相适应原则的要求需要对个案进行纠偏，也不得违背罪刑法定原则和适用平等原则。但是，情理法传统在与罪责刑相适应原则接近的同时，却又在某些方面背离了罪刑法定原则和适用平等原则的要求。所以，即

---

① 陈忠林：《刑法面前人人平等原则——对〈刑法〉第4条的法理理解》，《现代法学》2005年第4期。

② 1982年《中华人民共和国宪法》第33条第2款（2018年修正）。

③ 1979年《中华人民共和国刑事诉讼法》第6条（2018年修正）。

④ 梁治平：《寻找自然秩序中的和谐——中国传统法律文化研究》，商务印书馆2013年版，第358页。

使“情罪允协”在外观上与罪责刑相适应原则高度相似，但是我们决不可就此简单地将两者画上等号。这就很好地提醒了我们，站在社会主义法治的立场上去考察情理法传统，一定要注意语境的不同，尤其是要注意到情理法传统与社会主义法治存在着相悖之处，切不可简单地套用。

需要特别强调的是，不管是罪刑法定原则还是适用平等原则以及罪责刑相适应原则，虽然它们都产生于近代西方的资产阶级革命，但是这并不意味着这三大原则就不能与社会主义法治建设兼容。因为它们不仅早已被全人类普遍接受为公认的刑法铁则，同时我国的《刑法》也早已明确规定了这三大原则，对此上文已有论述。因此，下文对这三大原则尤其是罪刑法定原则的诸多阐释并不违背我们的大前提——社会主义法治。然而，社会主义法治同样是一个非常宏大的命题，如果没有具体的切入点，我们的分析将会陷入泛泛而谈甚至出现“打稻草人”的情况。因此，本书选择先从问题即情理法传统本身出发，去探讨其中哪些内容与社会主义法治相悖，哪些内容又是社会主义法治建设需要借鉴的，在此基础上再去探究背后更深层次的内容。至于选择情理法传统的哪些内容切入，这同样存在着一个考量的问题。例如，我们既可以从情理法传统的具体实践入手，也可以从情理法传统衍生出来的特点入手进行论证。从逻辑上看，情理法传统的特点是建立在对具体实践的观察与总结的基础之上的，是理论抽象的结果。因此，在理论的层面辨析情理法传统与社会主义法治的背离，显然能够更好地触及更深层次的问题，故本节将以情理法的特点为主线，同时将情理法的具体实践作为辅线穿插其中加以佐证，由此探讨情理法传统与社会主义法治建设存在怎样的抵牾。

二 从情理法的特点看冲突

首先是定罪量刑的个殊化。法律的规定针对的只能是一般的情况，因为法律规定得越精确，其所能涵盖的范围也就越小。因此，法律不可能规定得面面俱到，立法者也难以将现实生活中的种种特殊性纳入法律当中，法律中心主义也早已被证明是一种幻想。所以，依据法律规范所建构出来的法律事实难以避免与个案的事实之间出现差距，由此个案的特殊性和法律的普遍性之间必然形成张力。面对这种张力，现代司法者即使想要实现罪责刑相适应也不得不在法律所允许的范围内行为。然而，出于对“情罪允协”的追求，以及天人关系的特殊结构为裁判者提供了突破国法的可能空间，这种原本在当代社会中可能出现的难题在传统社会中却被相对轻松地化解了。但是，越是强调个案的特殊性，法律的普遍性就越是受到挑战，“所有的这些例子都表明儒家眼中的法律适用从来都没有普遍性，都要根据具体情形分别处理”[①]。这样一种解决问题的进路所产生的结果，就是罪刑法定原则和适用平等原则被牺牲。因为裁判者将个案的特殊性引入定罪量刑的过程中，从而使得原本可能导致“情罪未协”的法律事实吸纳了非法定因素从而向“情罪允协”靠拢，即更多事实性的“情”进入了法律事实当中，进而使得经验性的“情”产生作用并最终影响“罪”的得出。这个过程以及裁判者的行为本身都直接突破了法律所划定的范围，同时也与法律的普遍性相悖。

其次是罪刑关系的均衡性。基于对刑的高度重视，传统裁判者在定罪量刑的过程中体现出了以量刑为导向的后果主义倾向，这样一种倾向修复了过分僵化的“以罪制刑”的逻辑可能导致的“情罪未协”，对于达至“情罪允协”的状态确实起到了一定的正面作用。同时，基于理论界对于“以刑制罪”的认识尚有争论，因此，本书采取了“均衡性”这样一个更加中性的词来描述情理法传统中所体现出来的这一倾向。但是在传统社会的司法实践当中，出于对

① 康建胜：《汪辉祖的司法实践及“情理法”观》，《兰州学刊》2015 年第 7 期。

刑的高度重视从而逆向寻找裁判合法性依据的过程确实存在违背罪刑法定原则的情形。尤其是在比附援引的问题上我们可以清晰地看到，裁判者对许多案件的处理尽管从刑的角度看确实实现了“情罪允协”，但是从罪的角度看比附前后的此律和彼律之间在构成要件上差别甚大，不少案例中当事人的行为与最终适用的律例明显难以契合。即使“以刑制罪”的逻辑并不违背罪刑法定原则，但是传统社会的裁判者为了实现“情罪允协”而适用的以比附援引为代表的裁判技术，其中部分情况明显已经超过了罪刑法定原则所允许的范围，这是与社会主义法治难以相容的。也正是由于比附援引与罪刑法定原则之间存在着冲突，所以在清末修律时，大臣们围绕着比附援引的存废展开了激烈的争论。①

再次是司法裁判的开放性。就裁判依据的开放性而言，其显然违背了罪刑法定原则。因为按照通行的法治理论，立法权与司法权是需要分离的，即使是存在“法官造法”的判例法国家，在形成新判例之前司法者也必须遵循先例。因此，遵循法律的指引是司法者的天职，现有的立法对司法者来说理应是一个相对封闭的系统，司法者必须在这个系统之内展开定罪量刑的活动。然而，情理法传统在裁判依据方面所体现出来的开放性恰恰突破了法律体系相对的封闭性，依照法律体系之外的标准来定罪量刑明显违背了罪刑法定原则的基本精神。另外，司法裁判的开放性还突出表现为并不具有法定审理权限的官员或非常规化的特殊制度在定罪量刑的过程中发挥着一定的影响力。司法是一门技艺，在社会分工高度发达和精细化的现代社会更是如此，因此，它必须依靠一种柯克意义上的“技艺理性”②。自新中国成立以来，司法职业

① 参见李启成《清末比附援引与罪刑法定主义存废之争——以〈刑律草案签注〉为中心》，《中国社会科学》2013 年第 11 期。

② 源于柯克大法官与詹姆士一世的“法律乃是一门艺术，一个人只有经过长期的学习和实践才能获得对它的认知”的对话。参见［美］爱德华·S. 考文《美国宪法的高级法背景》，强世功译，生活·读书·新知三联书店 1996 年版，第 34—35 页。

化和司法民主的关系一直是我国法治建设过程中的重要问题，但是总体来说，司法职业化仍然是我国司法制度建设的主要趋势。[①] 例如我国《人民法院组织法》就明确规定："法官从取得法律职业资格并且具备法律规定的其他条件的人员中选任。初任法官应当由法官遴选委员会进行专业能力审核。上级人民法院的法官一般从下级人民法院的法官中择优遴选。"[②] 然而，传统中国的司法体制本身就表现出司法、行政、监察等多种权力的混同，裁判人员职业化水平一直都不高，这直接就决定了情理法传统背后的制度设计与司法职业化的要求相悖，而裁判过程的开放性更是直接与现代司法活动要求具有的"技艺理性"相违背，尤其突出地表现为与司法职业化的要求相违背。

最后，裁判指向的未来性。这一点在情理法传统中又分别表现为司法性质的未来指向性和非司法性质的未来指向性，我们对二者分开进行论述。首先看以"以刑去刑"或"以辟止辟"为典型特征的司法性质的未来指向性。"以刑去刑"强调通过刑罚的适用以达到威慑潜在犯罪者的作用从而最终实现"无刑"的目的，这样的考量其实和现代刑法所讲的一般预防在目的上是一致的。但是我们必须看到，即使是现代刑法所讲的一般预防也是有限度的。就一般预防来说，又可以分为消极的一般预防和积极的一般预防。"消极的一般预防的特征是刑罚威吓，又可分为两种形态：以肉体威吓为特征的一般预防与以心理威吓为特征的一般预防。积极的一般预防是通过刑罚适用实现对刑法的忠诚。"[③] 积极的一般预防是合理适用刑罚理应具有的功能，因此被学术界所倡导，如果在这一层面强调裁判指向的未来性确实是无可厚非的。但是，过分强调一般预防会出现重刑化的倾向，例如法家"以刑去刑"的逻辑确实也是要求

---

① 参见何兵《司法职业化与民主化》，《法学研究》2005 年第 4 期。

② 1979 年《中华人民共和国人民法院组织法》第 47 条第 1 款（2018 年修正）。

③ 陈兴良：《一般预防的观念转变》，《中国法学》2000 年第 5 期。

用重刑的。因此，强调裁判指向的未来性要警惕落入消极的一般预防的陷阱。

> 要强调由于犯罪的本质是违反行为规范进而造成法益侵害，刑法的目的就是维护社会基本行为准则的存在并最终保护法益。相应地，刑罚的目的就不应当定位于通过威慑来阻止现实或者潜在的犯罪人、社会一般人今后不犯罪，而是要凸显规范的意义，引导公众按照行为规范行事，以促进刑法的公众认同，从而达到从规范上预防将来犯罪的效果，通过刑法对尚未发生的事件产生积极影响，最终有效地、周延地保护法益。①

再看非司法性质的未来指向性。前文已经提到，情理法传统之所以能够产生超越司法性质的未来指向性，一个重要的原因在于在传统中国国家权力的配置当中，司法权的分化程度相对较低。质言之，传统裁判者在裁判案件之时，“情—法律—罪”和“情—经验—罪”两条逻辑相比起现代司法在更为明显地同时影响着裁判者的裁判，这一点在省级以下的地方司法和皇帝直接参与的案件中尤其明显。因为正印官本身作为多重角色的集合体，不得不考虑超越司法逻辑的其他因素，而皇帝作为最高统治者也使得他必须考虑诸多非司法性质的因素。因此，非司法性质的未来指向性之所以会产生，这是和司法权在传统中国政制架构中的角色相关联的。这样一种分化程度较低的权力配置模式和当代中国对司法的定位与期待是相悖的，更加具体地说，这是与司法专门化和职业化的要求相悖的。

① 周光权：《行为无价值论与积极的一般预防》，《南京师大学报（社会科学版）》2015 年第 1 期。

三　冲突产生的深层原因

将以上的阐释进行一个总结会发现，情理法传统与当代中国社会主义法治的主要矛盾点集中在罪刑法定原则、适用平等原则、司法职业化、司法专门化、重刑主义倾向等方面，其中与罪刑法定原则的冲突尤为明显。然而，这看似独立的几个方面实际上具有一定的共性，并且同样可以在天人关系的框架中得到融贯性的解释。

罪刑法定原则虽然是伴随着资产阶级革命的兴起而产生的，但同样也被我国的立法所采纳。这一原则当中所蕴含的诸多关于限制权力的思想，在我国对于司法权的定位当中也同样得到体现。例如在司法的场域中，罪刑法定原则突出地表现为立法权对司法权的限制。与此相同，强调“法律面前人人平等”的适用平等原则也是资产阶级为反对封建特权而提出的。然而，中国传统法律本身就是一种身份法，因此如果在反对特权这个意义上探讨情理法传统实际上没有太大的意义。我们讨论情理法传统与适用平等原则相悖，实际上是在实证主义的立场上论证传统中国的法律在适用方面不具有普遍性，这一点与适用平等原则最初对特权的反对并不是同一个层面的问题，因为情理法传统超越适用平等原则主要是为了实现“情罪允协”而并非为了维护特权。因此从某种程度上说，情理法传统对适用平等原则的突破违背的依旧是罪刑法定原则。正是因为立法权对司法权的限制程度不够，从而给裁判者为了实现“情罪允协”而突破法律的普遍性提供了空间。

再看司法专门化和司法职业化。司法专门化和司法职业化从本质上讲实际上是一个问题，它们都需要建立在权力分立的基础之上。因为只有权力分立，立法、司法、行政等不同性质的活动才可能出现专门化的趋势，而为了适应专门化的需要，相关从业人员的职业化也就成为题中之义。因此，要想实现司法专门化和司法职业化，国家权力在配置上就必须分立，而之所以要求权力分立，是出于对于权力的不信任进而要求分权以限制权力。所以，不管是罪刑法定原则还是司法的专门化与职业化，归根结底它们都是要求对权力进行限制。然而，传统中国国家权力的分化程度较低，省级以下的地方正印官兼具行政、司法、监察等多项权能于一体。在这样一种体制下，司法职业化的要求是不可能实现的。以至于即使有刑名幕友这样一个看似专门以刑名为业的特殊群体存在，但仍然难以促成司法职业化的实现，更何况刑名幕友只是由地方官员私人聘请而并非国家工作人员。

就限制权力这一思想来看，情理法传统与社会主义法治相悖的前四个方面的共性是比较明显的，需要特别阐释的是第五点——重刑主义倾向。如果我们沿着限制权力这一思路继续思考就会发现，实际上与限制权力相伴的还有另外一个问题——保障权利。“回顾近代以来西方资产阶级宪政的历程，我们可以感触到有两条清晰的线索贯穿其始终，那即是‘保障权利’与‘限制权力’。”[①] 资本主义的兴起伴随着对于人的发现，资产阶级要求把人从封建制度落后腐朽的桎梏中解放出来。因而在这一过程中，对于公权力的限制和对私权利的保障实际上是一个问题的两个方面。因此，近代资产阶级思想家之所以会提出罪刑法定原则，之所以会高呼“法律面前人人平等”，实际上都是希望通过限制权力从而保障权利。而理论界之所以反对消极的一般预防，甚至有论者从整体上反对将一般预防作为刑罚目的的正当性，不仅仅是因为它存在着导向重刑主义的风险，更为深层次的原因在于，将一般预防作为刑罚的目的实际上是将人作为实现社会目的的手段，从而必然削弱刑罚的人权保障机能。[②] 因此，情理法传统可能导致的重刑主义倾向与社会主义法治

① 谢菲、顾晔：《人权、契约、分权制衡——近代西方宪政思想探源》，《当代法学》2002 年第 10 期。

② 对此可参见韦临、流鎏《论报应、报应的制约与一般预防：兼论一般预防不应是刑罚的目的》，《法律适用》1997 年第 5 期。

对权利的保障存在着一定的矛盾。而罪刑法定原则、适用平等原则、司法职业化和专业化之所以能够产生，不仅与社会主义法治要求限制权力紧密相关，其最终的目的仍然是要回归到对权利的保障与尊重上来。

综上，如果说情理法传统与社会主义法治存在的最大矛盾，那就是两种语境对人的处理不同。当然，我们并不是说情理法传统就不重视人，相反，正是出于对人的重视才形成了以“情罪允协”为原则的情理法现象。那么这种对于人的重视和社会主义法治强调对权利的保障存在怎样的不同？这同样能够在天人关系的框架中找到可行的解释。

在天人关系的框架中，君居于民之上，并且自汉代开始统治者有意地通过强调移孝作忠这一逻辑，从而使得“孝”这一子对父的天然性、单向性、绝对性的义务变成了民对君的义务。[①] 由此，家演变成了国，家父变成了君父，君主的身份因此具有了双重性，一方面他是一个国的统治者，同时另一方面他又是一个家的大家长。对此，黄宗羲曾经一针见血地指出：“后世之君，欲以如父如天之空名禁人之窥伺者。”[②] 所以，在这样一种家国一体的社会结构下，“国”是“家”的放大，国法是家规的延伸。因此，传统中国始终没有发展出“公民”的概念，相反“子民”的观念倒是深入人心。这种将君民关系做出拟血缘处理的文化特性，使得司法活动只是作为君主治国理政的一部分而存在，对此滋贺秀三先生有过非常生动的描述：

> 如果同欧洲诉讼这种内在的性质相对照而探索中国诉讼的原型，也许可以从父母申斥子女的不良行为，调停兄弟姐妹间

① 刘广明：《宗法中国》，新华书店上海发行所 1993 年版，第 51 页。
② （明）黄宗羲：《明夷待访录》，段志强译注，中华书局 2011 年版，第 9 页。

> 的争执这种家庭的作为中来寻求。为政者如父母，人民是赤子，这样的譬喻从古来就存在于中国的传统中。事实上，知州知县就被呼为"父母官""亲民官"，意味着他是照顾一个地方秩序和福利的总的"家长"。知州知县担负的司法业务就是作为这种照顾的一个部分一个方面而对人民施与的，想给个名称的话可称之为"父母官诉讼"。①

在这样一种"父母官诉讼"的要求下，司法权就不只是一种纯粹的判断权，司法实践也不可能单纯地作为定纷止争的活动而存在，它深嵌在百姓对于为政者的总体性期待之中，这就导致了司法权与其他权能的混同，从而使得在传统中国社会难以形成限制权力的思想。正是基于这样一种前提，皇帝的身份就具有了综合性的意义。"专制政体就是在体制上存在着帝王这个不属于'官'的系列的、代表国家的最高主宰。这个最高主宰的权力的本质就是主权。这个主权，我们平时称它至高无上、至大无涯，是说没有任何一种世俗权力凌驾其上，也没有任何一种权力与它平行。"② 所以从司法的角度看，面对官员们上呈的案件，我们很容易倾向于认为皇帝是在行使最高司法权。但是如果我们换一个角度看问题便会发现，除了因为判处死刑和特殊制度规定必须由皇帝作出终局裁判的案件之外，大部分案件是由于"律例无正条"而不得不比附援引而上呈皇帝，而基于自身的最高统治权，皇帝所作出的超越现有律例的裁决实际上是其拥有最高立法权的体现。因此，前文指出的传统司法在合理性与合法性关系的处理上呈现出分离的特点便是基于这样一种理解作出的判断。因为不管是因审级制度的规定，还是官员们因

① ［日］滋贺秀三：《中国法文化考察——以诉讼的形态为素材》，载王亚新、梁治平编：《明清时期的民事审判与民间契约》，范愉译，法律出版社1998年版，第16页。

② 霍存福：《权力场——中国传统政治智慧研究》，辽宁人民出版社1992年版，第48页。

极为有限的自由裁量权不能解决现实难题，抑或是某些特殊制度的强制性规定，只要终局性的裁判是由皇帝作出的，其他官员在这之前的“裁判”就只是一种处理意见而不具有既判力，因而也就没有讨论是否具有合法性的必要。

再看另一端天与君的关系，它更加没有为限制权力的思想提供空间。尽管董仲舒通过“屈君而伸天”的逻辑将天置于君之上，并且君主也以“天之子”的身份保证了逻辑的连贯性，但是实际上将对君权的限制置于“天”这样一个虚化的概念之上，其力度显然是不够的。尽管从逻辑上看“天—君—民”是一个闭合的回路，但是君主却有意地切断了天与民的联系。在传统中国，只有皇帝才有资格祭天，因为这是一条可以与天直接联系的路径。同时，历朝历代都严厉禁止巫蛊之术，一个重要的原因便在于巫蛊之术可能导致百姓与天私自进行沟通，这与皇帝作为天之子所享有的垄断权力是相悖的，从而有可能进一步引发对皇权正当性的质疑。①

因此，唯一在位阶上更高的天实际上并没能对君主产生强有力的制约，在制度层面更是难以找到可以直接对君权构成限制的设计。这也从一个侧面反映出，君主的权力几乎不受来自任何制度层面的制约，以至于越到传统中国后期，君主的个人权力越是集中和专断。“皇帝制度使皇帝拥有主权，但是这一主权却又是个人权力，他是作为独立的也是孤立的个人来掌握和行使这一特殊权力的。”②因而，即使是最具批判力的孟子，其思想的最终落脚点也无非是希望君主能够“爱民如子”，从而实现统治秩序的长治久安，而君主政体本身并不是其所抨击的对象，其整体思想也没能超越君主制这个大前提。面对“四境之内不治”的君主，孟子也只是提出可以

---

① 这样的观点可参见［美］孔飞力《叫魂：1768 年中国妖术大恐慌》，陈兼、刘昶译，上海三联书店 2014 年版，第 140—141 页。

② 霍存福：《权力场——中国传统政治智慧研究》，辽宁人民出版社 1992 年版，第 65 页。

“弃之”“已之”的观点，即另择他人[1]，而对君主制本身孟子并没有也不可能提出革命性的观点。至于在将近两千年之后继承了孟子思想的黄宗羲，其思想终究还是没能超越君主制的窠臼，这与“主权在民”等现代民主思潮有着质的不同。因此，虽然我们拥有历史悠久且闪耀着人文主义光芒的“民本”思想，但其始终与“民主”思想存在着质的差别。对于二者的关系曾在清末引起过热烈的讨论，但总体来说，“民本与民主，二者不同但相通，既可以互相支持，也可能相互冲突”[2]。

所以，从“天—君—民”的内部结构可以看出，传统中国有着悠久的重民传统，但是这种传统与现代的权利理论有着质的区别。执政者与人民是拟照父母与子女的关系而存在的，在这样一种前提下个人的权利容易被忽视，执政者的权力也不存在分权的可能，在皇帝这一层面更是无法形成对权力的有效制约。因此，与罪责刑相适应原则类似的“情罪允协”思想在“父母官诉讼”的模式下高度发达，但是，需要以限制权力和保障权利为基础的罪刑法定原则、适用平等原则等现代法治之基本精神以及司法专门化和司法职业化等现代法治的基本特征却难以形成。

① 在孟子与齐宣王的对话中，孟子以两个譬喻连问齐宣王，齐宣王的回答分别是“弃之”“已之”，而面对孟子“四境之内不治”的发问，齐宣王“顾左右而言他”。这一段对话暗含了孟子认为对于不合格的君主，百姓可以另择他人的逻辑。参见杨伯峻译注《孟子译注》，中华书局2010年版，第37页。

② 梁治平：《为政：古代中国的致治理念》，生活·读书·新知三联书店2020年版，第208页。

第四章　拨云见日：情理法的现代可能

通过上文的阐释，我们从理论上论证了情理法传统的内在机理、特点，以及情理法传统呈现出如此样态的深层原因。本章将回归到现代的视角，从宏观和微观两个层面探讨情理法传统在社会主义法治建设中的可能。

第一节　情理法传统与社会主义法治的勾连

一　法治的重要特征：形式合理性

何为社会主义法治，社会主义法治具有哪些基本特征？可以说，“社会主义法治”这几个字本身就是一个值得大书特书的问题，如果找不到一个抓手，我们的讨论也将流于泛泛而谈。前文选择了从情理法传统体现出来的特征出发，逆向地论证了情理法传统与社会主义法治存在的矛盾，并且初步地指出了这些矛盾背后所体现出来的为社会主义法治所共享的法治的两个基本条件——限制权力和保障权利。因此，本节不妨继续回到法治这个话题本身，从而进一步为情理法传统与社会主义法治找到一个关键的联结点。

对此我们先回到情理法这一概念本身。既然本书讨论的对象是情理法，而情理法的核心又是关于裁判合理性的建构，那么，是否可以将合理性作为切入法治以及勾连情理法传统的关键点呢？在第一章介绍合理性这一概念时我们已经提到，第一个从法律的角度探讨合理性问题的是马克斯·韦伯。韦伯对合理性作出了形式合理性与实质合理性的区别，并且认为西方法律发展的历史恰恰呈现出来的是向形式合理性发展的趋势，西方的法律是一种典型的形式法，而韦伯所推崇的正是这种具有形式合理性的法。相反，东方的法律在韦伯看来是追求实质合理性但是却欠缺形式合理性的法律，因而不是一种理性的法律。实际上，韦伯是站在为西方法律辩护的立场上进行论证的，韦伯认为实质合理性不仅不可取而且是不可能实现的。正是在这样的认识下，中国传统司法被韦伯认为是一种“卡迪司法”，由此也引发了学术界长久以来对于传统司法究竟是不是“卡迪司法”的讨论。①

不管我们是否愿意承认，从清末新政算起，中国法治现代化的开启确实受到了西方法治文明的极大影响。“事实上，伴随欧美治外法权在亚洲的确立，以及随后在世界范围（从加拿大到南非再到澳大利亚）殖民地内《排华法案》的增多，法律东方主义处处渐趋呈现出制度化的样态。”② 早在新民主主义时期，我党就已经开始积极探索法制建设。1949 年 2 月，中共中央发出了《中共中央关于废除国民党的六法全书与确定解放区的司法原则的指示》，坚决地与伪“法统”进行了决裂，从而开启了我国社会主义法治建设的伟大道路，并且在相当长的一段时间之内我国的法治建设受到了苏联的较大影响。值得一提的是，在比较法研究的历史上，仅仅对于资本主义法和社会主义法之间是否能够互相比较学习都曾产生过激烈的讨论，但是最终绝大部分学者认为二者

---

① 对此可参见诸如徐忠明《清代中国司法类型的再思与重构——以韦伯“卡迪司法”为进路》，《政法论坛》2019 年第 2 期；张玲玉：《韦伯“卡迪司法”论断辨证》，《环球法律评论》2012 年第 3 期；林端：《中国传统法律文化：“卡迪审判”或“第三领域”？——韦伯与黄宗智的比较》，《中西法律传统》2008 年第 00 期。

② ［美］络睦德：《法律东方主义》，魏磊杰译，中国政法大学出版社 2016 年版，第 146 页。

是能够相互学习的。例如科基尼·亚特里道便认为:“政治的、意识形态的或经济的差异并不能使比较成为不可能。很明显,是否所涉及的是在不同的法律制度中的相同的生活‘环节’的问题,必须在初步研究时,即确定中间可比因素的阶段,在每一个特定的情况下提出来。换句话说,也就是这些法律制度或法律规则是否调整相同的社会关系,或者(大致上)调整相同的可能出现的社会冲突的问题。”①

事实上对于这个问题的探讨,如果以功能比较为视角就会不证自明,而科基尼·亚特里道的观点恰恰道出了这一点。② 我们必须承认,尽管社会主义法与资本主义法在经济基础和目的价值等方面有着本质的区别,但是即使是不同社会制度却不可避免会面临诸多相同的法律问题,例如婚姻问题、犯罪问题以及工业化社会所普遍面临的环境问题、社会保障问题等。马克思主义始终坚持发展的观念,这也使得马克思主义法学必然呈现出一种开放性。对此,马克思与恩格斯明确提出:“我们的理论是发展着的理论,而不是必须背得烂熟并机械地加以重复的教条。”③ 因此,如果过分强调社会主义法与资本主义法的异质性,显然会大大限制研究的视野,反而不利于社会主义法治建设的发展。

实际上,我国的法治建设也以具体的实践回答了这一问题。随着我党治国方略的重大调整,“把外国先进的法律制度、理念移植到中国来,其可行性已为近25年来中国法制的进步所证明”④。也

---

① 参见[荷]科基尼·亚特里道《比较法的某些方法论方面的问题》,刘慈忠译,《环球法律评论》1987年第5期。

② 功能比较是指以实际上具有相同或相似功能的规范或制度为比较因素展开的比较研究方法。相比起以具体的法律规定或制度为中介的比较,功能比较是一种以问题为导向的比较,它关注的是对于社会中某一问题或需要在不同国家或地区的法律中是以何种方式加以解决的。

③ 《马克思恩格斯选集》(第4卷),人民出版社1995年版,第681页。

④ 宋志国、廖柏明:《比较法学与当代中国法制——中国法学会比较法研究会名誉会长江平教授访谈》,《社会科学家》2006年第2期。

正是因为当代中国的法治建设和法学研究在事实上受到了西方法治文明的极大影响，以至于邓正来先生《中国法学向何处去》一书的问世引发了“自民国以降法学界集中评论一位学者某部著作的最大盛况”①。所以，对于社会主义法治这一大的前提，我们必须承认的一点是，当代中国的法治建设受到了西方极大的影响，而在西方法治文明中所强调的形式合理性同样在事实上影响着当代中国的法学研究与司法实践。例如郑成良教授把“形式合理性优于实质合理性”归结为法律思维的重要特征②，孙笑侠教授则认为“注重活动过程以及标准的形式性”是法律人与政治人的重要区别。③ 与此相对照，中国传统司法确实表现出了实质合理性重于形式合理性的重要特征，情理法传统所追求的合理性也正是在实质合理性这一层面展开的。因此在社会主义法治的语境下我们也同样可以认为，传统司法向现代司法转变的一个关键脉络就是从追求实质合理性转向了强调形式合理性。

然而在这一大的背景下，传统司法对于实质合理性的看重依然在当下影响着民众对司法的评价与态度，而这与现代司法追求形式合理性的特征时常出现冲突。例如在“赵春华案”中，一审判决以非法持有枪支罪判处赵春华有期徒刑三年六个月的判决作出之后便引起了舆论的哗然。“大妈摆气球摊，没有得罪谁，但是为什么跟大妈过不去?”④ 作出一审判决的天津市河北区人民法院的一名副院长对此也表示，判决结果出来后，产生的社会效果确实超出了预料。他指出，从法律的审判依据来看是没有问题的，但是是否符合

① 邓正来：《中国法学向何处去——建构“中国法律理想图景”时代的论纲》，商务印书馆 2011 年版，第 3 页。

② 参见郑成良《论法治理念与法律思维》，《吉林大学社会科学学报》2000 年第 4 期。

③ 参见孙笑侠、应永宏《论法官与政治家思维的区别》，《法学》2001 年第 9 期。

④ 徐昕：《天津赵春华案/白岩松：让老实大妈回家过年还来得及吧》，搜狐网 https//www. sohu. com/a/124915754_ 570256，访问日期：2019 年 2 月 11 日。

情理，在作出判决时“可能想得没那么多”①。正如该副院长所说，“赵春华案”的一审判决确实于法无违，但是判决作出之后引发的舆论所反映出来的恰恰是司法者遵守形式合理性而忽略了民众更加关心的实质合理性的问题。

通过现实的冲突我们也能看到，现代司法与传统司法在形式合理性与实质合理性的认识上存在着差异，并且正是这种差异引发了诸多司法难题。因此，尽管形式合理性的概念来自西方，但在社会主义法治的语境下我们将其作为法治的关键特征仍然是适当的。当然，现实的冲突并不能构成对形式合理性的怀疑，坚持形式合理性也并非意味着对实质合理性的抛弃。“法律并非无情，也并不是说在立法得到完善之前只能以牺牲个案正义为代价。我们很欣慰地看到在诸多案例当中，司法者通过自由裁量权的行使或法律解释等司法技术的运用，最后大多都兼顾了法律与情理，从而既避免了司法正义的丧失又保证了社会秩序的和谐稳定。”②

二　形式合理性与合法性的关系

行文至此又出现了一个问题：以“情罪允协”为追求的情理法传统关注的是合理性并且是实质合理性的建构问题，同时其深层次还关涉到实质合理性与合法性之间的关系问题。基于此，一个前提性的问题必须解决，即韦伯所作的实质合理性与形式合理性的区分能否与之对应？质言之，形式合理性与合法性这两个概念是否能够等同。

“在传统社会中，一切世俗行为的合法性均来源于神的意志或君主的命令。在恢复了人的主体性的现代社会，人的行为的合法性

---

① 张东：《法院谈射击摊大妈获刑：判决时从情理上考虑不多》，新浪网 http://news.sina.com.cn/c/nd/2017-01-19/doc-ifxzunxf1348768.shtml，访问日期：2019 年 10 月 9 日。

② 郑成良、张杰：《困境与调和：权力结构与司法正义之关系》，《理论探索》2019 年第 3 期。

以及以此为基础建立的社会秩序的合法性既不是来自于神启，也不是来自君威，而是来自于人的理性，特别是来自于理性的核心表现形式——科学。”[①] 出于对理性的推崇，人们相信可以通过科学的方式探索世界与自然的奥秘。同样出于对理性的推崇，人们也相信可以发现社会秩序的运行规则，从而制定出涵盖一切社会生活的完美法典，大陆法系追求法典化的立法模式便是建立在这样一种唯理主义的哲学基础之上的。在这样一种追求下，人们只相信自己的理性判断而不再认可任何外界的权威，只信奉真实的知识而不再敬畏神圣和传统的偶像。没有任何事物可以逃脱理性的检阅，一切都要置于理性的批判之下才能获得自身的合法性。[②]

质言之，合法性存在与否来源于理性的审视，而法律正是理性的表现形式。同时，西方的法律是一种形式法，强调的是形式合理性。而受到西方法治文明和司法普遍规律影响的现代中国，其立法与司法实践对于形式合理性的追求同样也是一个大的趋势。因此，一项裁判是否具有形式合理性，判断的标准在于裁判者是否严格按照法律的规定裁判案件。按照这一逻辑，只要裁判者严格按照法律的规定进行裁判就符合形式合理性的要求，而经受了形式合理性考验的行为也就具有了合法性。

再看“合法性”一词。对于该词本身的含义，前文已经进行了阐述。简单说来，法学领域内使用的“合法性”绝大多数情况对应着“legality”，它指的是合乎实在法的规定，至于实在法本身的性质究竟是恶法还是良法则在所不问。因此，“legality”是一个描述性的概念。尽管我们不能否认法律本身也是价值判断的产物，但是只要存在实在法，对于一个行为究竟是“合法”还是“非法”的判断就是一个脱离人本身主观情感的判断，也就是一种客观的判

① 李拥军、郑智航：《主体性重建与现代社会纠纷解决方式的转向》，《学习与探索》2012 年第 11 期。

② 漆思：《现代性的命运》，中国社会科学出版社 2005 年版，第 63 页。

断，这也正是凯尔森的纯粹法理论所强调的内容。本书既然在韦伯的意义上区分了形式合理性与实质合理性，对“合法性”一词的使用就应该指向不考虑人自身主观价值判断的判断，亦即不需要考虑实质合理性这样一个因人而异的问题。因此，本书所使用的“合法性”是基于“legality”所对应的层面。

也就是说，裁判者作出的裁决是否具有合法性，站在实证主义的立场以现有法律的明文规定作为标准即可判断。换言之，一项裁决是否具有合法性，判断的标准在于司法者的裁判是否严格按照法律的规定。只要司法者的行为在现有法律的规定当中能够找到依据，那么这项裁决便具有合法性。由此我们可以看到，当我们评价一项裁决是否具有形式合理性或者合法性时，二者的评价标准是一致的。所以从这个意义上讲，本书将形式合理性与合法性等同也就说得过去了。当然，二者并非是在任何场合都可以随意替换的两个概念。从社会契约论的角度来看，现代法律的终极合法性莫过于民众的接受。因此一项法律与民情过于疏离，其本身是难以成为评判行为人合法性的标准的，亦即自然法学派所倡导的那个经典命题——“恶法非法”。因此，本书对于合法性问题的探讨始终是站在一个实证主义的立场上进行的。

讨论至此，我们完成了形式合理性与合法性这两个概念之间的转换，也找到了一个切入“社会主义法治”这一前提的关键——合法性与合理性的关系问题，而这恰恰也是情理法传统所关心和处理的核心问题。由此，讨论社会主义法治与情理法传统也就具有了这样一对存在可讨论空间的概念。

第二节　宏观条件的成就

一　“人”的突出

在中国传统社会的大背景下，传统文化对人的理解与社会主义中国存在着质的差异，这样一种差异尤其突出地表现为“子民”与“公民”的对立。虽然这种差别使得情理法传统与社会主义法治存在着诸多抵牾，但是这并不意味着情理法传统在社会主义法治的语境下就毫无可取之处。正如前文所述，法律面对的是人，即使时空发生变换，传统法律与现代法律所面对的对象是不变的，这就为在社会主义法治的语境中探讨情理法传统提供了可能。具体说来，这个最大也最为重要的可能就是情理法传统体现出来的对于人的高度重视。

当然，虽然情理法传统所置身的传统社会对于人是一种“子民”式的理解，但是其中体现出来的对于人的重视存在着超越时空的闪光点，这是社会主义中国在法治建设过程中应该借鉴的宝贵财富，因为这是由党和国家的性质所决定的。在中国共产党领导下的社会主义国家，我们党一直以来始终坚持将人民群众的利益放在第一位。在新民主主义革命和社会主义建设的过程中，我们党带领广大人民群众克服了一个又一个困难，从群众中来，到群众中去，用几十年的时间走过了西方发达国家几百年的历程，取得了人类历史上的一个个奇迹，真正让中国人民实现了当家作主的愿望。

早在新民主主义时期，我们党的诸多政策与方针就已经凸显了我们党对于人的理解已经完全区别于传统社会的“子民”模式。在1931年11月7日通过的《中华苏维埃共和国宪法大纲》中规定：“苏维埃全政权是属于工人、农民、红军兵士及一切苦劳民众的。在苏维埃政权下，所有工人、农民、红军兵士及一切劳苦民众都有权选派代表掌握政权的管理。”① 这是第一部由劳动人民制定，确保人民民主制度的根本大法，从这一段话的表述中我们可以清楚地看到，苏维埃政权下的公民已经不再是传统社会中的子民。

---

① 中共中央文献研究室、中央档案馆编：《建党以来重要文献选编（一九二一～一九四九）》（第八册），中央文献出版社2011年版，第650页。

具体到司法环节，我们能够更加直观地看到这种转变的突出表现。例如对于犯人，我们党很早就确立了感化与教育的方针，而不是一味地强调惩罚。在1932年8月颁布的《劳动感化院暂行章程》中规定，劳动感化院的目的是看守、教育及感化违反苏维埃法令的一切犯人，使这些人在监禁期满后不再违反苏维埃法令。[①] 1941年的《陕甘宁边区施政纲领》同样体现了这样的精神，其中第七条规定："改进司法制度，坚决废止肉刑，重证据不重口供。对于汉奸分子，除绝对坚决不愿改悔者外，不问其过去行为如何，一律施行宽大政策，争取感化转变，给以政治上与生活上之出路，不得加以杀害、侮辱、强迫自首或强迫其写悔过书。"[②]《施政纲领》的精神到了1942年的《陕甘宁边区人权财权条例》中得到了更加详尽的体现，其中有超过一半的内容涉及司法环节的问题。例如第十条规定："逮捕人犯不准施以侮辱、殴打及刑讯逼供、强迫自首，审判搞证据主义，不重口供。"[③] 这些内容以今日的眼光来看都非常先进且充满了人道主义精神，这充分表明人的因素在包括司法领域在内的整个新民主主义时期得以凸显，并且这是一种不同于传统社会的"公民"意义上的人。

新中国成立之后，这样一种对于人的高度重视进一步得到了宪法层面的确立。新中国成立伊始就颁布的《中国人民政治协商会议共同纲领》在序言中便指出："中国人民由被压迫的地位变成为新社会新国家的主人，而以人民民主专政的共和国代替那封建买办法西斯专政的国民党反动统治。"[④] 第二十条更是直接指明："中华人

① 参见韩延龙、常兆儒编《中国新民主主义革命时期根据地法制文献选编》（第三卷），中国社会科学出版社1981年版，第313—315页。

② 中共中央文献研究室、中央档案馆编：《建党以来重要文献选编（一九二一～一九四九）》（第十八册），中央文献出版社2011年版，第242页。

③ 中共中央文献研究室、中央档案馆编：《建党以来重要文献选编（一九二一～一九四九）》（第十九册），中央文献出版社2011年版，第6页。

④ 中共中央文献研究室编：《建国以来重要文献选编》（第一册），中央文献出版社2011年版，第1页。

民共和国的国家政权属于人民。”① 这一原则到了“五四宪法”当中被进一步表述为：“中华人民共和国的一切权力属于人民。”② 从“国家政权属于人民”到“一切权力属于人民”，这样的转变背后是人民地位的进一步凸显。值得一提的是，在“五四宪法”正式通过的前夕，彭真在第一届全国人民代表大会第一次会议上的发言深刻地表明了人民在新中国的主人地位：“我们的宪法，是属于社会主义类型的宪法，它和资产阶级类型的宪法不同，它是完全为了人民的，是保护人民的权利和合法的利益的，是社会主义建设和社会主义改造的武器。”③

这种对于人民主体地位的高度重视，是对我们党“全心全意为人民服务”原则的最好总结。现行党章在第一条规定了入党的基本资格之后就紧接着强调了党员需要“全心全意为人民服务”，即现行党章的第二条：“中国共产党党员必须全心全意为人民服务，不惜牺牲个人的一切，为实现共产主义奋斗终身。”④ 人民群众对于我们党的极端重要意义，由此可见一斑。

事实上“全心全意为人民服务”作为我们党的重要原则有着光荣的传统和历史。“为人民服务”这一表述源于 1944 年 9 月 8 日毛泽东为追悼张思德同志所作的一次讲话，这次讲话也是第一次从理论上深刻阐释了为人民服务的思想。1944 年 10 月，毛泽东在接见新闻工作者时指出：“三心二意不行，半心半意也不行，一定要全心全意为人民服务。”⑤ 从此，“为人民服务”被表述为“全心全意为人民服务”。随后，1945 年 4 月在党的七大题为

① 中共中央文献研究室编：《建国以来重要文献选编》（第一册），中央文献出版社 2011 年版，第 3 页。

② 1954 年《中华人民共和国宪法》第 2 条（已失效）。

③ 中共中央文献研究室编：《建国以来重要文献选编》（第五册），中央文献出版社 2011 年版，第 444 页。

④ 1982 年《中国共产党章程》第 2 条（2017 年修正）。

⑤ 《毛泽东选集》（第三卷），人民出版社 1991 年版，第 1094 页。

《两个中国之命运》的开幕词和七大政治报告《论联合政府》中，毛泽东同志再次强调了这一原则，也正是在党的七大上，“中国共产党人必须具有全心全意为中国人民服务的精神”被写入了党章。1945年党章虽然并非我们党历史上的第一部党章，但是这部党章是在1943年共产国际解散之后由我们党独立自主制定的，而之前的六部党章都是在共产国际直接的指导帮助之下制定的。因此，七大制定的党章标志着我们党在政治上和党的建设上的完全成熟，“全心全意为人民服务”于这次大会写入党章更加彰显了我们党的立场与态度。1954年新中国第一部宪法颁布，其中第十八条更是明确规定：“一切国家机关必须依靠人民群众，经常保持同群众的密切联系，倾听群众的意见，接受群众的监督。”①

毛泽东主席之后的历届领导人也都继续坚持和发展了“全心全意为人民服务”的思想。邓小平强调：“我曾经说过，干部不是只要年轻，有业务知识，就能解决问题，还要有好的作风。要全心全意为人民服务，深入群众倾听他们的呼声。”② 江泽民明确提出：“贯彻‘三个代表’重要思想，关键在坚持与时俱进，核心在坚持党的先进性，本质在坚持执政为民。”③ 胡锦涛提出了科学发展观，其中“以人为本”作为科学发展观的核心，体现了我们党“全心全意为人民服务”的根本宗旨。习近平总书记在全国宣传思想工作会议上曾经强调：“党性和人民性从来都是一致的、统一的。我们党是全心全意为人民服务、代表中国最广大人民根本利益、来自人民为了人民的马克思主义政党。从本质上说，坚持党性就是坚持人民性，坚持人民性就是坚持党性，党性寓于人民性之中，没有脱离

---

① 1954年《中华人民共和国宪法》第18条（已失效）。

② 《邓小平文选》（第三卷），人民出版社1993年版，第146页。

③ 中共中央文献研究室编：《十六大以来重要文献选编》（上），中央文献出版社2008年版，第9页。

人民性的党性，也没有脱离党性的人民性。”①

随着社会主义建设的各项事业逐渐步入正轨，人民的主体地位在包括法治建设领域在内的国家各项生活中也越来越得到强调与重视。现行《宪法》第一条第一款明确指出：“中华人民共和国是工人阶级领导的，以工农联盟为基础的人民民主专政的社会主义国家。”②《宪法》第二条第一款指出：“中华人民共和国的一切权力属于人民。”③ 因此，我国的国家性质从根本上就确认了人民当家作主的地位。也就是说，传统政制中将“子”的身份置于“民”之前的逻辑已经彻底发生了转变，国家不再是某一个人的私产，人民真正成为这个国家的主人。《宪法》第二十七条第二款继续强调了人民的重要性：“一切国家机关和国家工作人员必须依靠人民的支持，经常保持同人民的密切联系，倾听人民的意见和建议，接受人民的监督，努力为人民服务。”④ 司法机关作为国家机关的重要组成部分，同样秉持着为人民服务的宗旨。对此，《中华人民共和国法官法》第三条规定：“法官必须忠实执行宪法和法律，全心全意为人民服务。”⑤《中华人民共和国检察官法》第三条也同样规定：“检察官必须忠实执行宪法和法律，全心全意为人民服务。”⑥

综上可见，对于人的重视同样是当代中国特色社会主义法律体系的重要特征，这就使得我们完全能够站在社会主义法治的角度再去探讨情理法的问题。更为重要的是，情理法传统与当下社会之所以产生诸多矛盾，根源在于传统与现代在对“人”

① 中共中央文献研究室编：《习近平关于社会主义文化建设论述摘编》，中央文献出版社 2017 年版，第 23 页。

② 1982 年《中华人民共和国宪法》第 1 条第 1 款（2018 年修正）。

③ 1982 年《中华人民共和国宪法》第 2 条第 1 款（2018 年修正）。

④ 1982 年《中华人民共和国宪法》第 27 条第 2 款（2018 年修正）。

⑤ 1995 年《中华人民共和国法官法》第 3 条（2017 年修正）。

⑥ 1995 年《中华人民共和国检察官法》第 3 条（2017 年修正）。

的理解上存在着质的不同。然而，这一矛盾的根源基于我国的国家性质已经消除，即“子民”中的前提性身份——“子”已经不再存在，个人得以跳出“君父—子民”这一传统的框架，转而以一个公民的身份平等地参与国家和社会治理，平等地享有宪法和法律规定的各项权利，而这些都得益于社会主义这一伟大的历史性前提。

二 条件的成就：限制权力与保障权利

2018 年6 月1 日最高人民法院颁布了《关于加强和规范裁判文书释法说理的指导意见》，其中第二条指出：“裁判文书释法说理，要阐明事理，说明裁判所认定的案件事实及其根据和理由，展示案件事实认定的客观性、公正性和准确性；要释明法理，说明裁判所依据的法律规范以及适用法律规范的理由；要讲明情理，体现法理情相协调，符合社会主流价值观；要讲究文理，语言规范，表达准确，逻辑清晰，合理运用说理技巧，增强说理效果。”① 这一指导意见将事理、法理、情理、文理“四理”并立，并强调“法理情相协调”，可以说从规范层面为情理进入司法场域提供了合法性。此外，该指导意见第十三条进一步指出：“除依据法律法规、司法解释的规定外，法官可以运用下列论据论证裁判理由，以提高裁判结论的正当性和可接受性：最高人民法院发布的指导性案例；最高人民法院发布的非司法解释类审判业务规范性文件；公理、情理、经验法则、交易惯例、民间规约、职业伦理；……”② 该条规定不仅为情理成为重要的裁判依据提供了正式的合法性依据，并且从表述中我们可以看到，除了法律法规和司法解释之外，情理的地位仅

① 《最高人民法院关于加强和规范裁判文书释法说理的指导意见》第 2 条，（法发〔2018〕10 号）。

② 《最高人民法院关于加强和规范裁判文书释法说理的指导意见》第 13 条，（法发〔2018〕10 号）。

次于指导性案例、规范性文件以及公理，其在司法裁判中的重要地位可见一斑。因此，在当下的语境中去讨论情理法传统就绝不是一个纯粹理论层面的问题，它存在着现实且具有可操作性的制度空间。当然，这样一种制度空间的存在并不是最高人民法院的“一时兴起”，它的背后不仅是社会主义制度下人民主体地位的深刻体现，其与社会主义法治的两个重大主题——限制权力与保障权利同样密切相关。

（一）限制权力

我们首先看对权力的限制问题。建立在人民性这样一个大前提之下的社会主义中国，其国家机构的设立不仅区别于传统中国国家权力在配置上不甚分明的格局，同时国家权力在社会主义法治的发展进程中还呈现出分化和相互限制的特点。

那么，我国的国家权力在架构上究竟是如何具体体现权力的分化的呢？我们首先看立法权。现行宪法第二条第二款规定：“人民行使国家权力的机关是全国人民代表大会和地方各级人民代表大会。”①《中华人民共和国立法法》第七条规定：“全国人民代表大会和全国人民代表大会常务委员会行使国家立法权。”② 也就是说，国家的最高立法权属于人民。就司法权来说，我国《宪法》第一百二十八条规定：“中华人民共和国人民法院是国家的审判机关。”③同时，第一百三十三条规定：“最高人民法院对全国人民代表大会和全国人民代表大会常务委员会负责。地方各级人民法院对产生它的国家权力机关负责。”④ 此外，根据我国《宪法》的相关规定，国务院和各级地方人民政府是国家行政机关，国家监察委员会和地方各级监察委员会是国家的监察机关。同时与司法机关类似，各级

---

① 1982 年《中华人民共和国宪法》第 2 条第 2 款（2018 年修正）。
② 2000 年《中华人民共和国立法法》第 7 条第 1 款（2015 年修正）。
③ 1982 年《中华人民共和国宪法》第 128 条（2018 年修正）。
④ 1982 年《中华人民共和国宪法》第 133 条（2018 年修正）。

行政机关与监察机关也都需要对相应的国家权力机关负责。①

由此可见，我国在国家权力的配置上实现了立法权、司法权、行政权、监察权的分立，但是司法机关、行政机关以及监察机关又都要对权力机关即人民代表大会负责，这就从根源上保证了“权为民所用”，从权力的分配上真正体现了“国家的一切权力属于人民”。这不仅和传统中国的权力配置不同，同时和西方所谓的三权分立原则也存在着本质的区别。因此，我们谈权力的分立需要辩证地看待西方的分权理论。需要特别强调的是，即使是在西方语境中的法官也并非其所标榜的绝对独立。对此，波斯纳的著作就清楚地揭示出了包括党派、部门利益、教育体制乃至薪酬等因素是如何影响着美国法官的裁判活动的。正是基于这样一种现实，波斯纳进一步指出：“但要改变法官对审判的基本观点，而不是改变他们使用的特定教义，这就要求改变司法的环境，即影响司法行为的激励约束结构。要取得这种改变，学人的论证必须针对国会、白宫以及司法部这些人的利益，因为他们经营的制度可能改变司法的环境。”②这恰恰表明，标榜分权理论的美国司法体制并非如想象中那么独立。

我们再看司法权本身的问题。《宪法》第一百三十一条规定：“人民法院依照法律规定独立行使审判权，不受行政机关、社会团体和个人的干涉。”③《中华人民共和国法院组织法》第四条则重申了《宪法》第一百三十条的规定。至于法官个人，《中华人民共和国法官法》第四条规定：“法官依法履行职责，受法律保护。”④ 另

---

① 各自的规定和具体的表述有所不同。例如对监察委而言，《宪法》第一百二十六条的表述是：“国家监察委员会对全国人民代表大会和全国人民代表大会常务委员会负责。地方各级监察委员会对产生它的国家权力机关和上一级监察委员会负责。”

② ［美］理查德·波斯纳：《法官如何思考》，苏力译，北京大学出版社 2009 年版，第 192 页。

③ 1982 年《中华人民共和国宪法》第 131 条（2018 年修正）。

④ 1995 年《中华人民共和国法官法》第 4 条（2017 年修正）。

外《法官法》第八条将“依法审判案件不受行政机关、社会团体和个人的干涉”① 规定为法官的权力，这进一步奠定了司法机关独立行使司法权的基础。但是正如上文所强调的，我国在司法权的配置上是不同于西方所谓的三权分立原则的。例如《宪法》第一百四十条规定：“人民法院、人民检察院和公安机关办理刑事案件，应当分工负责，互相配合，互相制约，以保证准确有效地执行法律。”② 由此可见，在权力与权力之间的关系问题上，我国强调的是“互相配合，互相制约”。如果再细致地考察宪法的规定就会发现，我国的各级人民法院都是需要对相应的国家权力机关负责的。同时在人民法院的设置上，《法院组织法》第三条规定：“人民法院依照宪法、法律和全国人民代表大会常务委员会的决定设置。”③ 此外，《法官法》第七条还将“严格遵守宪法和法律”④ 明确规定为法官的义务。

从以上的这些规定中我们可以看到，我国国家权力的配置在肯定了司法权独立地位的同时，又强调了立法权对司法权的限制。最为关键的一点在于，我国的最高立法权属于人民，《立法法》第五条明确规定：“立法应当体现人民的意志，发扬社会主义民主，坚持立法公开，保障人民通过各种途径参与立法活动。”⑤ 这就从源头上保证了法律的人民性，并且这种人民性能够通过一整套制度在司法实践中得到贯彻，从而既能实现情理法传统所追求的“情罪允协”目标，又不会违背社会主义法治的基本精神和要求。

尤其值得一提的是监察权。2016 年 10 月 27 日通过的《党内监督条例》首次在新中国成立后的中央文件中提到将通过“监察机关”保证党纪国法的执行。2016 年 11 月 7 日，中共中央办公厅印

① 1995 年《中华人民共和国法官法》第 8 条（2017 年修正）。
② 1982 年《中华人民共和国宪法》第 140 条（2018 年修正）。
③ 1979 年《中华人民共和国人民法院组织法》第 3 条（2018 年修正）。
④ 1995 年《中华人民共和国法官法》第 7 条（2017 年修正）。
⑤ 2000 年《中华人民共和国立法法》第 5 条（2015 年修正）。

发《关于在北京市、山西省、浙江省开展国家监察体制改革试点方案》，决定在这三个省市设立监察委员会，从而从制度上开启了监察委员会的实践先河。随后的党的十九大报告指出，深化国家监察体制改革，将试点工作在全国推开，组建国家、省、市、县监察委员会，同党的纪律检查机关合署办公，实现对所有行使公权力的公职人员监察全覆盖。2017 年 11 月 4 日，十二届全国人大常委会第三十次会议通过《关于在全国各地推开国家监察体制改革试点工作的决定》，至 2018 年 2 月 25 日全国各级监察委员会全部组建完成。2018 年 3 月 11 日，第十三届全国人民代表大会第一次会议通过宪法修正案，在《宪法》第三章“国家机构”专门增写第七节“监察委员会”。由此，监察委员会正式得到了宪法层面的认可，监察权也正式从国家权能中剥离出来而与立法权、司法权、行政权相并列。《中华人民共和国监察法》第一条规定：“为了深化国家监察体制改革，加强对所有行使公权力的公职人员的监督，实现国家监察全面覆盖，深入开展反腐败工作，推进国家治理体系和治理能力现代化，根据宪法，制定本法。”① “所有行使公权力的公职人员”的表述显示了监察权对包括司法权在内的其他国家权力的强有力制约，可以说充分体现了权力之间的相互制约。

在 1954 年 9 月 17 日第一届全国人民代表大会第一次会议上，彭真作了题为《公民在法律面前人人平等》的发言。虽然主题是“公民”，但彭真在发言的最后有这么一段话：“我们的国家机关，在遵守法律方面，可不可以有什么特殊呢？不可以。按照我们的宪法草案，不仅国家机关工作人员、国家的行政机关要严格遵守宪法和法律，国家的检察机关和审判机关要严格遵守宪法和法律，国家的各级权力机关，直至全国人民代表大会，也都要严格遵守宪法和法律。一切认为国家机关可以违法的思想，实际上是一种‘只许州

① 2018 年《中华人民共和国监察法》第 1 条。

官放火，不许百姓点灯'的反动统治阶级的思想，是和我们的宪法草案的精神根本不相容的，我们必须反对它。"① 彭真的这段话实际上正是在强调对于国家公权力的限制问题。在新中国第一部宪法颁布的前夕，在第一届全国人民代表大会的第一次会议上，彭真在这样具有特殊意义的时刻所作的这一段发言在近七十年之后重新读起依旧发人深省。

与之相应，习近平总书记在 2014 年 3 月 9 日《深入推进作风建设》中也有过精彩的论述："严以用权，就是要坚持用权为民，按规则、按制度行使权力，把权力关进制度的笼子里，任何时候都不搞特权、不以权谋私。"② 对于何为"把权力关进制度的笼子里"，习近平总书记在 2015 年 2 月 2 日《在省部级主要领导干部学习贯彻党的十八届四中全会精神全面推进依法治国专题研讨班上的讲话》中进一步解释到："我们说要把权力关进制度的笼子里，就是要依法设定权力、规范权力、制约权力、监督权力。如果法治的堤坝被冲破了，权力的滥用就会像洪水一样成灾。"③ 我们可以清晰地看到，习近平总书记在表述"把权力关进制度的笼子里"时同样强调"用权为民"，并且"把权力关进制度的笼子里"靠的正是法治。由此可见，"把权力关进制度的笼子里"已经成为社会主义法治建设的一个经典命题，其中所蕴含的重要精神正是对权力的限制。

（二）保障权利

以上是限制权力这一情理法传统缺乏的重要面向在我国当下的政制架构中所呈现出来的基本样态，接下来再看我国的法治建设究

① 中共中央文献研究室编：《建国以来重要文献选编》（第五册），中央文献出版社 2011 年版，第 447—448 页。

② 中共中央文献研究室编：《习近平关于全面从严治党论述摘编》，中央文献出版社 2016 年版，第 158 页。

③ 中共中央文献研究室编：《习近平关于全面从严治党论述摘编》，中央文献出版社 2016 年版，第 110 页。

竟是如何体现对权利的保障的。

对此，事实上早在新民主主义时期我们党就已经展开了诸多划时代的探索与建设。1931 年 11 月 7 日第一次全国工农兵代表大会在江西瑞金召开，并且通过了《中华苏维埃共和国宪法大纲》。这是第一部由劳动人民制定、确保人民民主制度的根本大法，是共产党领导人民反帝反封建的工农民主专政的伟大纲领。此外这一时期的许多制度建设都表现了我们党在发展初期就高度重视对于人民权利的保障，例如从晚清开始就一直有人倡导的陪审制度于 1932 年通过颁布《裁判部暂行组织及裁判条例》得以建立。与之相反的是，1929 年国民政府公布的《反革命案件陪审暂行法》规定了法院在审理“反革命”案件时实行陪审制度，然而这一法规规定陪审员必须是法院所在地的年满 25 岁的国民党党员，并且由该地国民党高级党部指派充任。① 由此可见，国民党政府的陪审制度不仅与西方的陪审制大相径庭，更与我党建立的人民陪审制在性质上截然相反，它实际上是为了压制民主革命的一党独裁的产物。

尤其值得一提的是在抗日战争时期，各主要抗日根据地在极端艰难的环境下仍然制定了《施政纲领》和《保障人权条例》，其中尤其以 1941 年的《陕甘宁边区施政纲领》和 1942 年的《陕甘宁边区保障人权财权条例》为典型。《陕甘宁边区施政纲领》中规定：“保证一切抗日人民（地主、资本家、农民、工人等）的人权，政权，财权及言论、出版、集会、结社、信仰、居住、迁徙之自由权。”②《陕甘宁边区施政纲领》中确立的保障人权的立法原则在《陕甘宁边区保障人权财权条例》中得到了进一步的体现。《陕甘宁边区保障人权财权条例》第一条开宗明义地指出：“本条例以保

---

① 参见侯欣一《民国时期有关陪审制度的争论》，《深圳特区报》2012 年 3 月 20 日 B11 版。

② 中共中央文献研究室、中央档案馆编：《建党以来重要文献选编（一九二一～一九四九）》（第十八册），中央文献出版社 2011 年版，第 242 页。

障边区人民之人权财权，不受非法之侵害为目的。”[①] 该条例总计22个条款，其中涉及了边区人民所享有的诸多权利，为人权的保障积累了宝贵的经验。

新中国成立之后，人民的广大权利通过全国性法律的形式得到了确定和保障。例如《中国人民政治协商会议共同纲领》第四条规定了人民依法享有选举权与被选举权，第五条规定了人民在思想、言论、出版、集会等方面的自由，而第六条则规定废除束缚妇女的封建制度，明确指出妇女享有各个方面与男子平等的权利。[②] 1954年第一部宪法即“五四宪法”的颁布更是首次以宪法的形式规定了公民享有的广泛的基本权利。在这一时期，《婚姻法》《工会法》《土地改革法》《民族区域自治实施纲要》《选举法》等重要法律相继出台，它们从不同方面进一步细化了公民所享有的权利，为公民权利的保障提供了合法化的依据，也为之后的法治建设打下了基础。

1978年党的十一届三中全会否定了持续二十多年的以“阶级斗争为纲”的错误路线，作出了把工作重心转移到社会主义现代化建设上来的重大决策，我国的法治建设也由此开启了全新的阶段。我国现行宪法即“1982年宪法”将“公民的基本权利和义务”放在了“国家机构”之前，改变了以往放在“国家机构”之后的惯例。这一调整看上去似乎只是顺序的变化，但是它却透露出公民权利优于国家公权力的基本立场。并且“1982年宪法”在“公民的基本权利与义务”这一章中用了18个条款详细规定了公民的基本权利，其中包括人身人格权，政治权利，经济、社会和文化权利。

80年代中期，法学界开始了对于法学基本范畴的讨论与研究。

---

① 中共中央文献研究室、中央档案馆编：《建党以来重要文献选编（一九二一～一九四九）》（第十九册），中央文献出版社2011年版，第5页。

② 参见中共中央文献研究室编《建国以来重要文献选编》（第一册），中央文献出版社2011年版，第2页。

1988年在长春市召开了全国首次法学基本范畴研讨会。这次会议最终形成了一个共识，即权利和义务是法的核心和实质，是法学的基本范畴。自此之后，权利与义务成为我国法学研究的重要理论抓手。围绕着权利与义务之间的关系问题，学者们展开了激烈的探讨，并逐渐形成了权利是更为基础的概念、是法学的基石的共识，并由此形成了“权利本位论”的重大理论命题。例如郑成良教授在这一时期就曾对于何为“权利本位”作出过经典的解释：“权利本位的基本含义是，义务来源于权利，义务服务于权利，义务从属于权利。权利本位的基本标志是，着眼于具有普遍意义的法律角色的权利。权利本位观与阶级分析的观点并无矛盾，同时它也不同于个人本位，而是相对于义务本位而言的一个观念。”① 经过这一时期的思考与讨论，我国的法哲学研究范式逐渐实现了从“阶级斗争范式”到“权利本位范式”的转换。② 可以说从80年代开始直至今日，权利问题始终是我国法学研究的时代主题与研究重点。

这样一种研究范式的转化，或直接或间接地推动了我国法治建设的发展进程。1991年，中国政府向全世界发布了第一个人权白皮书即《中国的人权状况》。1997年，党的十五大明确提出了“尊重和保护人权”，这是人权首次被载入党的全国代表大会报告。1997年和1998年，中国先后签署了联合国两个涉及人权的重要公约，即《经济社会文化权利国际公约》和《公民及政治权利国际公约》。到了2002年，党的十六大再次确认将保障人权作为党和国家的发展目标。随后2004年宪法修正案明确规定“国家尊重与保障人权”，由此人权从一个抽象概念的层面正式成为一项宪法原则。人权正式入宪之后，我国的人权事业进一步得到了积极的发展。

① 郑成良：《权利本位论——兼于封日贤统治商榷》，《中国法学》1991年第1期。

② 对此可参见张文显、于宁《当代中国法哲学研究范式的转换——从阶级斗争范式到权利本位范式》，《中国法学》2001年第1期。

党的十八大以来，以习近平同志为核心的党中央更是高度重视人民权利的保障与发展。党的十八届三中全会通过的《中共中央关于全面深化改革若干重大问题的决定》、党的十八届四中全会通过的《中共中央关于全面推进依法治国若干重大问题的决定》以及党的十八届五中全会通过的《中共中央关于制定国民经济和社会发展第十三个五年规划的建议》都把完善人民权利保障制度、切实保障人权作为全面深化改革、全面依法治国、全面建成小康社会的出发点和落脚点，并且先后出台了数十项保障和发展人权和公民权利的法律规定和法治举措，人权和公民权利保障体系得到不断完善。

尤其值得一提的是《民法典》的问世。作为新中国成立以来第一部以法典命名的法律，“作为社会生活的‘法律百科’和市场经济的‘基本法律’，《民法典》以习近平总书记‘以人民为中心’的思想为指导，以‘保护民事主体的合法权益’为立法宗旨，以保护人民的人身权、财产权和人格权为主题主线，全方位宣示和规定了民事主体在经济社会生活领域的各项权利”①。对此，习近平总书记也强调：“民法典在中国特色社会主义法律体系中具有重要地位，是一部固根本、稳预期、利长远的基础性法律，对推进全面依法治国、加快建设社会主义法治国家，对发展社会主义市场经济、巩固社会主义基本经济制度，对坚持以人民为中心的发展思想、依法维护人民权益、推动我国人权事业发展，对推进国家治理体系和治理能力现代化，都具有重大意义。”② 由此可见，对于公民权利的保障在当代中国的法治建设大局中具有极其重要的地位。

因此，情理法传统中对于人的重视不仅与当代中国人民的主体地位存在对话的可能，更为关键的问题在于，情理法传统与社

① 张文显：《人权事业发展的丰碑》，《法制与社会发展》2020 年第 4 期。

② 习近平：《充分认识颁布实施民法典重大意义 依法更好保障人民合法权益》，人民网 http：//jhsjk. people. cn/article/31747431，访问日期：2020 年 11 月 15 日。

会主义法治产生矛盾的根源——对于人的不同认识，随着社会主义建设事业的蓬勃发展也得到了消解，人民真正地成为国家的主人。在这一大背景下，一方面，基于人民民主专政的国家性质，立法权、司法权、行政权以及监察权得以分立的同时又在人民性上得以统一，这就进一步清除了情理法传统与社会主义法治在权力配置层面出现的矛盾；另一方面，对于权利的保障也成为当代中国社会主义法治建设的重大议题。质言之，情理法传统的正面功能在这样一种体制下能够得到充分的发扬，其消极的一面基于完善的政制架构和法律制度也能够得到抑制。因此，情理法传统中对于人的重视，对于“情罪允协”的追求以及由此衍生出来的一系列裁判技术、制度和特点完全能够对当代中国的法治建设产生积极的借鉴作用。

第三节　传统逻辑影响下的非常态模式

尽管社会主义法治建设为情理法传统提供了可能的空间，但是这并不意味着情理法传统就能够直接运用于当代的司法实践。尤其需要注意到的是，由于各种各样的原因，当代中国的司法实践并没有完全在坚持形式合理性的前提下实现实质合理性的构建。相反，在传统逻辑的影响下，在对于个案实质合理性的追求难以通过司法体制本身得到满足时，民众常常转而求助于其他渠道以期影响司法。本节将以其中两种典型的样态为例进行说明，当代的司法实践在合理性的建构上既不同于传统司法的模式，也与形式合理性优于实质合理性的理想类型存在一些偏差，其中还有一些非常态的模式。

一　舆论力量的影响

舆论与司法的关系是一个老生常谈的话题，在西方国家，新闻媒体甚至被称为“第四权力”。对于舆论与司法之间的关系，以及舆论对于司法实践究竟能够起到什么作用，本书并不打算做价值上的评判。本书想要做的是，从合理性与合法性的角度去观察，在一些备受舆论关注的案件当中，合理性与合法性的关系是如何被处理的，其彰显出来的又是一种怎样的逻辑。我们以“于欢案”为例，首先是对案情进行简单的回顾：

苏银霞系山东省聊城市冠县女企业家，创办山东源大工贸有限公司。2014 年 7 月 28 日苏银霞向吴学占借款 100 万元，双方口头约定月息 10%。2016 年 4 月 14 日 16 时许，吴学占以欠款未还清为由纠集杜志浩在内的十余人前往山东源大工贸有限公司催债，并将苏银霞与其子于欢带到公司接待室限制人身自由。在此期间，催债人员以多种方式对苏银霞进行言行上的侮辱。路过的工人看到这一幕，让于欢的姑妈于秀荣报了警。派出所民警接到报警之后到达接待室，询问情况后到院内进一步了解情况。于欢看到警察离开接待室于是打算跟随离开，被催债人员阻止之后与其发生冲突，并从接待室的桌子上摸到一把水果刀将杜志浩等四人刺伤。民警闻讯后返回接待室将于欢控制，杜志浩因伤重导致失血性休克死亡，另两人重伤，一人轻伤。2017 年 2 月 17 日，山东省聊城市中级人民法院以故意伤害罪判处于欢无期徒刑并剥夺政治权利终身。一审判决作出之后立刻引起了舆论的重大关注，最高人民检察院派员赴山东阅卷并听取山东省检察机关汇报。经原被告双方分别上诉，2017 年 5 月 27 日山东省高级人民法院对该案进行了公开二审。2017 年 6 月 23 日，二审判决认定于欢属于防卫过当，构成故意伤害罪，判处于欢有期徒刑五年。

一审法官以“故意伤害罪”的法律规定为大前提，同时认定了“被告人于欢面对众多讨债人的长时间纠缠，不能正确处理冲突，持尖刀捅刺多人，致一名被害人死亡、二名被害人重伤、一名被害人轻伤”这一小前提，最终得出“被告人于欢犯故意伤害罪，判处无期徒刑，剥夺政治权利终身”的结论。[①] 一审判决结果一出，立即引发了舆论的高度关注。根据有关媒体的调查，在二审结果公布之前，网友们围绕着“儿子刺死辱母者被判无期”进行的话题讨论与观点表达主要以倾泻负面情绪为主，其中负面情绪占了82%，中立情绪占到10%，而正面情绪只占到8%。网友的负面情绪主要表达为对暴力催债者的谩骂，对讨债者实施的人身侮辱行为感到气愤、痛心，对警察不作为的谴责以及对司法不公正的怀疑等。[②]

那么，舆论究竟在关注什么问题？或许“于欢案”的另一个名称能够更好地解释这一点——“辱母案”。可以说，正是“辱母”二字极大地冲击了民众的价值观，以至于民众认为于欢不仅不应该受到法律的制裁，相反，“当自己的母亲受到黑恶势力凌辱时，作为男子汉，就应该挺身而出，采取‘以暴制暴’的方式对抗”[③]。类似的舆论颇多，也反映出民众的视角被“辱母”情节所吸引的客观事实。正是基于“辱母”这一事实，于欢的行为开始在法律规范之外获得一定程度的合理性证成。

这个证成事实上与中国社会几千年来的一项重要价值——“孝”紧密联系。当然，于欢的行为本身是否直接等同于孝并不重要，关键问题是“辱母”二字直接冲撞了中国人千百年来的孝观念，也因此使得“孝子”身份成为淡化于欢行为违法性的重要符号，从而进一步主导了舆论并且推动了案件的发展。[④] 从某种意义上说，于欢案与东汉孝女赵娥的故事如出一辙，以至于有不少人将

---

① 参见“于欢故意伤害案”[山东省聊城市中级人民法院（2016）鲁15刑初33号]。

② 参见房立俊《“于欢案”舆论背后的社会心态及媒体引导研究》，人民网 http://media.people.com.cn/n1/2018/0205/c416774-29806543-2.html，访问日期：2019年10月5日。

③ 《于欢案，道义输给了法律，可悲!》，搜狐网 http://www.sohu.com/a/151426004_789026，访问日期：2018年10月2日。

④ 类似舆论颇多，可参见其一《张培合：于欢是个大孝子》，科教网 http://www.kjw.cc/2017/03/29/95123.html，访问日期：2019年10月6日。

于欢的行为放到传统社会的背景下为于欢叫冤，甚至发出“于欢案放古代宣判，于欢能做官”的声音。[①] 显然，“孝”这一价值不仅仅是中华民族的传统美德，在当代社会也同样具有重要意义。但是，对于“孝”的弘扬是很难以具体的法律手段实现的，对于不孝的行为也很难以法律的手段去规制，这恰恰体现为某些重要的经验性的“情”游走在法律条文的规定之外。[②] 但是，这并不代表“孝”的价值在现代社会就不重要了，违背“孝”的行为可能得不到法律的有效规制，但是却必然受到社会舆论的否定评价，而那些可能违背了法律但是却与“孝”的价值要求相符的行为却极有可能在法律之外获得合理性评价。在传媒高度发达的现代社会，二者之间的张力更是能够快速地被大众所感知，并且反过来借由传媒将这种合理性诉求传递甚至是施压于司法体制。

那么，“辱母”这样一个引爆舆论的关键事实在一审判决当中是如何被处理的呢？一审判决认为：“鉴于本案系由被害人一方纠集多人，采取影响企业正常经营秩序、限制他人人身自由、侮辱谩骂他人的不当方式讨债引发，被害人具有过错，且于欢归案后能如实供述自己的罪行，可从轻处罚。”[③] 由此可见，一审判决对“辱母”情节的处理是比较粗糙的，尽管判决中也存在“侮辱谩骂”等字眼，但是着墨并不多并且没有突出“辱母”的事实。所以，就一审判决来说，我们很难确定被害人具有过错的“侮辱谩骂”行为是否真的对于欢的量刑起到了作用。从一审最终的量刑结果来看，我们甚至可以认为一审法官没有在讨债者的辱母行为与于欢的伤害行为之间建立起因果联系。也就是说，一审判决所认定的“情”即法律事实基本上排除了“辱母”这一情节，但是

① 刘向明：《于欢故意伤害案细节还原，于欢案放古代宣判，于欢能做官！》，军民资讯 http://news.junmin.org/2017/xinwen_pinglun_0327/184571_2.html，访问日期：2019 年 10 月 6 日。

② 参见李拥军《“孝”的法治难题及其理论破解》，《学习与探索》2013 年第 10 期。

③ “于欢故意伤害案”［山东省聊城市中级人民法院（2016）鲁 15 刑初 33 号］。

公众所建构的“情”却是包含“辱母”情节的。如果基于一审判决认定的法律事实，那么得出无期徒刑的结果确实并没有太大的偏颇。但是，一旦加入“辱母”的情节，那么得出“无期徒刑”的结果必然会让公众产生量刑过重的感受。这恰恰是情理法传统所反对的“情罪未协”的情形，即“情”与“罪”之间出现了不匹配的情形。

所以，一审判决之所以引起舆论哗然，其问题的根本在于，“辱母”情节在法律与经验中被进行了不同的处理。质言之，在“情—法律—罪”的进路中没有考量“辱母”的情节，而在“情—经验—罪”的逻辑中却贯穿着“辱母”的情节。基于“辱母”这一情节，于欢违反法律的行为在法律之外获得了合理性的理解，而在一审判决所建构的法律事实中“辱母”情节被切割，从而使得于欢的行为在法律与经验当中得出了不同的结论。如果站在情理法的视角，则是因为对于“情”的认识不同，导致了根据法律规范得出的“罪”在量上大大超过了根据经验得出的“罪”，从而使得一审判决一出便引起一片哗然。当然，对于作出一审判决的法官来说其实或多或少有些无奈，因为舆论是在一审判决作出之后才予以介入的，也就是说法律之外的合理性建构晚于一审判决，但是它的攻击目标却是一审判决，顺序先后的客观存在迫使化解困局的任务需要由二审法院来完成。

在二审的改判中，“辱母”情节也因此成为一个重要的认定事实，二审法官认为，“于欢及其母亲苏某的人身自由和人格尊严应当受到法律保护……且被害方有以恶劣手段侮辱于欢之母的严重过错等情节，对于欢依法应当减轻处罚”①。二审对于“人格尊严应当受到法律保护”的表述，事实上是对“辱母”这一事实应该纳入量刑情节予以了肯定。在这一大前提下，二审进一步指出“被害

① “于欢故意伤害案”［山东省高级人民法院（2017）鲁刑终151号］。

方有以恶劣手段侮辱于欢之母的严重过错”，这就进一步指出了“辱母”情节的客观存在这一小前提，从而最终得出“于欢依法应当减轻处罚”的结论。所以，实际上二审针对舆论集中关注的“辱母”情节以及由此引发的对于于欢量刑的质疑进行了一次新的证成。

值得注意的是，“辱母”情节在二审判决当中得到了远超过一审的强调。二审判决提道：

> 案发当日被害人杜某2曾当着于欢之面公然以裸露下体的方式侮辱其母亲苏某，虽然距于欢实施防卫行为已间隔约二十分钟，但是于欢捅刺杜某2等人时难免不带有报复杜某2辱母的情绪，在刑罚裁量上应当作为对于欢有利的情节重点考虑。杜某2的辱母行为，应当受到惩罚和谴责，但是于欢在实施防卫行为时致一人死亡、二人重伤、一人轻伤，且其中一重伤者系于欢持刀从背部捅刺，防卫明显过当。①

对于杜志浩的辱母行为，二审判决直接评价为“严重违法、亵渎人伦”。同时，即使“辱母”情节与于欢的防卫行为之间相隔约二十分钟，但是二审判决还是认为于欢的行为所带有的报复情绪具有一定的合理性，并将其重新纳入因果关系的考量当中。由此可见，围绕着被一审判决所忽视的“辱母”情节，二审法官一方面肯定了于欢行为具有的一定程度的合理性，同时另一方面对于辱母者的行为进行了否定性评价，这与一审判决仅仅将其描述为“被害人具有过错”是不相同的。

“辱母”情节在二审判决当中得到凸显，这是一个非常值得深入探讨的细节。我们说情理法传统能够与社会主义法治对话，

---

① “于欢故意伤害案”［山东省高级人民法院（2017）鲁刑终151号］。

一个前提就是传统中国与社会主义中国都非常重视人。正是因为重视人，情理法传统才会追求“情罪允协”。同样，既然社会主义法治也尊重和保障个人权利，那么我们就不得不思考“辱母”情节是否应当纳入案件事实的认定当中。答案是肯定的，“辱母”所冲撞的价值之于中国社会的重要性上文也已经进行了论述。因此，这就为“辱母”情节进入定罪量刑的过程提供了正当性。所以我们看到，二审的改判正是建立在“辱母”情节被重新纳入法律事实基础之上的，从而得出了与舆论相对契合的结果。质言之，二审判决在事实认定之中加入了“辱母”的情节，这实际上是对一审判决所依据的“情”进行了修正，由此得出的“罪”与根据经验得出的“罪”在量上基本相符，从而实现了对于“情罪允协”的追求。

就“于欢案”这一案件的始末来看，于欢行为的合理性建构始于一审判决之后，并且是在舆论这一非司法的场域中形成的，进而反过来对司法形成压力。最终二审法院的判决肯定了于欢行为的合理性，并通过法律原则的适用完成了对其行为合理性的合法性证成。由此我们看到，在舆论的介入下，这一案件的合理性与合法性建构同样出现了分离，并且不同于传统裁判模式中合理性与合法性的建构分离，但是二者的形成路径都是在国家权力的整体架构中展开的。在“于欢案”中，合理性的建构却是在公权力之外形成的，由此形成的合理性诉求倒逼司法系统作出相应的反应，从而推动了案件的发展，这是与传统裁判模式存在区别的。

值得一提的是，在服刑 4 年 7 个月 4 天之后，因在狱中表现良好且获得 6 次表扬奖励因而获得减刑的于欢于 2020 年 11 月 18 日出狱。面对自己的刑期从无期徒刑改为五年有期徒刑的变化，于欢表示：“判无期的时候真的心如死灰，改判到五年，是个巨大改变，我可以在年轻的时候回到家，为家做贡献。谢谢党和国家的政策，也谢谢媒体的报道和广大网友持续的关注，如果没有你们，我可能没法坐在这里说这些话。”① 然而对于自己四年前的行为，于欢也认识到了过错：“现在看当时的话，感觉当时有点冲动，自己的行为带来了伤亡，给被害人和他的家庭带来了痛苦，无法弥补。后悔触犯了法律，代价很大。”② 认识到自己的过错，感谢党和国家的政策，于欢的这一段话可以说很好地证明了当时的二审判决确实是一个兼具合法性与合理性的判决，是一个经得起时间考验的判决。

二 行政力量的进入

前文提到，传统中国在国家权力的配置上呈现出分化程度较低的特点，省级以下的地方正印官常常兼具行政与司法甚至监察权于一体。正是这样一种权力架构使得情理法传统形成了自己的诸多特色。与此同时，皇帝的角色也具有双重性，既是一国之君又是一家之父的身份使得皇权成为解决裁判合理性与合法性问题的关键。在这样一种现实下，民众对于裁判结果不服时往往倾向于将纠纷诉至更高级的官员，以求符合个体诉求的裁判结果。

以清末新政为开端，中国开启了法治现代化的进程，司法权开始从行政权中分化出来并逐渐谋求独立。1906 年清廷将大理寺改为大理院以掌最高审判权，同时在地方分别设立高等审判厅、地方审判厅以及初级审判厅。然而直至清朝覆灭，在许多地方实际上并没能按照这样的制度设计构建起现代的审判体制，而整个民国时期在广大基层社会实际上也同样没能建立起完整有效的司法机构。就国统区来说，民国政府虽然在推动地方司法权分化和独立的问题上付出了颇多努力，然而整个国统区的司法权一直受到诸如军阀、战

① 刘倩：《于欢出狱谈“刺死辱母案”：后悔触犯法律，只求妈妈不怪我》，新京报 https：//baijiahao. baidu. com/s？ id = 1683781538333028967&wfr = spider&for = pc，访问日期：2020 年 11 月 20 日。

② 刘倩：《于欢出狱谈“刺死辱母案”：后悔触犯法律，只求妈妈不怪我》，新京报 https：//baijiahao. baidu. com/s？ id = 1683781538333028967&wfr = spider&for = pc，访问日期：2020 年 11 月 20 日。

争等诸多因素的干扰，司法体制的变革在传统力量的强大影响下长期与行政权纠缠不清，并一度在传统与现代、民主与独裁的矛盾中反复拉锯，最终在蹒跚前进中异化为维持反动统治的工具。[①] 相形之下，我们党领导下的革命根据地展开了积极的探索，创造性地建立了一系列贴近实际且独具特色的司法制度，例如人民陪审制、马锡五审判方式等。尤其值得一提的是马锡五审判方式，这样一种深入基层、依靠群众、便利诉讼的审判方式，使得基层社会的矛盾能够得到切实的解决，几千年来“皇权不下县”格局下公权力在解决基层社会纠纷方面的乏力局面发生了历史性的转变。

新中国成立之后，我国的法制建设进入了新的阶段并取得了一些成果。但是随着1966年“文化大革命”的开始，公检法被“砸烂”，为了维持社会秩序，从1967年下半年开始全国实行军管，各地的革委会在事实层面取代了公检法。“在公有制基础上的高度计划经济体制，客观需要人治和政策指挥，而不需要法制。”[②] 在这样一种特殊的时代背景下，社会即使出现纠纷也不可能诉诸司法机关，司法在社会生活中应该具有的功能长期得不到发挥。1978年十一届三中全会的召开揭开了中国改革开放新时代的帷幕，中国的法制建设也重新步入了正轨。这次会议通过了《中国共产党第十一届中央委员会第三次全体会议公报》，其中明确提出：“为了保障人民民主，必须加强社会主义法制，使民主制度化、法律化，使这种制度和法律具有稳定性、连续性和极大的权威，做到有法可依，有法必依，执法必严，违法必究。从现在起，应当把立法工作摆到

---

① 例如国民政府所设立的军法法院原本主要负责审理烟毒、盗匪等严重危害社会治安的特种刑事案件，但是实际上军法法院是国民党为镇压、迫害共产党人和进步人士所设立的。甚至在1947年抗战胜利之后，国民政府虽然形式上颁布了《结束军法承审办法》，然而为了维持反动统治，全国许多地方的军法法院并未全部撤销，同时许多原本撤销了军法法院的地方政府随着解放战争的开始又陆续恢复。

② 蔡定剑：《历史与变革——新中国法制建设的历程》，中国政法大学出版社1999年版，第93页。

全国人民代表大会及其常务委员会的重要议程上来。”①

但是，传统社会行政与司法长期不分的体制，近代以来国民党治下的广大地区基层司法体制的缓慢甚至倒退发展，新中国成立以来司法在较长一段时间内未能发挥正常的纠纷解决功能，以及在较长一段时期的计划经济体制下单位承担了过多的非单位职能，种种原因叠加在一起使得民众对于纠纷的解决并不那么习惯于寻求司法的救济，相反，寻找有分量的公权力机关去解决纠纷倒是一种普遍的心理。这样一种心理即使在当下也依旧存在，典型的表现就是求助于行政机关解决纠纷，尤其是找到对方当事人的单位，借助单位的力量向对方当事人施压。“……但是对方还是不依不饶，跑到人家单位里面去闹，并且要求把女医生开除，也就在这件事情之后，女医生被迫休了几天公假，情绪也特别的不稳定，特别的差……”②还有诸如“因感情纠纷到对方单位闹”等类似新闻也常常能够看到。③

尽管这样一种心理是出于对司法的忽视或者不信赖，但是其延伸到司法场域之内也依然产生了一系列的反应。基于我国特殊的历史和现实所形成的政治体制和司法形态，“当代中国的国家与党的权力在其政权正统化的基础构筑方面，明显地是按照‘公论的直接体现者’这样一种‘非规则性的法’之逻辑而成立的。但是，国家在此同时承担了（形式上呈现出‘规则型法’的外观之）法秩

---

① 《中国共产党第十一届中央委员会第三次全体会议公报》，《人民日报》1978 年 12 月 24 日第 2 版。

② 罗嘉珍：《泳池起冲突　家长到单位闹事：将她开除！女医生不堪压力自杀》，网易新闻 http：//news. 163. com/18/0827/15/DQ7NGPOU000187R2. html，访问日期：2020 年 2 月 19 日。

③ 《因感情纠纷到对方单位闹　海口女子扰乱办公秩序被行拘》，新浪网 http：//hainan. sina. com. cn/news/hnyw/2015 - 12 - 31/detail - ifxncyar6093978. shtml，访问日期：2010 年 2 月 19 日。

序的强行推行者和最后的担保人角色”[①]。也就是说，党和国家一方面基于人民性的特点，代表了一种类似传统中国社会中的“至德”，基于对党和国家的信任，当民众对于司法裁判的结果不信任时，总是希望求助于“至德”实现自己的诉求。这样一种现实反映在司法领域内就是涉诉信访的频发。

根据有关学者的实证研究发现，绝大多数涉诉信访案件实际上在实体问题的层面并没有太大的偏颇，而且涉诉信访的高发期往往是一些特殊时间节点或者国家的重大节日。[②] 还有一些涉诉信访案件本身是可以通过正常的诉讼渠道加以处理的，但是当事人还是希望通过信访向司法施压。[③] 这恰恰表明民众在某种程度上将信访视为一种有目的的策略，并试图使自己的诉求通过非诉讼的渠道最大化地引起高层的注意，从而寻求自己认为公正的处理结果，而这恰恰与中国传统文化存在着密切的关系。“纵观我国的政治制度史和法律制度史，司法与行政合一是中华封建法制的一大特征。‘拦轿告状’和‘赴京喊冤’也系封建法制之常态。虽有历史变迁，然而百姓心中所形成的‘官’即‘法’，‘法’即‘官’，‘官愈大、权愈隆、法愈刚’的固化观念并未伴随着历史的演进而消亡。”[④]

然而另一方面，在社会主义依法治国的大背景下，党和国家又必须担起维护司法权威的重任。“今年以来，该院诉前调解案件数同比上升 11%、司法确认案件数上升 18.92%、民商事案件调撤率增加 3.35 个百分点，全市涉诉信访案件数、治安纠纷数、突发事件数同比分别下降 53%、25%、38%，实现了法律、政治及社会

---

① ［日］寺田浩明：《权利与冤抑：寺田浩明中国法史论集》，王亚新等译，清华大学出版社 2012 年版，第 390—391 页。

② 参见胡云腾《论巡回法庭的涉诉信访及其工作理念——基于第二巡回法庭工作的启示》，《中国应用法学》2019 年第 1 期。

③ 参见易虹《涉诉信访制度困境与解决机制的整合》，《江西社会科学》2010 年第 2 期。

④ 刘炳君：《涉法涉诉信访工作的法治化研究》，《法学论坛》2011 年第 1 期。

效果的有机统一。”[①] 由此可见，降低涉诉信访率以强化司法本身的权威性又是大的趋势，这就与民众的传统心理形成了矛盾。如何处理涉诉信访与司法之间的关系，一直以来也是理论界所争论的一个难题。

同样，本书对涉诉信访这一试图依靠党政机关寻求纠纷解决的方式不做价值上的评判。我们依然回到合法性与合理性的问题上来。除了那些被认为是毫无理由可言的信访会被纳入地方综合治理体系加以稳定和管控的案件之外，经过审查之后认为有必要的涉诉信访案件最终还是要回到法院，而法院则会根据情况决定是否启动再审程序。[②] 从这一过程可以看到，涉诉信访中的合理性诉求是通过借助行政机关的力量向司法机关施压的，这就区别于上一种通过舆论向司法施压的路径，但是却与传统社会的进路在本质上是一致的。不过与传统存在区别的地方在于，传统社会中行政与司法合一的体制直接为这样一种进路提供了便利，在大多数情况下找到了行政长官也就等于找到了法官。当代中国国家权力分化的事实使得当事人想要实施传统的策略就必须脱离司法系统，同时这一事实本身也为当事人通过行政机关以施压于司法机构提供了可能。但是即使这一进路行得通，来自行政的压力使得法院决定启动再审程序之后，当事人的合理性诉求最终还是需要通过诉讼程序来获得合法性。

因此，这样一种进路实际上和第一种通过舆论的压力向司法机关施压就合理性与合法性的角度来看同样是一致的。合理性的内容没有直接通过正常的诉讼渠道获得合法性的证成，而是通过司法之

---

① 蔡蕾、王亚峰：《推动矛盾纠纷源头化多元化解决——湖北潜江法院创新发展新时代“枫桥经验”纪实》，《人民法院报》2019 年 10 月 09 日第 4 版。

② 需要注意的是，审查的主体并非一定是法院。除了法院本身内部设有专门处理涉诉信访的机构之外，党委、人大、政府常常也是处理涉诉信访的主体，在认为确有必要时，他们会以建议或者批示等方式要求法院“复查处理”或“依法纠正”。参见易虹《涉诉信访制度困境与解决机制的整合》，《江西社会科学》2010 年第 2 期。

外的力量将合理性的诉求反馈甚至是施压于司法机关，从而使得司法机关或被动或主动地通过诉讼的渠道赋予其合法性。也就是说，合法性与合理性的建构同样没能在司法的场域中予以共时性地完成，二者同样是存在一定分离的。对于坚持形式合理性的现代法治来说，这样一种分离是不正常的，但是这样一种分离却是与我们的传统存在紧密联系的。所以，如何处理这种分离，情理法传统不仅仅为我们提供了一个可资借鉴的视角，更重要的是它直接影响了当代的司法实践。

第五章　古为今用：情理法的现实意义

第一节　前提性问题的廓清

当我们把问题集中到情理法传统对当代司法可能产生的意义上来时，有几个问题是需要廓清的，其中首要的问题就是关于合理性与合法性之建构的几种模式，当代中国的法治建设应该如何取舍的问题。

一　当代司法的模式选择

通过前文的分析，我们可以把传统司法与现代司法对合理性与合法性之关系的处理模式用图 5.1 表示出来。

如果把司法活动看作一个系统，由于传统中国在省级以下行政与司法合一，由此在司法这个系统中难以将行政权排除。虽然并非所有案件都必须由皇帝最后作出终局性的裁决，但是由于特殊的审级制度、各级裁判者极为有限的自由裁量权以及一些特殊制度本身的规定，大量的疑难案件在事实上是要由皇帝作出最终裁决的。因此，传统司法在重罪类案件尤其是对其中疑难案件的处理上呈现出来的是一种合理性与合法性相分离的模式，也就是这个图的左框部分。

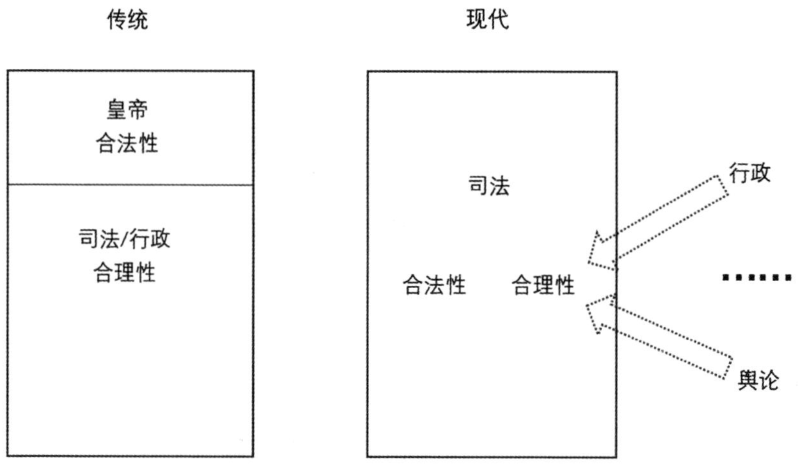

图 5.1　传统与现代对合理性与合法性的处理模式图

这种建立在皇权至高无上、司法与行政合一前提之上的处理模式，尽管从形式上看在当代社会已经不再存在，民众长期以来诉诸司法本身以外的力量以寻求个案正义的传统也不再具有制度基础，但是这样一种长期形成的民族心理在当代中国却依然存在，其典型样态便是诉诸行政与舆论的力量进而向司法施压。一方面，由人所组成的社会在本质上一定存在某些类似于“自然法最低限度的内容”的普适价值和规律，同时社会主义法治建设的发展进程也显示出形式合理性应该成为当代司法实践所追求的目标。因此，当代司法的理想类型应该是上图中不包含虚线箭头的右框。因为根据我国的制度设计，任何一级法院所作出的裁判都是能够产生既判力的，即合理性与合法性的建构应该是在司法系统之内同步生成的。[①] 这

① 虽然根据我国二审终审的制度设计，一审法院作出的裁判必须在上诉期届满且当事人没有上诉或者检察院没有抗诉的情形下才能生效，但是据此认为一审法院的裁判不具有既判力显然也是不合适的。此外，确实存在即使二审终审之后又启动再审程序的情形，但是这样的情形本身就是与二审终审的制度设计存在一定抵牾的，以此非常态的设计否认二审终审进而否认生效判决不具有既判力当然也是站不住脚的。

样一种关系正如哈贝马斯所指出的那样："为了实现法律秩序的社会整合功能和法律的合法性主张，法庭判决必须同时满足判决的自洽性和合理的可接受性这两个条件。因为两者不容易调和，两套标准必须在司法实践中达成妥协。"[①] 所谓"判决的自洽性"和"合理的可接受性"，实际上就是我们强调的合法性与合理性。

但是我们也要看到另外一方面，任何事物都是普遍性与特殊性的统一。作为自然的人，不同种族之间的差异并没有质的分别，但是作为社会的人一定是存在自身的特殊性的。因此，这就要求我们必须看到中国社会的特殊性，而对于西方法治文明所倡导的三权分立就必须谨慎对待。同时，我国人民当家作主的国家性质也决定了我国司法权的性质不同于西方三权分立语境之下的司法权。由此就需要我们进一步思考，当代中国的司法实践应该采取哪一种模式才是最适合自身道路的选择。

既然中国的法治建设不可能完全脱离司法的普遍性规律，同时也不可能忽视自身的特殊性，这就意味着，尽管形式合理性是社会主义法治理应追求的目标，但是基于中国社会的特殊性，如何处理司法实践当中那些看似非正常的合理性建构模式，就决不能简单地采取批评、漠视甚至取缔的态度和方法。正如达马什卡所言："程序创新的命运在很大程度上并不取决于那些喜欢欣赏规则之完备性的法律人。改革的成败主要取决于新规则与某一特定国家的司法管理模式所植根于其中的文化和制度背景的兼容性。"[②] 例如对于涉诉信访，尽管从总体上看国家层面和理论探讨对其都持一种否定的态度，但是在现有条件下这一制度并没有被立即废止，相反，如何以更加制度化乃至法治化的方式将其纳入国家治理体系当中反倒是

① ［德］哈贝马斯：《在事实与规范之间：关于法律与民主法治国的商谈理论》，童世骏译，生活·读书·新知三联书店2003年版，第245页。

② ［美］米尔伊安·R. 达马什卡：《司法和国家权力的多种面孔》，郑戈译，中国政法大学出版社2015年版，第45页。

理论与实践更加关注的问题。①

因此，从合理性与合法性的不同建构模式出发我们看到，当代中国的法治建设需要在正确认识自身条件的前提下，客观地审视传统司法文化与西方法制文化对于当下我国司法实践的影响。所以，本书的一个基本判断是：未来中国司法实践的正向发展需要在坚持和完善形式合理性的同时，将尚未具有合法性但是具有合理性的渠道以制度化的方式纳入形式合理性的框架之中。

二　自由裁量权的扩大

除了以制度化的方式完善法律体系本身的形式合理性之外，本书认为当代中国的司法实践如果要注重合理性的建构，那么司法者的裁判说理需要在未来得到重视与加强。作出这一判断是因为传统司法与现代司法在自由裁量权的问题上存在着巨大的差异，而这一点恰恰是现代司法为实现实质合理性所提供的一条重要路径。

对于这个问题，其实前文在谈及清代律例过于具象时已经涉及了，但是此处仍然需要进一步加以补充说明。一方面，《大清律例》中律例的抽象程度较低，对于犯罪构成的规定过于具体，这就使得裁判者在对“情”（此处显然是指事实性的“情”）的认定上受到较为严格的限制。另一方面，《大清律例》采取了绝对法定刑的立法模式，从而使得裁判者在适用“罪”的决定上同样受到了严格的限制。由此，在“情”的认定和“罪”的适用两个方面受到了双重限制的裁判者，在定罪量刑的过程中发挥自由裁量权的空间非常有限。然而，这样的现实显然不能应对变动着的纷繁复杂的社会生活，当现有律例不能为裁判者提供合法性的依据时，一旦裁判

① 对此可参见孙洪山《新时代人民法院涉诉信访治理的现实路径》，《理论视野》2018 年第 7 期；陈发桂：《从防控到善治：涉法涉诉信访法治化建构的制度逻辑》，《理论导刊》2017 年第 6 期；王帅、郭志远：《涉诉信访法治化运行研究》，《理论视野》2017 年第 3 期。

者想要作出超出律例内容规定的裁判，案件的终审权就自动转移到了皇帝的手中。相应地，此前各级原本享有终审权的裁判者对案件的处理，也由此变成了一种不具终局效力的处理意见。

也正是出于这样的现实，寺田浩明教授认为清代司法不存在现代意义上的法律解释，“其实最明显的一个区别就是在中国那样的体制下，官员处理严重的刑事犯罪只限于拟订判决原案并向皇帝呈报，官僚本身并非独立的判断主体。……这样看来，传统中国的成文法虽然早就存在，而且类似法律解释那样的实务也一直在进行，但是却不可能出现与西方法学的‘法源论’相对应的观念”①。寺田浩明教授的这一判断恰恰是建立在清代官员自由裁量权极为有限这一基础之上的。正是因为裁判者拥有的自由裁量权空间在中央集权的体制下被极大地压缩，而律例却难以应对复杂的社会生活，因此传统司法不得不依靠一系列的裁判技术和特殊制度来解决这一问题，从而形成了传统司法在解决合理性与合法性问题上的独特面向。

与此不同的是，当代法律的立法语言不仅在抽象程度上高于传统社会的法律，并且在立场上也基本上抛弃了绝对法定刑的立法模式。就我国现行刑法的规定来看，除了极个别的罪名还保留绝对法定刑的规定之外，几乎所有的罪名都采取了相对法定刑的立场。②这一立法模式上的区别实际上给予了当代司法者较为充分的自由裁量权。与此同时，还有包括犯罪的动机、手段、对象、结果、态度等酌定情节的存在，以及立法对“可以”与“应当”进行的区别使用，这些都使得司法者的自由裁量权不仅能够容纳更多的事实性

---

① ［日］寺田浩明：《权利与冤抑：寺田浩明中国法史论集》，王亚新等译，清华大学出版社2012年版，第446—447页。

② 《中华人民共和国刑法》第一百二十条规定：“以暴力、胁迫或者其他方法劫持航空器的，处十年以上有期徒刑或者无期徒刑；致人重伤、死亡或者使航空器遭受严重破坏的，处死刑。”其中后半段处死刑的规定就是一个典型的绝对法定刑，也是现行刑法中为数不多仍然保留了绝对法定刑的规定。

的“情”，同时在“罪”的选择上也有了余地。

正是因为存在这样的差异，所以对于情理法传统中诸多裁判技术的运用并不能解决裁判的合法性问题，尽管各级裁判者的许多论证都相当精妙，但是皇权控制下的司法体制并没能为他们提供可行的空间。虽然传统裁判者的许多论证没有既判力，并且这些论证在很大程度上是基于科层制下整个体制的压力而不得不为之，然而相比起现代司法裁判说理的薄弱，这些论证不仅推动了裁判合理性的建构，并且常常让现代人感到“合情合理”。相反，当代中国的制度设置使得任何一级法院的裁判都具有产生既判力的可能，这也就从形式上解决了裁判的合法性问题。所以，自由裁量权的存在使得司法者完全有能力并且也应该主动在合法的空间范围内解决裁判的合理性问题。因此，在这样一种背景下，当代司法者的裁判说理就显得尤为重要，而传统裁判者在这方面的经验则显得更加宝贵。因此从某种意义上讲，社会主义法治所赋予的当代司法者远高于传统裁判者的自由裁量权，在很大程度上已经化解了“法有限而情无穷”的困境。

正如波斯纳所指出的：“修改和解释是相互作用的；正式修改文件越是困难，就越是需要灵活的解释。”[①] 既然现代的司法不可能像传统那样在“律例无正条”时借助皇权来解决问题，同时形式合理性的要求又使得司法者不可能对现有法律作出实质性的突破，此时对司法者来说最为有效的方式就是裁判说理，尤其是通过以法律解释为代表的裁判技术在自由裁量权的空间内实现实质合理性的要求。因此我们可以在上文的基础上作出进一步的判断，即除了以制度化的方式将那些具有合理性的非制度化渠道纳入形式合理性之外，情理法传统在当代司法实践当中很大一部分功能的发挥将分化

① Richard A. Posner, *Overcoming Law*, （Cambridge：Harvard University Press, 1995）, p. 245.

到裁判说理的场域中去。

三　合理性不意味着牺牲合法性

还有一个问题也是需要拿出来特别强调的。这个问题是：在社会主义法治的语境下强调以追求实质合理性为核心的情理法传统，是否会与形式合理性相悖？质言之，强调合理性是否会以牺牲合法性为代价？因为情理法传统的核心是实质合理性的建构，我们也一直在围绕这个核心展开论述，这难免会给人造成一种矫枉过正的印象。对此，如果我们从微观的角度对司法实践中的个案继续进行考察就会发现，答案并非如此。我们以同样引起舆论高度关注的“陆勇案”即电影《我不是药神》的原型为例展开论证，此案的大致案情为：

陆勇原本是江苏一家针织品出口公司的老板，2002 年年仅 34 岁的他被检查出患有慢粒白血病。随后陆勇服用了两年医生推荐的瑞士诺华公司生产的一款名为格列卫的药，总计花去了 56.4 万元。与此同时具有与格列卫相同治疗效果的印度仿制药，其价格每盒仅为 4000 人民币。不堪重负的陆勇于是开始从海外购进印度仿制药自服，在看到具有良好治疗效果之后，陆勇将此款药推荐给其他病友，并且帮他们无偿进行代购。在代购过程中，陆勇曾通过淘宝网购买了三张借记卡，并使用其中一张进行代购的相关活动。后经查证，陆勇先后替病友代购了价值约 120000 元的 10 余种抗癌药品，其中有三种药品经查系未经我国批准进口的药品。2013 年 8 月，湖南省沅江市公安局在查办一起网络银行卡贩卖团伙时将曾经购买银行卡的陆勇抓获。2014 年 7 月 21 日，沅江市人民检察院以妨害信用卡管理罪与销售假药罪对陆勇提起了公诉。其间经过多次取保候审、补充侦查以及审查起诉，2015 年 2 月 26 日沅江市人民检察院作出了不起诉决定书，陆勇最终无罪释放。

此案的关键之处在于，陆勇的行为是否构成“销售假药罪”。

在沅江市检察院作出的《关于对陆勇妨害信用卡管理和销售假药案决定不起诉的释法说理书》中，对于陆勇的行为不构成销售假药罪的理由，沅江市检察院以多种方法进行了解释。例如检方认为：

> 陆勇的行为不是销售行为。所谓销售即卖出（商品）。在经济学上，销售是以货币为媒介的商品交换过程中卖方的业务活动，是卖出商品的行为，卖方寻求的是商品的价值，而买方寻求的则是商品的使用价值。全面系统分析该案的全部事实，陆勇的行为是买方行为，并且是白血病患者群体购买药品整体行为中的组成行为，寻求的是印度赛诺公司抗癌药品的使用价值。……如果将陆勇的行为当成印度赛诺公司的共同销售行为，也就混淆了买与卖的关系，从根本上脱离了判断本案的逻辑前提，进而必将违背事实真相。①

检察院围绕着“销售”一词对陆勇的行为进行的详细论证显然属于文义解释。此外，检察院还通过对销售假药罪本身的立法变迁和相关司法解释的梳理，在探究立法目的的基础上指出：“陆勇的行为没有侵犯他人的生命权、健康权。犯罪行为的社会危害性表现为对刑法所保护的客体的侵害。……保护人的生命权、健康权是销售假药罪立法的核心意旨。……陆勇是在自己及病友无法承担服用合法进口药品经济重负的情况下，不得已才实施本案行为。”② 这里又运用了目的解释的方法。所以，面对可能出现的“情罪未协”的情况，检方通过对于多种法律解释方法的运用对陆勇的行为不构成销售假药罪进行了论证。

---

① 沅江市人民检察院《关于对陆勇妨害信用卡管理和销售假药案决定不起诉的释法说理书》。

② 沅江市人民检察院《关于对陆勇妨害信用卡管理和销售假药案决定不起诉的释法说理书》。

然而需要注意的是，对于陆勇所代购的药品是否属于假药，检方同样是严格按照法律的相关规定予以认定的。对此，《中华人民共和国刑法》第一百四十一条规定：

> 生产、销售假药的，处三年以下有期徒刑或者拘役，并处罚金；对于人体健康造成严重危害或者有其他严重情节的，处三年以上十年以下有期徒刑，并处罚金；致人死亡或者有其他特别严重情节的，处十年以上有期徒刑、无期徒刑或者死刑，并处罚金或者没收财产。本条所称假药，是指依照《中华人民共和国药品管理法》的规定属于假药和按假药处理的药品、非药品。①

那么什么是刑法意义上的假药呢？《中华人民共和国药品管理法》第四十八条对“假药”进行了列举式说明。② 从法条的规定可知，假药实际上分为两种，一种确确实实是真的假药，另一种是拟制的假药。真实的假药是指“药品所含成分与国家药品标准规定的成分不符的”或者“以非药品冒充药品或者以他种药品冒充此种药品的”，也就说凡是量未能达到国家标准或者以他物冒充此物的都属于真实的假药。拟制的假药本身在量或质上均无问题，只是因为某些外在的条件而将其认定为假药。对此，《中华人民共和国药品管理法》中列举了六种情形，其中符合“陆勇案”的是第二种：“依照本法必须批准而未经批准生产、进口，或者依照本法必须检

① 1997 年《中华人民共和国刑法》第 141 条（2017 年修正）。

② 《中华人民共和国药品管理法》第 98 条：“有下列情形之一的，为假药：（一）药品所含成份与国家药品标准规定的成份不符的；（二）以非药品冒充药品或者以他种药品冒充此种药品的。有下列情形之一的药品，按假药论处：（一）国务院药品监督管理部门规定禁止使用的；（二）依照本法必须批准而未经批准生产、进口，或者依照本法必须检验而未经检验即销售的；（三）变质的；（四）被污染的；（五）使用依照本法必须取得批准文号而未取得批准文号的原料药生产的；（六）所标明的适应症或者功能主治超出规定范围的。”

验而未经检验即销售的。"[①] 质言之，即使是国外生产的真药，如果没有经过国内相关部门的批准而进口都会被认定为假药。陆勇从印度代购的药品中有三种药确实未经我国批准进口，按照现行法律的规定将其视为"假药"确实无可厚非。

但是，除了陆勇的行为本身难以构成"销售"之外，真正在"假药"的问题上将陆勇出罪的关键点是两高《关于办理危害药品安全刑事案件若干问题的解释》中第十一条第二款的规定："销售少量未经批准进口的国外、境外药品，没有造成他人伤害后果或者延误诊治，情节显著轻微危害不大的，不认为是犯罪。"[②] 所以，即使是在"假药"问题上对陆勇所作的出罪解释，检方也是先肯定其假药的性质，再根据相关司法解释进行的论证。由此我们看到，陆勇案中的检方在通过法律解释论证陆勇是否构成销售假药罪时，并没有突破法律规范本身的内容。质言之，检方的不起诉决定不仅具有合理性，而且也没有以牺牲合法性为代价。

结合上文提到的"于欢案"会发现，尽管当代司法有时会因为种种原因而忽视裁判的合理性建构，但是绝大多数案件最终都能够达成一个兼具合理性与合法性的判决。例如在"于欢案"中，如果细究支持于欢行为的舆论，其中潜在的内在逻辑可以表达为："儿子可以通过暴力手段保护母亲不受侮辱。"如果在传统中国，即使找不到类似的律例，这样一个逻辑也足以成为证成于欢行为具有合理性的前提。这也是传统中国尽管并没有承认复仇的合法性，但是当面对复仇案件时国法几乎都做出了让步的原因。然而按照当代司法的一般规定，如果没有明确的法律规范作为大前提，司法者是不能够作出相应裁判的。就于欢案来说，我们看到二审对于"辱母"情节的证成，其大前提是"人格尊严应当受

---

① 1984 年《中华人民共和国药品管理法》第 3 条（2015 年修正）。

② 《最高人民法院、最高人民检察院关于办理危害药品安全刑事案件若干问题的解释》第 11 条第 2 款，（法释［2014］14 号）。

到法律保护”，小前提是“被害方有以恶劣手段侮辱于欢之母的严重过错等情节”。由此可见，司法者得出“对于欢依法应当减轻处罚”的结论是通过法律原则的适用推导出来的，并且司法者通过法律原则的适用巧妙地替换了“儿子可以通过暴力手段保护母亲不受侮辱”这一潜在的逻辑，并最终在法律规范的框架内得出了一个兼具合法性与合理性的判决。对此，作为“于欢案”二审合议庭审判长的吴靖面对采访时说道：“作为受到社会如此关注的一个案件，我们怎样通过二审的开庭审理，最大限度地还原整个案件的事实情节，并且在此基础上通盘考虑天理、国法、人情，最终依法作出裁判。”①

再比如在“赵春华案”中，一审法院以非法持有枪支罪判处被告人赵春华有期徒刑三年六个月。② 尽管社会舆论对此反响极其强烈，但是二审法院还是维持了一审判决的定罪部分即非法持有枪支罪，同时在量刑上将有期徒刑三年六个月改为有期徒刑三年，缓刑三年。但是即使是从有期徒刑三年六个月改为有期徒刑三年，这也仍然在“非法持有枪支罪”的法定刑范围之内。同时对缓刑的适用，二审法官也是严格依照刑法对于缓刑的相关规定作出的。因此，二审判决依然没有突破现有法律规范的框架。

由此可以看到，我们在社会主义法治的语境下向情理法传统汲取经验，并不意味着强调裁判的实质合理性就要抛弃形式合理性的

① 马学玲：《为何由无期改判5年？于欢案二审主审法官释疑》，中国法院网https：//www.chinacourt.org/article/detail/2018/01/id/3179949.shtml，访问日期：2018年10月2日。

② 此案案情较为简单：赵春华系51岁妇女，2016年8月至10月12日在天津市河北区李公祠大街亲水平台附近摆设射击摊位谋生。2016年10月12日晚22时，公安机关在巡逻过程中发现赵春华上述行为并将其抓获，当场查获涉案枪形物九支及相关枪支配件、塑料弹。经天津市公安局物证鉴定中心鉴定，涉案9支枪形物中的6支为能正常发射、以压缩气体为动力的枪支。一审法院以非法持有枪支罪判处被告人赵春华有期徒刑三年六个月。随后被告人赵春华不服，以其不知道持有的是枪支，没有犯罪故意，行为不具有社会危害性且原判量刑过重为由提出上诉。二审法院维持了一审判决的定罪部分即非法持有枪支罪，但是在量刑上将有期徒刑三年六个月改为有期徒刑三年，缓刑三年。

要求。同时，如果我们将传统与现代进行对比会发现，“于欢案”中的法律原则和“陆勇案”中对法律解释的灵活运用，这些都能在情理法传统中找到对应的裁判技术，而“赵春华案”中所适用的缓刑，恰恰在功能上发挥着结果矫正的作用。

当然，简单地做这样一个对比，意义是不大的。如果按照徐复观先生将传统在理论上进行的区分，即“低次元传统”和“高次元传统”，那么，这些在裁判技术和特殊制度层面表现出来的情理法传统还只是一种“低次元传统”。[①] 在徐复观先生看来，高次元的传统才是传统的本质。那么就情理法传统而言，其中体现出来的对于人的重视以及由此形成的对裁判合理性的追求则是具有穿透力与生命力的一种“高次元传统”。我们接下来就将在这些“高次元传统”的引导下，去探讨情理法传统对于当代司法实践的独特意义。

第二节　情理法的概念意义

本书从选题到切入都是围绕着情理法这一概念展开的，因而我们需要在立足于全文的基础之上首先做一个总结性的说明，虽然这样的总结未必是成功的但是必要的。

一　逻辑的整理

本书的第一章基于前人的研究，初步将情理法定义为裁判合理性的建构过程。由于合理性的具体内容并非唯一且固定，所以这一概念本身是具有一定的开放性的，它既可以容纳传统司法强调的天理、人情，也可以容纳社会主义法治强调的公平、正义等价值。更为关键的问题在于，合理性的提出不仅是对过分推崇理性乃至将理

① 参见萧欣义编《徐复观文录选粹》，台湾学生书局1980年版，第110—111页。

性绝对化的纠偏，同时它还引入了人的因素，从而将合理性作为一种评价的标准。此外，情理法传统之所以能够实现与社会主义法治的对话，其中最根本的连接点就是“人”，虽然二者对于“人”的处理存在着“子民”与“公民”的巨大差别，但是在对“人”的重视上却是相同的。因此，以合理性这一概念作为情理法的内核，不仅能够超越传统与现代在语境上可能存在的差异，同时以“人”为连接点更是保留了传统与现代最大的公约数。

但是，也正是因为对于“人”的处理存在着质的不同，所以尽管都是强调裁判合理性的建构，情理法在传统和现代的不同语境中呈现出了一系列的差异。传统中国语境下的“人”是深嵌在“天—君—民”这一结构之中的，“人”作为“子民”的地位决定了传统法律制度必然缺乏对限制权力和保障权利的思想自觉。因此，传统司法实践虽然也高度注重裁判的合理性问题，并由此生出“情罪允协”的价值追求，但是传统裁判者追求“情罪允协”的具体过程却与社会主义法治的诸多精神和特点相违背，最突出的表现就是看似与罪责刑相适应原则类似的“情罪允协”，实则却缺乏罪刑法定原则作为限制。

罪刑法定原则的实质是对权力的限制和对权利的保障，这也是社会主义法治建设中的两个重要主题，而在这背后伴随的是我党带领着全体中华儿女推翻三座大山实现人民当家作主并日益走向民族复兴的伟大历程。因此，社会主义语境下的现代司法同样重视裁判合理性的建构问题，但这是建立在强调限制权力和保障权利两大基石的前提之上的。从前文的论述我们可以看到，当代的司法者在建构裁判合理性时是严格地在法律规范的框架内进行的，不管是通过对于具体的司法技术还是某一特殊制度的运用，司法者都不得违背现行法律的相关规定，亦即不得突破形式合理性的要求。

由此可见，尽管情理法传统中也明显地体现出了对于人的重视，但是其与社会主义语境下的“人”具有质的差别，并由此导致了直接在社会主义法治语境中探讨情理法传统的诸多障碍。但是，这并不意味着情理法传统对于我们当下的法治建设来说就不再具有意义，传统司法者围绕着裁判合理性的建构而衍生出来的一系列技术、制度以及背后的理念，都是当代中国的司法实践应该重视的宝库。这不仅是因为裁判合理性的建构问题是一个具有普遍意义的司法规律问题，同时这还是由我国的国体与政体决定的。因此，从根本上讲，正是人民在国家生活中的主体地位为我们在社会主义法治建设中再谈情理法传统提供了可能。尤其是限制权力和保障权利这两大前提的确立使得情理法传统中消极面向产生的根基被消解，而情理法传统中的积极面向则能够基于人民的主体地位得到更好的借鉴与发扬。同时，也正是因为人民的主体地位决定了我们必须比传统社会更加重视裁判合理性的建构问题。因为，正如传统裁判者对“情罪允协”的追求关乎自身地位的正当性问题，作为解决纠纷的最后一道防线，司法裁判如果不能做到合法性与合理性兼具，长此以往司法权威和司法公信力都将受到严峻的挑战，甚至可能引发一系列社会问题。

因此，我们在社会主义法治的大前提下再谈情理法，其内核依然是裁判合理性的建构，这是没有大问题的，但是当代对于这一概念的使用所置身的具体语境和实践已经发生了重大的变化。因此，如果立足于情理法传统的逻辑对前文的论述做一个总结，我们看到裁判合理性的建构问题仍然是当代司法应该关心的重点，即我们首先需要考量是否出现“情罪未协”的情形，其思考的路径应该按照如何从“情罪未协”到“情罪允协”，其中有以下几个要点需要注意：

第一，如果“情罪未协”，司法者是通过怎样的司法技术或特殊制度对情罪关系进行的矫正；

第二，司法者所运用的司法技术或特殊制度是否突破了法律规范的框架；

第三，司法活动从整体上看是否体现了对于权利的保护。

将这些内容总结起来，我们对现代个案所作出的情理法的分析可以表述为：基于对权利的保护，司法者通过对某一司法技术或特殊制度的适用，在法律规范的框架中对失衡的情罪关系进行了矫正，从而实现了“情罪允协”的目的。

二　情理法的再定义

围绕着这样的表述，我们基本能够抓住情理法传统在社会主义法治这一语境中的要点。但是，如果要以此定义社会主义法治视野下的情理法的话，又会稍显啰唆。因此，如果既要区别于传统中国的情理法现象，又要显得精确且简洁的话，本书认为我们可将情理法在社会主义法治语境中的定义进一步完善为：司法者依据法律规范建构裁判合理性的过程。这一定义看似只是无关痛痒地对上述的表达进行了简化，但事实上其中蕴含了前文论证的诸多关键信息，以下将对此进行补充与说明：

第一，裁判的主体是司法者。对司法者的主体地位进行强调表明了司法的专门化和职业化的特点，而司法能够走向专门化和职业化意味着国家权力在配置上出现了一定程度的分化。与此相对照，里赞教授对传统中国的评价是非常具有启发性的，他指出：“从现代西方三权分立的视角看，清代州县对诉讼的审断是司法行为。然而在中国，当时州县是统管一方的牧民之官，审断诉讼不过是他治理地方职责的一个部分，故其审断行为应看作政务而非司法。县衙不同于现代意义的法院，州县也不同于现代意义的法官。”① 所以，在社会主义法治的语境下定义情理法，首先应该从主体上加以区别，由此区别于传统中国的情理法现象。强调司法者作为情理法的主体，这不仅排除了省级以下地方政府的

① 里赞：《司法或政务：清代州县诉讼中的审断问题》，《法学研究》2009年第5期。

正印官兼具多种权力于一身的情形，同时还排除了非具有法定审理权限的人员参与司法审判的可能，从而真正地体现了“人民法院依照法律规定独立行使审判权，不受行政机关、社会团体和个人的干涉”。也正是因为主体存在区别，因此本书在传统的意义上描述情理法时用的是“裁判者”，而在当代的语境中使用的则是“司法者”。

第二，裁判的依据是法律规范。裁判依据的不同是情理法在传统与现代的司法实践中产生差异的重要表现。“依据法律规范”不仅意味着司法者建构裁判合理性的过程只能在法律规范的框架中进行，同时还意味着司法者据以定罪量刑的依据也不得超越法律规范的范围，亦即法律规范应该对司法者产生程序与实体两个方面的限制，司法者不得违背形式合理性的要求。所以，强调法律规范作为裁判依据的标准，其中隐含着立法权对司法权的限制，这和强调司法者的主体地位一样，也是国家权力分化的结果。

第三，合理性依然是情理法的核心，并且合理性的具体内容应该是非本质化的。强调裁判主体和裁判依据是为了突出情理法传统中的消极面向在社会主义法治的语境中能够被抑制，但是这并没有抹杀合理性作为情理法概念的核心地位。正是因为合理性的要求，才促使我们反思现代司法可能存在的问题，情理法传统才有了与社会主义法治进行对话的需要。那么，合理性的内容是什么，究竟应该以什么样的标准来判断合理性？这与合理性这一概念本身产生的背景是一致的，它需要以人作为判断的标准。基于当代中国的社会主义性质，合理性的判断需要立足于人民的主体地位。同时，人民的具体需要是随着社会经济的发展而发生变化的。因此，在当代中国的语境中，合理性应该是以当前的物质条件为基础，以符合人民群众的根本利益为判断标准的。

第四，这一定义隐含着社会主义法治对于“人”的理解。虽然没有直接强调“人”的因素，但是通过前面三点的分析可以看到，无论是强调司法者的主体地位，还是强调裁判依据和合理性的内容，都包含了社会主义法治的两个重要主题——限制权力和保障权利，而这两个主题的背后则是以社会主义法治对于“人”的理解作为基石的。在当代中国，人民在国家各项生活中的主体地位同样是寓于对情理法的定义当中的。因此，该定义尽管没有直接提到“人”，但是其中的几个要点却处处隐含着“人”的因素，这是需要特别指出的。

因此，尽管此处看似只是在第一章对于情理法内核廓清的基础上稍微进行的补充，但是其中暗含了从传统到现代，从“子民”到“公民”的重大转变。这种转变使得情理法传统与社会主义法治相悖的消极面向能够得到有效的抑制，同时其中具有的积极功能也可以被更好地发扬。

基于全文的论证，本书在最后对作为独立概念的情理法的内涵进行了再定义。然而，正如郑成良教授在《法律之内的正义：一个关于司法公正的法律实证主义解读》一书的结束语中曾提到的那样：“这种分析所能够发挥的作用是非常有限的，它只能说服那些不需要说服的人，而需要说服的人永远不会被说服，如果我们抱有这种不切实际的奢望的话。”① 这段话用来描述本书对情理法作为独立概念的定义也许同样是适用的。

所以，将情理法作为独立概念的内涵进行廓清或许对难以说服的人来说并不能称之为意义，但是这确实是本书认为首要且必要的工作。本书从阅读文献的阶段伊始就发现，“情理法”这一符号的使用长期存在着合成概念与独立概念的混同局面。虽然合成概念通过与其他动词结合之后在内涵上与独立概念基本一致，但是一个缺

① 郑成良：《法律之内的正义：一个关于司法公正的法律实证主义解读》，法律出版社 2002 年版，第 191 页。

乏完整意义的合成概念显然难以成为学术研究的工具。因此，本书一直坚持独立概念与合成概念的两分，并且一直尝试在统合前人研究的基础上抽象出一个具有共识性的情理法概念。本书认为，以裁判合理性的建构作为独立概念的内核能够体现不同观点的最大公约数，也符合历史实践的基本样貌。所以，如果说本书的努力尚且还算有那么一点学术贡献的话，对于情理法作为独立概念的理论廓清应该可以视为一点微不足道的理论意义。

此外，本书之所以选择情理法作为研究对象，一个关键的原因是对于中国法学研究和法治建设的主体性思考，这也是本书在导论中首先予以强调的内容。通过全书的论证可以看到，情理法这个概念确实勾连着古今，同时又充分体现了中国传统法律文化的诸多特色。也正是因为本书的研究进路和取向决定了本书的论证思路应该尽量置身于中国自身的语境，因此在逻辑的论证和具体内容的阐释上，本书也尽量避免照搬西方的概念。但是，由于研究者的学术能力有限，并且对于主体性的回答也超出了本人的研究能力，因此本书的具体内容或许仍然还有许多值得商榷的地方，这样一种尝试回答主体性问题的研究进路可能还有待继续完善。但是，本书始终没有忘记研究的初衷。因此，和廓清情理法作为一个独立概念的努力一样，对于主体性的回应或许可以视为本书另外一点不够成熟的理论意义。

第三节　情理法的实践意义

一　“以人为本”的理念

情理法传统中体现出来的对于人的重视，是值得当下的司法实践借鉴与学习的首要内容。透过本书的分析可以看到，情理法传统是中国传统文化在司法领域的充分反映，它的背后蕴含着传统中国人对自身、对社会乃至对国家和自然的深刻理解。尽管其中存在着一些与社会主义法治相悖的内容，但是这并不妨碍其通过创造性转化为当代所借鉴。

“一种思想的普遍性则取决于此思想中是否面对普遍意义上的政治、社会、历史、文化、人生的问题提出具有普遍性的思考。”[①] 只要社会是由人组成并且法律所调整的对象是人这一大的前提不变，我们思考法律问题的出发点和落脚点就始终应该是人。正是因为这个大的前提是古今中外所相通的内容，所以作为新自然法学派的代表人物，富勒才会提出法治八项原则并将其视为“法律的内在道德性”，其中“可为人遵守”恰恰表明了对于人的尊重。[②] 而身为实证主义法学的代表人物，哈特也不得不在其理论大厦中为“自然法最低限度的内容”留出一席之地。[③] 由此可见，情理法传统强调对人的重视是具有超越时空的普适意义的。

这种意义在当代中国的大背景下更加凸显。新中国成立以来，我国的法治建设在取得长足发展的同时也走了一些弯路。人们逐渐认识到，“依法治国，不仅是法治国家的基本治国方略，也是近、现代法制文明所确立的一条基本公理”[④]。通过对经验和教训的总结，党和国家领导人逐渐形成了依法治国的理念。1997 年 9 月，党的十五大报告提出“依法治国，建设社会主义法治国家”。这是我们党首次将依法治国作为治国理政的基本方略。1999 年 3 月 15 日，九届全国人大二次会议通过了宪法修正案，其中将宪法第五条增加一款作为第一款，规定：“中华人民共和国实行依法治国，建设社会主义法治国家。”[⑤] 依法治国由

① 陈来：《儒学通诠：陈来学术论集》，孔学堂书局 2015 年版，第 87 页。

② 参见张文显《二十世纪西方法哲学思潮研究》，法律出版社 2006 年版，第 52—55 页。

③ H. L. A. Hart, (*second edition*) *The concept of law* (Oxford: Oxford University Press, 1994), p. 193.

④ 郑成良、董进宇、霍存福：《论依法治国之法理要义》，《吉林大学社会科学学报》1996 年第 4 期。

⑤ 1999 年《中华人民共和国宪法修正案》第 13 条。

此入宪。在社会主义建设事业的各项内容逐渐步入法治轨道的过程中，人民的主体地位也在依法治国的方略中不断得到凸显。在党的十八届四中全会通过的《中共中央关于全面推进依法治国若干重大问题的决定》中明确指出："人民是依法治国的主体和力量源泉，人民代表大会制度是保证人民当家作主的根本政治制度。必须坚持法治建设为了人民、依靠人民、造福人民、保护人民，以保障人民根本权益为出发点和落脚点，保证人民依法享有广泛的权利和自由、承担应尽的义务，维护社会公平正义，促进共同富裕。"①

所以，中国特色社会主义法治体系不仅强调依法治国，同时也强调人民在依法治国中的主体性地位。这就在理念上为我们司法工作的开展指明了方向。习近平总书记在主持中共中央政治局第四次集体学习时强调："我们提出要努力让人民群众在每一个司法案件中都感受到公平正义，所有司法机关都要紧紧围绕这个目标来改进工作，重点解决影响司法公正和制约司法能力的深层次问题。"② 情理法传统在面对许多难以解决的司法难题时，常常是借助皇帝的最高权威以实现"情罪允协"的，并且这样的进路在根本上是符合"天"和"民"的要求的。相应地，在当代中国的司法实践当中，强调判决合理性的建构，并以此为核心对相应司法技术和特殊制度的适用，是一种对于蕴含在法律逻辑之中的更深层次的价值追求，它是符合人民的主体地位的。

随着我国综合国力的提升和民族自信的增强，传统文化也逐渐开始复兴。习近平总书记在党的十九大报告中指出："深入挖掘中

---

① 《中共中央关于全面推进依法治国若干重大问题的决定》，人民网 http：//cpc. people. com. cn/n/2014/1029/c64387 –25927606. html，访问日期 2019 年 10 月 14 日。

② 《习近平主持中共中央政治局第四次集体学习》，人民网 http：//jhsjk. people. cn/article/20583750，访问日期：2019 年 10 月 14 日。

华优秀传统文化蕴含的思想观念、人文精神、道德规范，结合时代要求继承创新，让中华文化展现出永久魅力和时代风采。”① 情理法，就是当下中国社会主义法治建设向传统法律文化学习所不能忽略的宝贵财富，尤其是情理法对于人的重视与强调和当代中国司法实践的大背景存在着契合。当然，理念的转变不可能在短时间之内实现，相比之下，对一些方向性与制度性的内容进行设想或许是更加贴近现实的。前文在探讨情理法传统是如何实现裁判合理性的建构问题时，论证了这一建构过程所体现出来的四个特点，这些特点是情理法传统在抽象层面的反映，是具有理论穿透力的“高次元传统”。因此，对于当代司法在处理合理性与合法性之关系的实践中存在的问题，情理法传统所体现出来的特点同样是值得当代司法实践认真审视的内容。

二　定罪量刑的个殊性

首先，定罪量刑的个殊性。基于怀疑主义的现实主义法学虽然在理论上有着自身难以克服的缺陷，但是这一流派强调个案的特殊性，尤其是案件事实的特殊性，以及强调法官基于个案事实的特殊性作出裁决的观点依然有其独特价值。在许多引发舆论高度关注的案件中我们看到，如果严格按照法律规定去认定案件事实其实并无大碍，例如“赵春华案”中对于赵春华的定罪量刑于法律规范的层面来看确实没有问题。但是，赵春华案恰恰存在简单套用法律规范所不能涵盖的诸多因素，例如枪支性质的模糊、枪支用途的善意、赵春华个人的弱势等。所以，案件的个殊性不仅仅是传统司法会碰见的问题，同样也是现代司法必须面对的难题。因为每个案件都是特殊的，所以“每次都还是必须考量具体的个案情事，而没有一件

① 《决胜全面建成小康社会　夺取新时代中国特色社会主义伟大胜利——在中国共产党第十九次全国代表大会上的报告》，人民网 http：//jhsjk. people. cn/article/29613458？isindex＝1，访问日期：2017 年 12 月 21 日。

个案会与另一案件完全相同，因此不能期待会获得一种单凭涵摄即可解决问题的规则”[①]。所以，情理法传统强调定罪量刑的个殊性也就具有了超越时空的意义。

具体反映在司法实践当中，直接与此相关的就是事实认定的问题，即对“情”的认定。在第一章我们提到，“情”可以分为事实性的“情”与经验性的“情”。按照合法性的要求，司法者理应按照法律规范的基本逻辑与结构去进行事实认定。但是，法律并未也不可能囊括社会生活的所有方面，这就使得一些具有合理性的经验性的“情”难以直接形成法律事实而得到法律的评价。“当一个立宪大会、立法机关或法院宣布一个法律规则时，它必然不可能完全了解未来诉诸此规则时的境况。当出现未预见的情况时……法院就必须考虑规则制定者无法获得的信息，并决定在这种新情况下这个规则应当意味着什么。”[②] 因此，情理法传统中对于“情”的两分就具有了现实意义。司法者需要认真甄别，哪些看似无法形成法律事实的客观事实即事实性的“情”，其能够被经验性的“情”评价并且具有一定的合理性甚至具有弱规范的效力。这样一种具有合理性的事实性的“情”尽管不能直接按照现有法律的明文规定被建构为法律事实，但是司法者仍然能够通过对于裁判技术和特殊制度的运用，将其所具有的合理性纳入自由裁量权所提供的空间当中。

因此，强调定罪量刑的个殊性，就要求司法者在事实认定的过程中抛弃僵化的思维，而代之以一种立体的视角去深入案件事实。这就衍生出了另外一个重要的问题：既然定罪量刑的个殊性要求司法者关注个案的特殊性，尤其是在自由裁量权允许的范围之内去更加立体地完成事实认定，那么如何让这些蕴含了合理性内容的事实

---

① ［德］卡尔·拉伦茨：《法学方法论》，陈爱娥译，商务印书馆 2003 年版，第 286 页。

② Richard A. Posner, *Overcoming Law* (Cambridge: Harvard University Press, 1995), p. 231.

转化为定罪量刑的依据，即如何完成从“情”到“罪”的联结，这就涉及裁判说理的问题。正如哈贝马斯所说：“规范之运用的诠释学过程可以理解为事态之描述与普遍规范之具体化两者交叉的过程。最后具有决定意义的是以下两个方面的意义等值关系：一方面是作为情境之理解的组成部分的事态描述，另一方面是确定规范之描述性成分也就是确定规范之运用条件的事态描绘。”① 这就是说，司法者必须对于为何运用某一规范进行诠释，而这一过程的关键便是对事实的描述和说明为什么该规范就应该适用于该事实，二者之间究竟有何关系。例如在“于欢案”的二审判决中，这样一种诠释的具体表现就是二审判决确实加强了对“辱母”情节的强调与论证，并将这一情节与最后的量刑结果通过三段论的方式建立了联系。

对此，其实早在2010年由最高人民法院、最高人民检察院、公安部、国家安全部、司法部联合发布的《关于规范量刑程序若干问题的意见》中第16条的第一点就提出：“量刑理由主要包括：(一) 已经查明的量刑事实及其对量刑的影响。”② 但是，我国的司法实践长期以来在裁判说理方面一直存在着薄弱与不足。例如“于欢案”的一审判决尽管提到了“辱母”的情节，但是对这一情节的处理极为粗糙，甚至几乎看不到这一情节对一审判决的任何影响，这样的裁判自然难以服众。这也暴露出这一事实：“在刑事判决说理的结构要素中涉及到法律说理与事实说理，而事实说理长期被忽略，成为刑事判决说理最为诟病的地方，证据简单列举，直接得出结论，缺乏事实与证据之间的对应。”③ 所以，司法者仅仅认

---

① ［德］哈贝马斯：《在事实与规范之间：关于法律与民主法治国的商谈理论》，童世骏译，生活·读书·新知三联书店2003年版，第268页。

② 2010年《最高人民法院、最高人民检察院、公安部等印发〈关于规范量刑程序若干问题的意见（试行）〉的通知》第16条，（法发［2010］35号）。

③ 周芳芳：《我国刑事判决说理的场域视角研究》，博士学位论文，吉林大学，2018年，第Ⅰ页。

识到事实认定需要关注到更多事实性的“情”及其背后蕴含的经验性的“情”是不够的，如何将事实性的“情”和经验性的“情”与“罪”之间建立起逻辑上的关联，不仅需要司法者运用可能的裁判技术和特殊制度，更为直观的问题是，这种关联度需要司法者通过严密的裁判说理呈现出来，而这恰恰也是当下的司法实践比较薄弱的一环。

但是需要特别强调的是，强调案件的个殊性并非否定法律的普遍性，强调定罪量刑的个殊性也并非是让司法者突破现行法律的规定。如同现实主义法学强调的那样，法官主要回应的是事实，强调定罪量刑的个殊性更多地是要求司法者能够关注事实，尤其是那些法律规范容易忽略但是却具有合理性的事实。但是，过分强调案件的个殊性将和法律的普遍性相悖，从而为司法者定罪量刑提出难题。在情理法传统中，裁判者为解决这一难题时常牺牲法律的普遍性，也一度违背了罪刑法定主义。但是在“赵春华案”中我们可以看到，即使强调案件的个殊性，二审法官定罪量刑的过程也依然是在法律规范的前提下展开的。因此，情理法传统强调定罪量刑的个殊性能够缓解现代司法实践中常常过于僵化的三段论逻辑，并且强调个殊性并不表示定罪量刑就一定要突破现有立法的规定，在重视事实认定的基础上，在自由裁量权所允许的范围之内加强裁判说理就是一条可行的路径。

三　罪刑关系的均衡性

其次，罪刑关系的均衡性。由情理法传统反映出来的传统裁判对于“刑”的重视，其背后是一种后果主义的论证逻辑，也正是这种从后果出发所进行的逆向化论证至今仍然被不少学者认为违背了罪刑法定原则的基本精神。但是，三段论只是最后呈现在大众面前的逻辑论证，定罪量刑的过程以及人类思维的复杂性远比三段论要复杂得多。社会生活本身是变动的，因而必然会存在现有法律所不能涵盖的新问题，而那些疑难案件之所以棘手，一个重要的原因便在于这些案件当中蕴含了现有法律不能为其提供裁判依据的新内容，而这些新内容未必一定都是不合理的。

因此，对于普通案件来说，按照法律教义学的论证思路进行裁判确实能够解决大部分的问题。但是对于疑难案件而言，既然大前提本身不能涵盖具有合理性内容的“情”，此时再按照三段论的逻辑得出裁判结果就难以避免“情罪未协”的状况出现。“因此，将法教义学方法和后果主义方法做一阶/二阶的区分，划定二者的各自领域，乃是必要的学术工作。法教义学方法适用于一般案件，而后果主义方法适用于疑难案件。”① 所以从某种意义上说，在疑难案件中运用后果主义的逻辑去逆向化寻找裁判的依据，这样的进路也就具有了一种法律发现技术的性质，从而能够促进法律体系自身的完善。

例如在“赵春华案”中，从一审作出有期徒刑三年六个月的判决，到二审作出有期徒刑三年缓刑三年的改判，前后在罪名的认定上始终没有变化，量刑的幅度也只是从三年六个月变成了三年，但是二审法院通过缓刑的适用使得二审判决的可接受度大大增强，这恰好说明相比定罪，量刑对于当事人以及民众来说意义更大。正是基于这一点，以至于有学者认为：“判断罪名意义上的定罪，并非刑法的目的；对被告人和社会最有意义的是量刑，判断罪名只是为公正量刑服务的；因此，如果常规判断的罪名会使量刑失当，就可以为了公正量刑而适度变换罪名。”② 当然，对于此种观点还有待学术界讨论，但是对于具体量刑的重视确实是当事人极其关心的内容。所以，当遇到疑难案件时，尤其是按照“以罪制刑”的逻辑可能出现重大量刑问题时，围绕着量刑的适当与否倒逼司法者在法律

---

① 陈辉：《后果主义在司法裁判中的价值和定位》，《法学家》2018 年第 4 期。

② 高艳东：《量刑与定罪互动论：为了量刑公正可变换罪名》，《现代法学》2009 年第 5 期。

规范的框架内通过相应司法技术的适用完成定罪量刑的合法化论证，在这一层面强调“以刑制罪”也就具有了正当性，而这一倒逼的过程恰恰体现了司法者对于裁判合理性的建构。更为关键的问题在于，虽然就二审判决书的内容来看我们难以发现“以刑制罪”的逻辑（当然也没有法官愿意承认自己是先得出结论再倒回去寻找裁判依据的），罪名本身也没有发生变化，然而量刑的变化最终平息了舆论对于司法的质疑，这更加说明司法者在处理罪刑关系时需要秉持一种均衡性的视角。

与此同时，“赵春华案”也暴露出了我国现有法律在有关枪支立法问题上的模糊性。对此，车浩教授表示：“非法持有枪支罪以往未得到刑法理论的充分重视。赵春华案之后，非法持有枪支罪的构成要件的研究具有了实际的紧迫性。”① 事实也确实如此。自“赵春华案”之后，学术界对于“非法持有枪支罪”的讨论增加了许多。② 2018 年最高人民法院、最高人民检察院更是联合发布了《关于涉以压缩气体为动力的枪支、气枪铅弹刑事案件定罪量刑问题的批复》，对于今后对此类案件的处理，该批复指出：

> 在决定是否追究刑事责任以及如何裁量刑罚时，不仅应当考虑涉案枪支的数量，而且应当充分考虑涉案枪支的外观、材质、发射物、购买场所和渠道、价格、用途、致伤力大小、是否易于通过改制提升致伤力，以及行为人的主观认知、动机目的、一贯表现、违法所得、是否规避调查等情节，综合评估社会危害性，坚持主客观相统一，确保罪责刑相适应。③

---

① 车浩：《非法持有枪支罪的构成要件》，《华东政法大学学报》2017 年第 6 期。

② 以“非法持有枪支罪”为关键词于知网进行检索，标题中包含这一罪名的期刊文章总共 25 篇，其中 16 篇是于“赵春华案”发生之后发表的，而 15 篇硕博士论文中有 14 篇都是在“赵春华案”发生之后完成的。

③ 2018 年《最高人民法院、最高人民检察院关于涉以压缩气体为动力的枪支、气枪铅弹刑事案件定罪量刑问题的批复》第 1 条，（法释〔2018〕8 号）。

由此我们可以看到，在疑难案件中强调对“刑”的重视并由此逆向寻找裁判的合法性依据，在一定程度上还能推动法律体系自身的发展和完善。寺田浩明在评价清代司法制度中对“法”的理解时指出：“成文法可以说正是这种调整活动长期反复的结晶，或者可以说是反映了罪与刑均衡对应关系的精华。”① 因此，强调罪刑关系的均衡性与法教义学并不存在绝对意义上的矛盾。对此朱振教授认为，法教义学又可以分为三种类型，“第一种是可以称为防御性法教义学，第二种是注重概念建构以及逻辑和规范为本的法教义学，第三种是封闭僵化自给自足的法教义学”②。也就是说，法教义学本身并非一定就意味着封闭与僵化，因而后果主义的逻辑在疑难案件当中所发挥的作用也不仅仅在于解决个案的难题。对此，郑成良教授有过精彩的论述：

> 无论是处理边缘案件，还是行使自由裁量权，它们都不是为了实质合理性而放弃形式合理性，而是在法律形式合理性呈现出“开放结构”的特点时，在“空缺地带”之处用实质合理性来进行填充。如果一个法律制度能够做到类似案件类似处理，使先前的判例或案例对后来的个案处理具有某种约束力或指导力，那么，这种填充就会起到把实质合理性进一步转化为形式合理性的作用，从而，使法律制度的形式合理化和确定性一点一滴、集腋成裘式地得到增强。③

① ［日］寺田浩明：《权利与冤抑：寺田浩明中国法史论集》，王亚新等译，清华大学出版社 2012 年版，第 190—191 页。

② 原文出自朱振教授在“法理与法教义学”学术研讨会暨“法理研究行动计划”第十二次例会上的发言，载于微信号“中国政法大学法学院”2019 年 11 月 27 日微信文章《“法理与法教义学”学术研讨会暨“法理研究行动计划”第十二次例会在北京顺利召开》。

③ 郑成良：《法律之内的正义：一个关于司法公正的法律实证主义解读》，法律出版社 2002 年版，第 157 页。

这也就是说，实质合理性并非一定是站在形式合理性的对立面。相反，它能够通过一定的方式促进形式合理性的不断完善，甚至于那些“失败了的正义可以在本案之外，在体制的层面抽象地促进法治……正义在一个个具体案件中遭受的挫折，本是她修成正果之前先要经历的那九九八十一难”①。而在个案当中，衡量正义与否的重要标准常常便是最终的结果——量刑。因此，情理法传统中对于量刑的重视是当代的司法实践应该借鉴的内容，即使“以刑制罪”的逻辑存在与罪刑法定原则相冲突的嫌疑，但是其中所体现出来的罪刑关系的均衡性确实能够修复“以罪制刑”可能导致的“情罪未协”，甚至能够促进法律体系自身的发展与完善。同时与强调定罪量刑的个殊性类似，在疑难案件当中以一种罪刑关系均衡性的视角去逆向化寻找裁判的合法性依据时，仍然不得违背形式合理性的要求，因此这同样需要司法者加强裁判说理的内容，对此不再展开。

四　司法裁判的开放性

再次，司法裁判的开放性。情理法传统中司法裁判的开放性主要表现在裁判依据和裁判过程两个方面，然而这样一种开放性与社会主义法治强调形式合理性以及权力分化的基本事实是明显相悖的。

就裁判依据的开放性来说，其实上文谈到罪刑关系的均衡性时已经涉及了这个问题。法教义学本身并没有被学者们认为一定代表着封闭和僵化，虽然现代司法者固然需要立足于现行法律的规定并坚守法律的底线，这一点是无可厚非的，但是司法者也不能固守法律条文而导致经验逻辑中所蕴含的合理性被忽视。尽管学理探讨常常将法律规范视为一个封闭的体系，但是，“事实上，在法律之内

① 冯象：《政法笔记》（增订版），北京大学出版社2012年，第142—143页。

存在着满足社会效果实现的巨大空间，只要本着良知，充分、正确地运用多种可行的方法，就可以将社会效果最大化，当然，这需要具备一定的条件”[①]。所以，强调依法裁判并不意味着司法者只能机械地照搬法律条文。通过前文的分析我们可以清楚地看到，在不突破法律规范框架的前提下，司法者完全有能力通过对于一系列司法技术或者特殊制度的运用弥合法律与经验之间的偏差。对此我们不再进行重复性的论证，此处将把阐述的重点放到裁判过程的开放性上去。

其实，即使是在强调权力分立的西方国家，也依然保持了裁判过程一定程度的开放性。“在各种追求卓越的人类愿望中，包括追求最高经济效率的欲求中，也都包含着灵活性以及对变化中的境况做出回应的属性。因此，社会设计中的一个普遍存在的问题便是如何把握支持性结构与适应性流变之间的平衡。”[②] 由于认为神明裁判是对上帝的试探，1215 年召开的第四次拉特兰宗教会议决定禁止神职人员参与神明裁判，由此一度在中世纪占主导地位的神明裁判制度走向衰微。“神明裁判的衰微，不仅对陪审团审判的兴起、而且对 13 世纪欧洲大陆新的法律的诞生，均意义重大：弥补神明裁判的衰微只有一种方式。如果没有上帝的审判，证人会被强迫作证；原告会被强迫提起控诉；被告会被强迫供述。”[③] 由此，崇尚理性的欧洲大陆国家走向了纠问式的诉讼模式，并且力图制定出完美的法典以避免可能因错判而导致的良心上的谴责。与之相反，作为经验主义的家乡，英国则把原本应该由神明进行裁判的内容转移给了陪审团，这一制度设计不仅直接影响到了后来的英美法系国家，欧洲大陆诸国也逐渐效仿英国建立起了自己的陪审制度，并使

① 江必新：《在法律之内寻求社会效果》，《中国法学》2009 年第 3 期。

② ［美］富勒：《法律的道德性》，郑戈译，商务印书馆 2005 年版，第 35 页。

③ ［美］詹姆士 · Q. 惠特曼：《合理怀疑的起源——刑事审判的神学根基》，佀化强、李伟译，中国政法大学出版社 2012 年版，第 118 页。

之成为通行于世界的一项司法制度。

由陪审团决定是否有罪，再由法官决定量刑的诉讼制度无疑是裁判过程开放性的典型代表。出于对司法民主的追求，我国的人民陪审员制度尽管与西方的陪审团制度存在事实上的诸多不同，但是也确实体现了裁判过程的开放性特征。虽然对于人民陪审员制度一直存在着批判，特别是针对人民陪审流于形式、陪而不审的现实，人民陪审员制度在我国也一度陷入沉寂，但是近些年却又逐渐开始复兴，2018 年 4 月 27 日更是审议通过了《中华人民共和国人民陪审员法》，从而使得人民陪审员制度进一步得以完善和制度化。对此我们应该看到，人民陪审员制度已经成为我国基层司法的一项常规化的制度，人民陪审员业已成为基层审判的一支生力军。尽管这一制度的完善还有待时间，但是对其在未来的前景本书仍然是持乐观态度的。这是因为，“虽然国家法律的呈现是自上而下的，但是法律作为社会的秩序最终是自下而上的。其形成，其事业，最终依赖民众的参与与推动。这不是说法律只能自我萌发，而是说，法律的根基只能是政治意义上的民主运作”①。除了人民陪审员制度在彰显司法民主方面所具有的重要意义之外，我们有理由相信，随着公民民主意识和公共理性的成熟，这一制度能够在完全由法律规范主导的场域中注入经验性的理解与思考，这对于缓解法律规范的僵化是存在积极意义的。“相反地，法院越是同质化，法官们就越有可能直觉一致。这会给法律带来稳定性，但代价是认识论的孱弱，因为这些法官的直觉会基于一个更狭窄的无意识知识基础上。”②

除了出于司法民主的要求，社会分工的不断细化和专业化程度的提高也使得司法场域必须保留一定的开放性。法律是一门技艺，司法需要的是一种技艺理性。因此如前所述，司法职业化和专业化

① 刘星：《西窗法雨》，法律出版社 2013 年版，第 206—207 页。

② ［美］理查德·波斯纳：《法官如何思考》，苏力译，北京大学出版社 2009 年版，第 108 页。

也是司法规律的特点之一。然而任何事情都有利有弊，司法职业化和专业化的发展从反面意味着，在社会整体分工不断细化和专业化的背景下，司法者往往只精通有关法律方面的知识和技艺，而许多案件呈现出的高度专业性和技术性的特点是只精通法律的司法者所不能解决的。对此，波斯纳就曾经指出："当然，每个思想者共同体都必须有一定程度的同质性，这就像为了辨别象棋步法是不是合规矩，你就必须知道象棋规则一样。但是，如果同质性太高，或是有错误的同质性，就可能产生脆弱的、没有生殖力的客观性。"[①]这一问题尤其在环境诉讼、知识产权诉讼等领域体现得更为明显。为了解决这一难题，英美法系国家建立了专家证人制度，例如在美国便是由法庭聘请专家证人对证据进行审查，从而弥补法官在相关领域的知识短板。[②]

在我国，这一问题也同样棘手。司法者逐渐意识到，仅仅依靠司法鉴定已经不足以解决司法实践当中的种种难题。2012 年《刑事诉讼法》第 192 条第 2 款（2018 年修正后的《刑事诉讼法》第 197 条第 2 款）规定："公诉人、当事人辩护人、诉讼代理人可以申请法庭通知有专门知识的人出庭，就鉴定人作出的鉴定意见提出意见。"[③] 其中"有专门知识的人"被称为"专家辅助人"。但是，由于这一制度在我国的构建尚处于起步阶段，再加之立法规定的笼统与模糊，其中对于专家辅助人的诉讼地位、意见属性以及权利义务等诸多问题都有待进一步探讨。但是如同陪审员制度一样，专家辅助人制度能为打破高度职业化在司法裁判中产生的壁垒提供一条可行的进路。

还有一点同样值得注意。从情理法传统我们可以看到，司法审

① Richard A. Posner, *Overcoming Law*, (Cambridge: Harvard University Press, 1995), p. 102.

② 参见陈邦达《美国法庭聘请专家证人的实践与启示》，《证据科学》2017 年第 6 期。

③ 1979 年《中华人民共和国刑事诉讼法》第 197 条第 2 款（2018 年修正）。

判除了要对非司法人员保留一定的开放性之外，裁判过程的开放性还体现在司法体制内的扩大参与。在以可能判处的刑罚为划分审级依据的清代司法中，越重的刑罚对应着越高的终审权，这恰恰能够满足民众追求“至德”以实现自身诉求的传统心理，而这种心理在当代社会也确实以一些非正常的样态体现出来。因此，从这个意义上讲，是否所有的案件都严格实行两审终审制也就有了商榷的余地，并且理论界也一直有改变两审终审制的声音。① 在这一思路下，通过对某些类型的案件提高审级，由更高位阶的司法者作出裁判从而缓解民众对于在先裁判的质疑，或许能够成为一条可行的进路，甚至能够从功能上替代诉诸行政机关以向司法机关施压的路径，从而减少诉求越出司法系统的可能，进而维护和加强司法机关的权威性。

“当然，强调这种开放性并非要求司法者在所有案件中始终与民众的一般认识保持一致，司法者的裁判与民众的预期存在出入既是正常的也是必然的。但是，如果这种出入在现实生活中频繁出现，甚至引发社会对于司法正义与权威的质疑，那么就需要引起高度的关注与反思了。”② 总的来说，本书想做一个大胆的展望：就司法裁判的开放性来说，在以形式合理性为特征的当代司法实践中，裁判依据的开放性必然大大弱于传统司法，并且这种开放性要凭借司法者高超的裁判技术，尤其是裁判说理的技术。正如桑本谦教授所指出的：“我们不难看清‘法律解释’的真实面目，解释的最终目的既不是发现对法律文本的正确理解，也不是探求对法律意

① 例如齐树洁教授认为，三审终审是世界各国立法普遍采用的通例，我国应在完善二审终审的同时有限地实行三审终审，参见齐树洁《构建我国三审终审制的基本思路》，《法学家》2004 年第 3 期；陈卫东、刘计划两位教授则认为针对死刑案件应实行二审强制上诉制度，增加三审并原则上设定为法律审，参见陈卫东、刘计划《死刑案件实行三审终审制改造的构想》，《现代法学》2004 年第 4 期。

② 张杰：《中国传统情理法的法理重识与现代转化——以〈驳案新编〉为切入点》，《北方法学》2020 年第 4 期。

旨的准确把握，而是为某种判决方案提出有根据且有说服力的法律理由。它是以‘解释’为装饰的一种说服技术——通过这种技术，已经选择出来的判决方案在法律上被正当化了。”① 无论对于法律解释的性质如何定位，它所具有的说服功能是不可否认的。与此相对，由于权力分化和社会分工的精细化之间存在一定的张力，因而裁判过程的开放性将会呈现出发展的趋势，但是必然不会与司法职业化和专门化的大前提相悖。因此，裁判过程的开放性必须依靠制度化的手段加以实现，并最终将其变成形式合理性的一部分，也就是说裁判过程的开放性需要依靠一系列特殊制度加以保障，否则长期以非制度化的方式使裁判过程或主动或被动呈现出开放性的事实将最终反噬司法的权威与公信力。

五　裁判指向的未来性

最后，裁判指向的未来性。强调“以刑去刑”“以辟止辟”的情理法传统对于裁判指向的未来性非常重视，这一点对当代的司法实践同样具有积极的借鉴意义。虽然过分强调裁判指向的未来性将会导致人的工具化，从而产生重刑主义的倾向，但是另外一方面，在权利保障的前提下强调裁判指向的未来性，是能够对整个社会起到良好的助益作用的。

例如在“赵春华案”中，司法者便预见到了此案在引导公民对枪支问题形成正确认识这一问题上所具有的意义。因此，二审法官通过缓刑的适用在刑罚的判处上进行了重大的调整，但是对于“非法持有枪支罪”这一罪名的认定并没有作出改动。对此，张心向教授认为，这一判决对社会公众起到了指引、评价和警示的作用，“人民法院通过司法裁判惩罚犯罪，维护社会稳定，作出的判决对

① 桑本谦：《理论法学的迷雾——以轰动案例为素材》，法律出版社 2015 年版，第 76 页。需要注意的是，这段话中的第一句来自苏力：《解释的难题：对几种法律文本解释方法的追问》，《中国社会科学》1997 年第 4 期。

社会具有指引、评价和警示意义。天津一中院通过这份判决明确地告诉了大家哪些事情可以做，哪些事情不可以做。”① 相比起一度使舆论发出判决结果直接让中国人的道德水平倒退了30年的声音的“彭宇案”②，“赵春华案”的二审判决可以说既没有陷入消极的一般预防，同时还对社会形成了良好的未来指向性，并且是一种没有超越司法本身功能的未来指向性。

从世界范围内来看，从20世纪70年代开始，强调对抗、报应的传统司法理念开始发生转变，恢复性司法的理念开始在西方世界兴起。针对传统的报应性司法，该种司法更加鼓励当事人之间的合作、社会性伤害的恢复、忏悔和宽恕机制的运用等内容③，事实证明，它在解决社会纠纷方面收到了很好的效果。④ 与之相对，“在对抗中，我们将难以看到真诚的坦白，诚挚的忏悔和请求宽恕。任何发自内心的情感表达，都可能成为奢侈”⑤。如果当事人之间能够从激烈的对抗转为一种沟通与合作，这对司法者的裁判来说将提供极大的便利，也将降低司法裁判的成本。

值得一提的是，除了世界性的趋势之外，中国传统法律文化本身就有注重调解的悠久历史，传统中国在调解方面所积累的大量经验更是被誉为“东方之花”，这样一种“重调解”的传统恰恰与“恢复性司法”的理念存在着高度契合。对此，西方的研究者也指

---

① 张晓敏：《赵春华涉枪案二审宣判 天津一中院改判其有期徒刑三年缓刑三年》，载《人民法院报》2017年1月27日，第03版。

② 杨亮庆：《网友称南京彭宇案令中国道德水准倒退30年》，腾讯新闻 https://news.qq.com/a/20100116/000215.htm，访问日期：2019年10月10日。

③ Howard Zehr, “Restorative Justice”, *LARCA Joumal* (March), 1991, p7.

④ 来自美国的一项调查显示，在刑事和解程序中，犯罪人对损害赔偿结果的履行率要大大高于由法院判决的损害赔偿，81%的犯罪人在刑事和解程序中履行了他们的赔偿义务，而法院没有通过调解而直接做出的判决，只有58%得到了履行。See Mark S. Umbreit, “Restorative Justice Through Victim – Offender Mediation: Amulti – site Assessment”, *Western Crininology Review* 1 (1), 1998.

⑤ 杜宇：《司法观的“交战”：传统刑事司法VS恢复性司法》，《中外法学》2009年第2期。

出："可以认为调解者的主要作用就是从冲突的情境中剥去进攻性的非现实性因素，以便使争夺的双方能现实地处理对特定问题的不同要求。"① 虽然在传统中国的司法实践中，调解更多的是发生在州县自理案件当中，但是从本质上就不具有对抗性的社会结构以及由此生出的强调"以和为贵"的传统思想都为这种恢复性司法理念的引入提供了有利的文化土壤。对此，钱穆先生就曾做过精辟的论述：

> 东方与西方，有绝然不同之态：西方于同一世界中，常有各国并立；东方则每每有即以一国当一世界之感。故西方常求其力之向外为斗争；而东方则惟求其力之于内部自消融，因此每一种力量之存在，常不使其僵化以与他种力量相冲突，而相率投入于更大之同情圈中，卒于溶解消散而不见其存在。我所谓国史于和平中见进展者在此。故西方史常表现为"力量"，而东方史则常表现为"情感"。②

到了社会主义中国，绝大多数矛盾都是人民内部矛盾，这就如同传统中国家国同构的背景下大多数人都是"自家人"的特点一样，大多数纠纷就没有必要一定要通过激烈对抗的方式来解决，既然纠纷已经发生，损失已经造成，那么与其将目光放在过去以力求还原客观事实，不如以一种未来性的视角去思考如何恢复已经受损的关系，以及如何将已经造成的损失予以弥补。因此，在这样的前提下司法权就不只是一种判断权，它应该在整个政制架构中发挥出更多的功能，这与我国国家权力的整体设置也是一致的。当然，这种功能的发挥同样有一定的限度。

---

① ［美］L. 科塞：《社会冲突的功能》，孙立平等译，华夏出版社 1989 年版，第 47 页。

② 钱穆：《国史大纲》，商务印书馆 2010 年版，第 24 页。

这样一种理念在我国刑事立法中的直观反映，就是2012年的刑事诉讼法中首次专章规定了刑事和解制度。此外，2018年刑事诉讼法将认罪认罚从宽作为基本原则予以了确立，这意味着这一理念正在不断以制度化的方式推动着我国司法制度的不断发展。同样，这些制度在司法实践过程中不断遇到新的问题和挑战，例如就认罪认罚从宽制度而言，还存在着适用范围局限、值班律师虚置、量刑建议单方决定等问题。[①] 但是，不管是域外和传统的经验还是当代中国本身的特点都显示了强调裁判指向的未来性必然成为司法实践的一个新趋势。

对此，如果回到合理性与合法性的视角会发现，裁判指向的未来性事实上还是在处理合理性的问题，不过这种合理性本身面向的是未来的合理性。质言之，它考量的是当下作出的裁判将会对未来产生怎样的效果，并由此反观当下的裁判是否具有合理性。与强调罪刑关系的均衡性不同的是，从量刑出发逆向化寻找裁判的合法性依据，不管这种寻找成功与否，它从形式上看仍然还是在法律体系的框架之内进行的，所以这样一种处理合理性与合法性之关系问题的进路更多的是要依靠司法者个人的裁判说理技术。但是，裁判如果要考虑未来指向，必然会使得法律的滞后性更加凸显。同时我们看到，裁判指向的未来性时常会超越司法权作为一种判断权的性质，至于这种超越的边界几何，显然是立法者在立法之际难以预料的。

因此，强调裁判的未来指向性，如果仅仅依靠司法者个人的裁判技术无疑是一个不小的挑战。我们也确实看到，这样一种特点不管是在传统社会还是在现代社会都是有一系列的制度作为依托的，例如传统法律中的存留养亲制度以及上文提到的刑事和解、认罪认

---

① 参见闵春雷《回归权利：认罪认罚从宽制度的适用困境及理论反思》，《法学杂志》2019年第12期。

罚从宽都是这些要求的具体体现。正是这些制度的存在，使得更多具有合理性的经验性的“情”能够以不突破现有法律规定的方式，即在不违背合法性的前提下，为个案的合理性提供制度的保证与可能。所以，如果说强调裁判的未来指向性是司法实践发展的一个大趋势，那么，如何为司法者提供更多自由裁量的空间，立法者就必须提前对相关制度进行设计和完善，尤其是那些具有高度合理性内容的经验性的“情”如何通过制度化的路径进入个案的裁判，就应该引起立法者的高度重视，而不是司法者囿于合法性的束缚只能对其予以割舍。

综上，情理法传统的四个特点对于当代司法实践的启发，总体又可以分为两类。对于强调定罪量刑的个殊性和罪刑关系的均衡性来说，主要依靠的是司法者个人的裁判说理技术，而对于司法裁判的开放性和裁判指向的未来性来讲，主要依靠的则是特殊制度的设计。这一判断的做出与前文对传统与现代在合理性与合法性的建构模式上得出的分析结论也是一致的。当然，这一判断并不是绝对的，例如如何加强司法裁判的说理同样离不开顶层设计。只不过相比后一类特性的发挥来说，裁判说理的问题本身在自由裁量权的空间内就存在着较高的可行性，对于制度的依赖性相对较弱，这是需要加以说明的。

结　　论

以裁判合理性的建构为核心的独立概念的情理法，不仅克服了合成概念自身难以解决的逻辑困境，同时还具有超越古今的普遍意义。尽管情理法传统深植于中国自身的独特文化，其中也存在着不少与社会主义法治相冲突的内容，但是情理法传统本身是能够基于传统的语境得到融贯性解释的。

一方面，基于“天人合一”这一大背景的传统中国，“天—君—民”三者在形式上构成了一个无绝对权威的闭合回路，然而君主却在实质上拥有着最高的权力。在这样一种体制下，分权的思想难以生成，伴随而来的是国家权力分化程度较低的政制架构和各级官员极为有限的自由裁量权。另一方面，君主在通过“移孝作忠”的逻辑推演正当化自身地位的同时，又使得自己的身份具有了“君”和“父”的双重性质。因此，面对个案对于实质合理性的诉求，加之民众对于诉诸“至德”以寻求利益最大化的路径依赖，君主成为解决裁判合法性的关键。

所以，传统司法在重罪案件中呈现出了一种裁判合理性与合法性建构相分离的模式，即由各级裁判者通过一系列裁判技术和特殊制度的运用以建构裁判的合理性，君主则依靠自身的最高权威对各级裁判者所谓的合理性建构予以最终的合法性证成。这一过程呈现出了定罪量刑的个殊性、罪刑关系的均衡性、司法裁判的开放性、裁判指向的未来性四个独特的面向，并且统合在“情罪允协”的价值追求中。

因此，追求“情罪允协”的情理法传统不仅仅是在强调“情”与“罪”之间的关系问题，其中还蕴含着合理性与合法性这一经典的命题，而这也正是我们当下的司法裁判必须处理的问题。一般说来，在追求形式合理性的现代司法中，合理性与合法性应该是在司法系统中共时性生成的，然而受到传统逻辑的影响，求助舆论和行政等非司法力量以影响裁判的模式依然存在于当代中国的司法实践当中。由此，对这一现实应该采何种态度就成为一个问题。一方面，基于“人”这一最大的前提，当代中国的司法实践从理论和实践上看都必然要受到司法规律的普遍影响；另一方面，由人所组成的不同社会又具有自身的特殊性，所以当代中国的司法实践就不应该简单化处理情理法传统在当下的变体。

若以情理法传统体现出来的四个面向为参照会发现，在坚持形式合理性这一大的前提下，加强裁判说理和相关制度的建设应是当代中国司法制度改革的两大重点。这是因为，定罪量刑的个殊性要求司法者重视个案的事实认定并强化从“情”到“罪”的论证，而对于罪刑关系的均衡性，在不违背形式合理性的前提下只能以强化裁判说理的路径为量刑寻找合法性依据，这些都更多地需要依靠司法者个人的裁判说理技术。与之相对，司法裁判的开放性因形式合理性的要求而使其功能的发挥更多地要依靠裁判过程的开放性，而裁判指向的未来性则因面向未来而不得不处理现有法律难以涵盖的诸多方面，这些不仅难以依靠司法者个人的裁判说理加以化解，同时如果继续以非司法性质的渠道处理合理性问题将有损司法的权威性与公信力，因此必须以制度化的方式将这些具有合理性的渠道纳入法律体系当中。

所以，尽管当下中国社会主义法治建设与传统中国已经相去甚远，但是通过现实的司法实践可以发现，情理法传统并非和中华法系一样已经成为历史遗存，它以观念、意识、评价、诉求等形态在事实上影响着当代法律的制定与实施。与西方自近代以来主流观念对形式合理性的推崇有所区别的是，即使是与中华法系已经相去甚远的当代中国人也始终重视那些存在于法律之外的合理性内容。这些内容不管是被称为“人情”“天理”，还是被视为“正义衡平感觉”的“情理”，它们在本质上都是一种合理性的经验，是人之为人对于良法善治的超越时空的永恒追求。

参考文献

一 中文文献

（一）专著类

1. 蔡定剑：《历史与变革——新中国法制建设的历程》，中国政法大学出版社 1999 年版。

2. 陈顾远：《中国法制史》，商务印书馆 2011 年版。

3. 陈光中：《中国古代司法制度》，北京大学出版社 2017 年版。

4. 陈来：《传统与现代——人文主义的视界》，北京大学出版社 2006 年版。

5. 陈来：《儒学通诠：陈来学术论集》，孔学堂书局 2015 年版。

6. 陈来：《中华文明的核心价值——国学流变与传统价值观》，生活·读书·新知三联书店 2016 年版。

7. 陈瑞华：《论法学研究方法》，法律出版社 2017 年版。

8. 陈新宇、陈煜、江照信：《中国近代法律史讲义》，九州出版社 2016 年版。

9. 陈炎：《多维视野中的儒家文化》，中国人民大学出版社 1997 年版。

10. 邓正来：《中国法学向何处去——建构“中国法律理想图景”时代的论纲》，商务印书馆 2011 年版。

11. 范忠信、郑定、詹学农：《情理法与中国人》，北京大学出版社2011年版。
12. 范忠信：《中西法文化的暗合与差异》，中国政法大学出版社2001年版。
13. 费孝通：《乡土中国　生育制度》，北京大学出版社2002年版。
14. 甘阳：《通三统》，生活·读书·新知三联书店2014年版。
15. 高亨：《商君书注释》，清华大学出版社2011年版。
16. 高明暄主编：《中国刑法学》，中国人民大学出版社1989年版。
17. 葛洪义主编：《法律方法论》，中国人民大学出版社2013年版。
18. 辜正坤：《中西文化比较导论》，北京大学出版社2007年版。
19. 郭建：《獬豸的投影——中国的法文化》，上海三联书店2006年版。
20. 郝铁川：《中华法系研究》，复旦大学出版社1997年版。
21. 黄卉：《法学通说与法学方法：基于法条主义的立场》，中国法制出版社2015年版。
22. 黄俊杰：《儒家思想与中国历史思维》，台大出版中心2015年版。
23. 黄源盛：《中国法史导论》，广西师范大学出版社2014年版。
24. 黄宗智：《清代的法律、社会与文化：民法的表达与实践》，上海书店2001年版。
25. 霍存福：《权力场——中国传统政治智慧研究》，辽宁人民出版社1992年版。
26. 金耀基：《从传统到现代》，法律出版社2010年版。
27. 金兆梓：《尚书诠译》，中华书局2010年版。
28. 李贵连：《沈家本评传》，南京大学出版社2011年版。
29. 李民、王健译注：《尚书译注》，上海世纪出版股份有限公司、上海古籍出版社2016年版。
30. 李拥军：《道法古今》，知识产权出版社2016年版。

31. 李拥军：《司法的普遍原理与中国经验》，北京大学出版社 2019 年版。
32. 李泽厚：《中国古代思想史论》，人民出版社 1986 年版。
33. 梁漱溟：《中国文化要义》，上海人民出版社 2018 年版。
34. 梁漱溟：《东西文化及其哲学》，商务印书馆 2009 年版。
35. 梁治平：《法辨：法律文化论集》，广西师范大学出版社 2015 年版。
36. 梁治平：《礼教与法律——法律移植时代的文化冲突》，上海书店 2013 年版。
37. 梁治平：《清代习惯法》，广西师范大学出版社 2015 年版。
38. 梁治平：《寻找自然秩序中的和谐——中国传统法律文化研究》，商务印书馆 2013 年版。
39. 林耀华：《金翼》，生活·读书·新知三联书店 2008 年版。
40. 刘广明：《宗法中国》，新华书店上海发行所 1993 年版。
41. 楼宇烈主撰：《荀子新注》，中华书局 2018 年版。
42. 漆思：《现代性的命运》，中国社会科学出版社 2005 年版。
43. 钱穆：《国史大纲》，商务印书馆 2010 年版。
44. 秦晖：《传统十论》，复旦大学出版社 2013 年版。
45. 瞿同祖：《清代地方政府》，范忠信、何鹏、晏锋译，法律出版社 2011 年版。
46. 瞿同祖：《瞿同祖法学论著集》，中国政法大学出版社 2004 年版。
47. 瞿同祖：《中国法律与中国社会》，商务印书馆 2010 年版。
48. 桑本谦：《理论法学的迷雾——以轰动案例为素材》，法律出版社 2015 年版。
49. 沈家本：《寄簃文存》，商务印书馆 2015 年版。
50. 沈家本：《历代刑法考》，商务印书馆 2016 年版。
51. 沈宗灵：《现代西方法理学》，北京大学出版社 1992 年版。

52. 苏国勋：《理性化及其限制》，上海人民出版社 1998 年版。
53. 苏力：《大国宪制：历史中国的制度构成》，北京大学出版社 2018 年版。
54. 苏力：《法治及其本土资源》，中国政法大学出版社 2004 年版。
55. 苏力：《送法下乡——中国基层司法制度研究》，中国政法大学出版社 2000 年版。
56. 苏力：《制度是如何形成的》，北京大学出版社 2007 年版。
57. 孙正聿：《哲学通论》，辽宁人民出版社 1998 年版。
58. 田宏杰：《中国刑法现代化研究》，方正出版社 2000 年版。
59. 王利明：《法律解释学》，中国人民大学出版社 2011 年版。
60. 徐复观著，萧欣义编：《徐复观文录选粹》，台湾学生书局 1980 年版。
61. 杨伯峻译注：《论语译注》，中华书局 1980 年版。
62. 杨伯峻译注：《孟子译注》，中华书局 2010 年版。
63. 姚中秋：《重新发现儒家》，湖南人民出版社 2012 年版。
64. 游绍尹主编：《中国法制通史》，中国政法大学出版社 1990 年版。
65. 于晓艺：《最忠诚的反叛者——弗兰克法律现实主义思想研究》，中央编译出版社 2014 年版。
66. 余英时：《中国思想传统的现代诠释》，江苏人民出版社 2004 年版。
67. 俞荣根：《儒家法思想通论》，广西人民出版社 1992 年版。
68. 张觉等译注：《韩非子译注》，上海世纪出版股份有限公司、上海古籍出版社 2016 年版。
69. 张晋藩主编：《中国法制史》，群众出版社 1982 年版。
70. 张世亮、钟肇鹏等译注：《春秋繁露》，中华书局 2012 年版。
71. 张文显：《二十世纪西方法哲学思潮研究》，法律出版社 2006 年版。

72. 张文显：《法哲学范畴研究》（修订版），中国政法大学出版社 2001 年版。
73. 曾宪义、马小红：《礼与法：中国传统法律文化总论》，中国人民大学出版社 2012 年版。
74. 曾宪义、赵晓耕主编：《中国法制史》（第五版），中国人民大学出版社 2015 年版。
75. 张中秋：《中西法律文化比较研究》，南京大学出版社 1999 年版。
76. 郑成良：《法律之内的正义：一个关于司法公正的法律实证主义解读》，法律出版社 2002 年版。
77. 周子良：《中国法制史》，法律出版社 2006 年版。

（二）译著类

1. ［美］D. 布迪、C. 莫里斯：《中华帝国的法律》，朱勇译，江苏人民出版社 1993 年版。
2. ［英］J. G. 弗雷泽：《金枝——巫术与宗教之研究》，汪培基、徐育新、张泽石译，商务印书馆 2016 年。
3. ［美］L. 科塞：《社会冲突的功能》，孙立平等译，华夏出版社 1989 年版。
4. ［法］埃米尔·涂尔干：《社会分工论》，渠敬东译，生活·读书·新知三联书店 2017 年版。
5. ［法］埃米尔·涂尔干：《职业伦理与公民道德》，渠敬东译，商务印书馆 2015 年版。
6. ［美］爱德华·S. 考文：《美国宪法的高级法背景》，强世功译，生活·读书·新知三联书店 1996 年版。
7. ［美］爱德华·W. 萨义德：《东方学》，王宇根译，生活·读书·新知三联书店 1999 年版。
8. ［意］贝卡利亚：《论犯罪与刑罚》，中国大百科全书出版社

1993 年版。
9. ［美］本杰明·卡多佐：《司法过程的性质》，苏力译，商务印书馆 1998 年版。
10. ［美］丹尼斯·帕特森编：《布莱克维尔法哲学和法学理论指南》，汪庆华、魏双娟等译，上海人民出版社 2012 年版。
11. ［英］弗里德里希·奥古斯特·冯·哈耶克：《通往奴役之路》，王明毅等译，中国社会科学出版社 1997 年版。
12. ［英］弗里德里希·冯·哈耶克：《自由秩序原理》，邓正来译，生活·读书·新知三联书店 1997 年版。
13. ［美］富勒：《法律的道德性》，郑戈译，商务印书馆 2005 年版。
14. ［德］哈贝马斯：《在事实与规范之间：关于法律与民主法治国的商谈理论》，童世骏译，生活·读书·新知三联书店 2003 年版。
15. ［德］黑格尔：《法哲学原理》，范扬等译，商务印书馆 1979 年版。
16. ［英］亨利·萨姆奈·梅因：《古代法》，郭亮译，法律出版社 2016 年版。
17. ［美］杰罗姆·弗兰克：《初审法院——美国司法中的神话与现实》，赵承寿译，中国政法大学出版社 2007 年版。
18. ［奥］凯尔森：《法与国家的一般理论》，沈宗灵译，商务印书馆 2013 年版。
19. ［德］康德：《纯粹理性批判》，蓝公武译，商务印书馆 1960 年版。
20. ［德］康德：《未来形而上学导论》，李秋零译，中国人民大学出版社 2013 年版。
21. ［美］孔飞力：《叫魂：1768 年中国妖术大恐慌》，陈兼、刘昶译，上海三联书店 2014 年版。

22. ［英］雷蒙德·瓦克斯：《读懂法理学》，杨天江译，广西师范大学出版社 2016 年版。
23. ［法］罗伯特·雅各布：《上天·审判——中国与欧洲司法观念历史的初步比较》，李滨译，上海交通大学出版社 2013 年版。
24. ［美］罗斯科·庞德：《通过法律的社会控制》，沈宗灵译，商务印书馆 2010 年版。
25. ［英］罗素：《西方哲学史》，马元德译，商务印书馆 2016 年版。
26. ［美］络睦德：《法律东方主义》，魏磊杰译，中国政法大学出版社 2016 年版。
27. ［德］马克斯·韦伯：《论经济与社会中的法律》，张乃根译，中国大百科全书出版社 1998 年版。
28. ［德］马克斯·韦伯：《经济与社会》，阎克文译，上海人民出版社 2010 年版。
29. ［法］孟德斯鸠：《论法的精神》，许明龙译，商务印书馆 2014 年版。
30. ［美］米尔伊安·R. 达马什卡：《司法和国家权力的多种面孔》，郑戈译，中国政法大学出版社 2015 年版。
31. ［法］米歇尔·福柯：《规训与惩罚》，刘北成、杨远婴译，生活·读书·新知三联书店 2012 年版。
32. ［法］米歇尔·福柯：《性经验史》，佘碧华译，上海人民出版社 2016 年版。
33. ［英］培根：《培根论说文集》，水天同译，商务印书馆 1983 年版。
34. ［日］仁井田陞：《中国法制史》，牟发松译，上海古籍出版社 2011 年版。
35. ［日］寺田浩明：《权利与冤抑：寺田浩明中国法史论集》，王亚新等译，清华大学出版社 2012 年版。

36. ［古希腊］亚里士多德：《形而上学》，吴寿彭译，商务印书馆1959年。
37. ［美］詹姆士·Q. 惠特曼：《合理怀疑的起源——刑事审判的神学根基》，佀化强、李伟译，中国政法大学出版社2012年版。
38. ［日］织田万：《清国行政法》，李秀清、王沛点校，中国政法大学出版社2003年版。
39. ［日］滋贺秀三：《中国家族法原理》，张建国、李力译，法律出版社2003年版。

（三）文集中析出的文章

1. 陈俊强：《中国古代恩赦制度的起源、形成与变化》，载中国政法大学法律史学会研究院2006年《中华法系国际学术研讨会文集》。
2. 刘令舆：《中国大赦制度》，载中国法制史学会1981年《中国法制史论文集》。
3. ［日］寺田浩明：《日本的清代司法制度研究与对"法"的理解》，载王亚新、梁治平编：《明清时期的民事审判与民间契约》，范愉译，法律出版社1998年版。
4. 张仁善：《论乾隆的等级伦理观及其维护等级伦理的措施》，载张仁善：《法律社会史的视野》，法律出版社2007年版。
5. 张中秋：《辨异—求同—会通——我的中西法律文化比较的经历与体会》，载曾宪义主编：《法律文化研究》，中国人民大学出版社2006年第二辑。
6. ［日］滋贺秀三：《清代诉讼制度之民事法源的概括性考察——情、理、法》，载王亚新、梁治平编：《明清时期的民事审判与民间契约》，范愉译，法律出版社1998年版。
7. ［日］滋贺秀三：《中国法文化的考察——以诉讼的形态为素材》，载王亚新、梁治平编：《明清时期的民事审判与民间契约》，范愉译，法律出版社 1998 年版。
8. ［日］佐立治人：《清明集的法意与人情》，载杨一凡主编：《中国法制史考证》（丙编第三卷），姚荣涛译，中国社会科学出版社 2003 年版。

（四）期刊论文

1. 车浩：《非法持有枪支罪的构成要件》，《华东政法大学学报》2017 年第 6 期。
2. 陈邦达：《美国法庭聘请专家证人的实践与启示》，《证据科学》2017 年第 6 期。
3. 陈发桂：《从防控到善治：涉法涉诉信访法治化建构的制度逻辑》，《理论导刊》2017 年第 6 期。
4. 陈辉：《后果主义在司法裁判中的价值和定位》，《法学家》2018 年第 4 期。
5. 陈卫东、刘计划：《死刑案件实行三审终审制改造的构想》，《现代法学》2004 年第 4 期。
6. 陈新宇：《法有正条与罪刑不符——〈大清律例〉“审拟罪名不得擅拟加等”条例考论》，《清华法治论衡》2009 年第 2 期。
7. 陈兴良、邱兴隆：《罪刑关系论》，《中国社会科学》1987 年第 4 期。
8. 陈兴良：《一般预防的观念转变》，《中国法学》2000 年第 5 期。
9. 陈兴良：《罪刑法定的当代命运》，《法学研究》1996 年第 2 期。
10. 陈忠林：《刑法面前人人平等原则——对〈刑法〉第 4 条的法理理解》，《现代法学》2005 年第 4 期。
11. 崔明石：《情理法的正当性：以“情”为核心的阐释——以〈名公书判清明集〉为考察依据》，《吉林师范大学学报（人文社会科学版）》2011 年第 2 期。
12. 崔明石：《事实与规范之间：情理法的再认识——以〈名公书

判清明集〉为考察依据》,《当代法学》2010 年第 6 期。
13. 邓勇:《论中国古代法律生活中的“情理场”——从〈名公书判清明集〉出发》,《法制与社会发展》2004 年第 5 期。
14. 杜宇:《司法官的“交战”:传统刑事司法 VS 恢复性司法》,《中外法学》2009 年第 2 期。
15. 傅永军:《韦伯合理性理论评议》,《文史哲》2002 年第 5 期。
16. 高艳东:《量刑与定罪互动论:为了量刑公正可变换罪名》,《现代法学》2009 年第 5 期。
17. 郭忠:《法理和情理》,《法律科学》2007 年第 2 期。
18. 何兵:《司法职业化与民主化》,《法学研究》2005 年第 4 期。
19. 何勤华:《清代法律渊源考》,《中国社会科学》2001 年第 2 期。
20. 胡云腾:《论巡回法庭的涉诉信访及其工作理念——基于第二巡回法庭工作的启示》,《中国应用法学》2019 年第 1 期。
21. 黄延延:《清代刑事司法中的严格法律解释》,《中国刑事法杂志》2009 年第 2 期。
22. 霍存福:《沈家本“情理法”观所代表的近代转捩——与薛允升、樊增祥的比较》,《华东政法大学学报》2018 年第 6 期。
23. 霍存福:《中国传统法文化的文化性状与文化追求——情理法的发生、发展及其命运》,《法制与社会发展》2001 年第 3 期。
24. 贾银生:《“以刑制罪”之否定:兼议罪刑均衡原则的刑法解释机能》,《甘肃政法学院学报》2017 年第 6 期。
25. 江必新:《在法律之内寻求社会效果》,《中国法学》2009 年第 3 期。
26. 康建胜、卫霞:《传统司法中的“能动主义”及其价值——以“情理法”为视角》,《甘肃社会科学》2012 年第 2 期。
27. 康建胜:《汪辉祖的司法实践及“情理法”观》,《兰州学刊》2015 年第 7 期。

28. 李启成：《清末比附援引与罪刑法定主义存废之争——以〈刑律草案签注〉为中心》，《中国社会科学》2013 年第 11 期。

29. 李拥军、郑智航：《主体性重建与现代社会纠纷解决方式的转向》，《学习与探索》2012 年第 11 期。

30. 李拥军：《“比”的思维传统与当代中国的司法适用技术》，《法律科学》2018 年第 3 期。

31. 李拥军：《“亲亲相隐”与“大义灭亲”的博弈：亲属豁免权的中国面向》，《中国法学》2014 年第 6 期。

32. 李拥军：《“孝”的法治难题及其理论破解》，《学习与探索》2013 年第 10 期。

33. 里赞：《司法或政务：清代州县诉讼中的审断问题》，《法学研究》2009 年第 5 期。

34. 林端：《中国传统法律文化：“卡迪审判”或“第三领域”？——韦伯与黄宗智的比较》，《中西法律传统》2008 年第 00 期。

35. 刘炳君：《涉法涉诉信访工作的法治化研究》，《法学论坛》2011 年第 1 期。

36. 刘光胜：《由怀疑到证实：由宋至清抉发〈古文尚书〉伪迹的理路》，《中原文化研究》2018 年第 5 期。

37. 刘志远：《刑法解释的限度——合理的扩大解释与类推解释的区分》，《国家检察官学院学报》2002 年第 5 期。

38. 栾爽：《情、理、法与法、理、情——试论中国传统法律的伦理特色与现代转型》，《南京航空航天大学学报（社会科学版）》1999 年第 4 期。

39. 吕丽：《例以辅律　非以代律——谈〈清史稿·刑法志〉律例关系之说的片面性》，《法制与社会发展》2002 年第 6 期。

40. 茆巍：《万事胚胎始于州县乎？——从命案之代验再论清代佐杂审理权限》，《法制与社会发展》2011 年第 4 期。

41. 闵春雷：《回归权利：认罪认罚从宽制度的适用困境及理论反思》，《法学杂志》2019 年第 12 期。
42. 欧阳康：《合理性与当代人文社会科学》，《中国社会科学》2001 年第 4 期。
43. 齐树洁：《构建我国三审终审的基本思路》，《法学家》2004 年第 3 期。
44. 齐文远：《中国刑法学该转向教义主义还是实践主义》，《法学研究》2011 年第 6 期。
45. 钱继磊：《“情”“理”“法”及其功能》，《辽宁经济职业技术学院学报》2007 年第 1 期。
46. 沈栋材：《情、理、法要有机结合》，《青少年犯罪问题》1998 年第 2 期。
47. 宋志国、廖柏明：《比较法学与当代中国法制——中国法学会比较法研究会名誉会长江平教授访谈》，《社会科学家》2006 年第 2 期。
48. 苏力：《“解释的难题：对几种法律文本解释方法的追问”》，《中国社会科学》1997 年第 4 期。
49. 苏亦工：《清代“情理”听讼的文化意蕴——兼评滋贺秀三的中西诉讼观》，《法商研究》2019 年第 3 期。
50. 孙洪山：《新时代人民法院涉诉信访治理的现实路径》，《理论视野》2018 年第 7 期。
51. 孙笑侠、应永宏：《论法官与政治家思维的区别》，《法学》2001 年第 9 期。
52. 孙笑侠：《司法权的本质是判断权——司法权与行政权的十大区别》，《法学》1998 年第 8 期。
53. 汪习根、王康敏：《论情理法关系的理性定位》，《河南社会科学》2012 年第 2 期。
54. 王斐弘：《中国传统法文化中的情理法辨析——以敦煌吐鲁番

唐代法制文献为例》，《中西法律传统》2009 年第 00 期。
55. 王华伟：《误读与纠偏：“以刑制罪”的合理存在空间》，《环球法律评论》2015 年第 4 期。
56. 王帅、郭志远：《涉诉信访法治化运行研究》，《理论视野》2017 年第 3 期。
57. 王玉蓉：《马克思经验概念的现代意蕴——基于哲学史的考察》，《山东社会科学》2017 年第 11 期。
58. 王志强：《清代成案的效力和其运用中的论证方式——以〈刑案汇览〉为中心》，《法学研究》2003 年第 3 期。
59. 王仲士：《马克思的文化概念》，《清华大学学报（哲学社会科学版）》1997 年第 1 期。
60. 韦临、流鎏：《论报应、报应的制约与一般预防：兼论一般预防不应是刑罚的目的》，《法律适用》1997 年第 5 期。
61. 温登平：《“以刑制罪”思维模式批判》，《法律方法》2015 年第 1 期。
62. 谢菲、顾晔：《人权、契约、分权制衡——近代西方宪政思想探源》，《当代法学》2002 年第 10 期。
63. 熊谋林、刘任：《大清帝国的赎刑：基于〈刑案汇览〉的实证研究》，《法学》2019 年第 6 期。
64. 徐忠明：《清代中国司法类型的再思与重构——以韦伯“卡迪司法”为进路》，《政法论坛》2019 年第 2 期。
65. 严存生：《法的合理性研究》，《法制与社会发展》2002 年第 4 期。
66. 杨知文：《司法裁决的后果主义论证》，《法律科学（西北政法大学学报）》2009 年第 3 期。
67. 姚旸：《论清代刑案审理中的“夹签”制度》，《天津社会科学》2009 年第 5 期。
68. 易虹：《涉诉信访制度困境与解决机制的整合》，《江西社会科学》2012 年第 2 期。
69. 张杰:《花开两面:人情在司法难题中的双重面向》,《民间法》2019 年第 1 期。
70. 张杰:《中国传统情理法的法理重识与现代转化——以〈驳案新编〉为切入点》,《北方法学》2020 年第 4 期。
71. 张玲玉:《韦伯“卡迪司法”论断辨正》,《环球法律评论》2012 年第 3 期。
72. 张文显:《人权事业发展的丰碑》,《法制与社会发展》2020 年第 4 期。
73. 张文显、于宁:《当代中国法哲学研究范式的转换——从阶级斗争范式到权利本位范式》,《中国法学》2001 年第 1 期。
74. 张正印:《事实的敞开:情理法判案模式的合法性构造》,《东方法学》2008 年第 3 期。
75. 郑成良:《论法治理念与法律思维》,《吉林大学社会科学学报》2000 年第 4 期。
76. 郑成良:《权利本位论——兼与封日贤同志商榷》,《中国法学》1991 年第 1 期。
77. 郑成良、张杰:《困境与调和:权力结构与司法正义之关系》,《理论探索》2019 年第 3 期。
78. 郑成良、董进宇、霍存福:《论依法治国之法理要义》,《吉林大学社会科学学报》1996 年第 4 期。
79. 郑秦:《清代地方司法管辖制度考析》,《西北政法学院学报》1987 年第 1 期。
80. 周光权:《行为无价值论与积极的一般预防》,《南京师大学报(社会科学版)》2015 年第 1 期。
81. 朱俊:《“情理法”的西方困境及其疗治初探——以〈自然法:法律哲学导论〉为例》,《重庆大学学报(社会科学版)》2013 年第 5 期。

（五）报纸文章

1. 蔡蕾、王亚峰:《推动矛盾纠纷源头化多元化解决——湖北潜江法院创新发展新时代“枫桥经验”纪实》,《人民法院报》2019年10月09日第4版。
2. 侯欣一:《民国时期有关陪审制度的争论》,《深圳特区报》2012年3月20日第B11版。
3. 张晓敏:《赵春华涉枪案二审宣判　天津一中院改判其有期徒刑三年缓刑三年》,《人民法院报》2017年1月27日第3版。
4. 《中国共产党第十一届中央委员会第三次全体会议公报》,《人民日报》1978年12月24日第2版。

（六）硕博论文

1. 陈新宇:《清代的法律解释》,硕士学位论文,中国政法大学,2002年。
2. 崔明石:《话语与叙事:文化视域下的情理法》,博士学位论文,吉林大学,2011年。
3. 苏鑫:《清朝服制对法律的调整和制约》,硕士学位论文,吉林大学,2013年。
4. 杨秋生:《当代中国法学学者情理法观的文化思考》,博士学位论文,吉林大学,2018年。
5. 张可:《清代审级制度研究》,博士学位论文,中国政法大学,2011年。
6. 周芳芳:《我国刑事判决说理的场域视角研究》,博士学位论文,吉林大学,2018年。
7. 周琦琦:《赦在中国古代社会的适用研究》,硕士学位论文,上海师范大学,2017年。

（七）网络资料

1.《决胜全面建成小康社会　夺取新时代中国特色社会主义伟大胜利——在中国共产党第十九次全国代表大会上的报告》，人民网 http：//jhsjk. people. cn/article/29613458？isindex = 1，访问日期：2019 年 12 月 21 日。

2.《习近平主持中共中央政治局第四次集体学习》，人民网 http：//jhsjk. people. cn/article/20583750，访问日期：2019 年 10 月 14 日。

3. 习近平：《充分认识颁布实施民法典重大意义　依法更好保障人民合法权益》，人民网 http：//jhsjk. people. cn/article/31747431，访问日期：2020 年 11 月 15 日。

4.《因感情纠纷到对方单位闹　海口女子扰乱办公秩序被行拘》，新浪网 http：//hainan. sina. com. cn/news/hnyw/2015 - 12 - 31/detail - ifxncyar6093978. shtml，访问日期：2010 年 2 月 19 日。

5.《于欢案，道义输给了法律，可悲!》，搜狐网 http：//www. sohu. com/a/151426004_ 789026，访问日期：2018 年 10 月 2 日。

6.《张培合：于欢是个大孝子》，科教网 http：//www. kjw. cc/2017/03/29/95123. html，访问日期：2019 年 10 月 6 日。

7.《中共中央关于全面推进依法治国若干重大问题的决定》，人民网 http：//cpc. people. com. cn/n/2014/1029/c64387 - 25927606. html，访问日期：2019 年 10 月 14 日。

8. 房立俊：《“于欢案”舆论背后的社会心态及媒体引导研究》，人民网 http：//media. people. com. cn/n1/2018/0205/c416774 - 29806543 - 2. html，访问日期：2019 年 10 月 5 日。

9. 刘向明：《于欢故意伤害案细节还原，于欢案放古代宣判，于欢能做官!》，军民资讯 http：//news. junmin. org/2017/xinwen _

pinglun_ 0327/184571_ 2. html，访问日期：2019 年 10 月 6 日。
10. 刘倩：《于欢出狱谈“刺死辱母案”：后悔触犯法律，只求妈妈不怪我》，新京报 https：//baijiahao. baidu. com/s? id = 1683781538333028967&wfr = spider&for = pc，访问日期：2020 年 11 月 20 日。
11. 罗嘉珍：《泳池起冲突　家长到单位闹事：将她开除！女医生不堪压力自杀》，网易新闻 http：//news. 163. com/18/0827/15/DQ7NGPOU000187R2. html，访问日期：2020 年 2 月 19 日。
12. 马学玲：《为何由无期改判 5 年？于欢案二审主审法官释疑》，中国法院网 https：//www. chinacourt. org/article/detail/2018/01/id/3179949. shtml，访问日期：2018 年 10 月 2 日。
13. 徐昕：《天津赵春华案/白岩松：让老实大妈回家过年还来得及吧》，搜狐网 https//www. sohu. com/a/124915754_ 570256，访问日期：2019 年 2 月 11 日。
14. 杨亮庆：《网友称南京彭宇案令中国道德水准倒退 30 年》，腾讯新闻 https：//news. qq. com/a/20100116/000215. htm，访问日期：2019 年 10 月 10 日。
15. 张东：《法院谈射击摊大妈获刑：判决时从情理上考虑不多》，新浪网 http：//news. sina. com. cn/c/nd/2017 – 01 – 19/doc – ifxzunxf1348768. shtml，访问日期：2019 年 10 月 9 日。

（八）古籍文献

1. 《刑事判例》（卷下），载杨一凡、徐立志主编：《历代判例判牍》（第六册），中国社会科学出版社 2005 年版。
2. （汉）班固：《汉书》，中华书局 2000 年版。
3. （清）丁人可编：《刑部驳案汇钞》，载杨一凡、徐立志主编：《历代判例判牍》（第六册），中国社会科学出版社 2005 年版。
4. （南朝宋）范晔：《后汉书》，中华书局 2000 年版。

5. （清）方大湜：《平平言》（卷二），载《官箴书集成》（第7册），黄山书社1997年版。
6. 怀效锋点校：《大明律》，法律出版社1999年版。
7. （明）黄宗羲：《明夷待访录》，段志强译注，中华书局2011年版。
8. （汉）孔安国传：《尚书》，中华书局2015年版。
9. 马建石、杨育棠主编：《大清律例通考校注》，中国政法大学出版社1992年版。
10. （清）全士朝等纂辑：《驳案新编》，载杨一凡、徐立志主编：《历代判例判牍》（第七册），中国社会科学出版社2005年版。
11. （清）阮元校刻：《十三经注疏》，中华书局1980年版。
12. （清）沈沾霖纂辑：《江苏成案》，载杨一凡、徐立志主编：《历代判例判牍》（第八册），中国社会科学出版社2005年版。
13. （汉）司马迁：《史记》，中华书局2000年版。
14. 田涛、郑秦点校：《大清律例》，法律出版社1999年版。
15. （清）文孚纂修：《钦定六部处分则例》（卷四七），台湾文海出版社1973年版。
16. （汉）许慎：《说文解字》，浙江古籍出版社2016年版。
17. （清）薛允升：《读例存疑》，胡星桥、邓又天点注，中国人民公安大学出版社1994年版。
18. 赵尔巽主编：《清史稿》，上海古籍出版社、上海书店1986年版。
19. （宋）朱熹、吕祖谦：《近思录》，斯彦莉译注，中华书局2011年版。
20. （宋）朱熹：《四书章句集注》，中华书局2012年版。

二 外文文献

（一）专著

1. H. L. A. Hart, (*second edition*) *The concept of law*, (Oxford: Oxford University Press, 1994).

2. Jerome Frank, *Law and the Modern Mind*, (New York: Coward – McCann Publishers, 1930).

3. Jürgen Habermas, *Between Facts and Norms*, *Contributions to a Discourse Theory of Law and Democracy*, trans. William R ehg (Cambridge: MIT Press, 1996).

4. Richard A. Posner, *Overcoming Law*, (Cambridge: Harvard University Press, 1995).

5. Ronald Dworkin, *Law' s Empire*, (Cambridge: Harvard University Press, 1986).

（二）期刊论文

1. Howard Zehr, "Restorative Justice", *LARCA Joumal* (March), 1991.

2. Mark S. Umbreit, "Restorative Justice Through Victim – Offender Mediation: Amulti – site Assessment", *Western Crininology Review* 1 (1), 1998.

经典判词摘录

1.《斩绞人犯逃后被获分别立决监候》

“应改为立决者，原指谋故杀等犯情罪重大者而言，以其事关人命，应即抵偿，若复潜窜稽诛，其情尤为可恶，一经弋获，自应决不待时，以戢凶恶而申宪典。若此等刨坟为首及三次人犯，虽例应拟绞入于情实，然皆贫民无奈，为此有司民之责者，当引以为愧，而其犯实无人命之可偿也，即入本年秋审情实足矣，有何不可待而改为立决乎？朕办理庶狱，凡权衡轻重，一准情理之平，从不肯稍有过当。”

《驳案新编》P49

2.《遵旨酌议顶凶条款》

“此等案犯，实属冥顽无知，情节稍轻，俱酌拟缓决，以示一线可原之意。如此分晰办理，庶拟实拟缓，皆有一定成规，而皇恩与国法并行，诚为义尽而仁至矣。”

《驳案新编》P59

3.《比照奸夫自杀其夫》

“温潘氏毒死潘兴来之处，潘温氏虽相距百里，并不知情，但伊夫之受毒身死，实因潘温氏潜匿恋奸所致，比依奸夫自杀其夫，奸妇虽不知情亦绞之条，已干缳首，况致其母身罹重辟，情罪尤不可宽，将潘温氏仅科奸罪，拟以枷杖，情法实未允协。”

《驳案新编》P316

4.《杀死伊母奸夫致父母自尽》

“朕综理庶狱，无论案情巨细，悉为反复权衡折中至当。如其子自作罪恶，致亲忿激情生，则当立正典刑，以申明刑弼教之义。若似此案之杀奸因雪耻而成，亲死非波累所致，则不宜即予缳首，致乖明慎用刑之文。内外问刑衙门，并当深体朕意，慎重听谳。”

《驳案新编》P347

5.《杀一家六命案》

“至刑部律例所载，惟及杀一家非死罪三人，而甚至全家被杀多人之犯，作何加重未经议及，此等凶徒明知法止其身，或自拼一死，逞其残忍，杀害过多，以绝人之嗣，而其妻子仍得幸免，于天理人心实未允协。朕非欲改用重典，但为民除害，不得不因事严防，俾凶暴奸徒见法网严峻，杀人多者，其妻孥亦不能保，庶可稍知敛戢，是即辟以止辟之义。”

《驳案新编》P364

6.《鸟枪误伤比照捕户致死人命满徒》

“迨至到官，仅照过失收赎，其情已为未协，且恐粗猛之徒，知有此律，其畏法之心轻，则贪获之念重，不但不足以禁戒，甚或有明知而故犯者，不可不防微以杜渐也。臣等详加斟酌，除围场重地，兵丁射兽，误伤平人，遵照新定之例办理外，其有民人捕猎，遇有施放枪箭打射禽兽不期杀人者，应请比照捕户于深山旷野安置窝弓，不立望竿，因而伤人致死律，杖一百，徒三年，仍追埋葬银一十两。俾愚民皆知，一经失手致毙人命，即干满徒罪名，共相儆惕，庶情法均归平允。”

《驳案新编》P426—427

7.《调戏和息后自尽二命发乌鲁木齐》

“改依威逼例拟军办理，本属有因，并非故为开脱，至向来地方官规避处分，一经邀免，便思置身局外。今富躬以此案系自行改拟，不肯诿过于下，请交部严加议处，尚有体面。”

《驳案新编》P470

8.《比照夫殴妻致死》

“此等败伦伤化之人，自应照凡人强奸未成，其父母亲属羞忿自尽之例问拟，如以吴氏之死系由被殴气忿投河毙命，则荣恒山淫恶凶暴不足齿于人类。即照殴妻致死律，拟以绞侯，亦不为枉。今该抚仅将荣恒山照亲属犯奸未成律，发近边充军，殊属情重法轻。”

《驳案新编》P525

9.《以妻卖奸复故杀其妻同凡论》

“是张二甘心将徐氏卖奸，其夫妇之义早绝，乃复逞凶戕命，自当与凡人故杀同科，犹之妻妾因奸谋杀本夫者律应凌迟，若因本夫纵容，抑勒其妻妾与人通奸，罪止斩决，则纵奸之本夫复杀其妻，即不得以寻常夫故杀妻律拟断。盖其夫纵妻卖奸，已属不知羞愧，又忍而置之于死，情更凶恶。若复拘夫妇名义稍从末减，何以励廉耻而惟风化乎。”

《驳案新编》P528

10.《毒死继母之母按照新定服制斩决》

“如有于非所自出之外孙及甥，故加凌虐，或置于死，临时权其曲直，按情治罪，不必以服制为限。庶礼制悉合经权，宪典益昭明备，于天理人情皆为允协”。

《驳案新编》P549

11.《图财谋杀卑幼斩决》

“盖轻财物而重伦纪，是以成例相沿稍从宽减。但如尊长图财谋杀卑幼如草芥，攫其财而戕其命，在该犯既已蔑视伦纪，忍心害理，实属恩断义绝。诚如圣谕，不得复以服制科断，自应另立科条，以昭炯戒。”

《驳案新编》P582

12.《谋杀系挟仇报复案》

“子孙复仇之文载在律条，系指未告官者而言，至事已到官，案经拟结，其抵偿者固无可复之仇，即本犯例不拟抵，而国法既伸，私恨可泯，若犹许其挟仇报复，将后此亲亲相仇无有已时，殊非辟以止辟之道。”

《驳案新编》P630

13.《斩候重犯毋庸声叙不足敝辜改拟立决》

“此等淫恶凶犯，情节故为可恶，仅按律拟以斩候，于法已无可加，若因其情罪较重，只须赶入本年秋审情实，不使久系稽诛，尚非决不待时之犯，乃声叙以为不足敝辜，请即正法，恐无识者转疑为有意从严，所办未免过当。朕办理庶狱惟期公当，不肯稍存畸轻畸重之见，内外问刑衙门均当体朕此意。”

《驳案新编》P760

14.《窃盗拒捕伤人（之二）》

“虽未得赃，其拒捕伤人，系在临时，与弃财逃走，事主追逐因而拒捕者情事不同。该抚因其并未得财，即谓其图脱拒捕，将该犯依罪人拒捕律科断，拟绞监候。情法不符。”

《刑部驳案汇钞》P53

15.《川贩为首（其一）》

“经臣部以定例内开，贵州本省之人，捆绑本地子女，在本地售卖为首者照抢夺伤人例斩候。为从者发边远充军。等语。例意原因黔省人民愚蠢，捆拐人口在本地售卖，即未杀人，亦未伤人，情罪原与拐往川广者有间。是以原情定罪，量为区别。”

《刑部驳案汇钞》P72

16.《图财害命伤人》

“经臣部以例载，图财害命伤而未死者拟斩立决。又律载，抢夺伤人者拟斩监候。各等语。是图财与强夺事虽相类，而情实不同。夫图财害命之犯，见人挟有资财，即欲殒其性命，纵幸而未死，情同强劫。故特例以斩决。至抢夺之犯止欲夺其财物，而其初并无害人之意，故律以斩候，情殊而罪亦异，其界甚明，难以牵混。”

《刑部驳案汇钞》P112

17.《保辜限外十日之内身死（其一）》

“法有所穷，则以其权听之于天。正所谓奉若天道也。”

《刑部驳案汇钞》P183

18.《殴死胞兄（其一）》

“承审各官未能揆情度理，以副明刑弼教之职。”

《刑部驳案汇钞》P218

19. 《救父情切》

“凡刑名案件，督抚等拟罪过轻，而部驳应从重者自应驳令再审。如拟罪之过重，而部议从轻，其中尚有疑窦者，亦当驳令妥议。若情节显然，该部所见既确，即当改拟题覆，皆不必辗转驳审，致滋拖累。”

《刑部驳案汇钞》P225

20. 《嗣后卑幼窃财如尊长素有周恤卑幼昧良负义有服亲属照减等本律递加一等治罪无服之亲即以凡论新例》

“夫律设大法，理顺人情。亲属相盗较之寻常窃盗，得邀末减者，原因孝友睦婣任恤之道，本应调急。如果嫡近卑幼贫乏不能自存，而尊长置之膜外，其卑幼因而窃取财物者，律以亲属相盗免议之例，情属可原，自应末减其罪。”

《江苏成案》P80

21. 《图奸未成事经寝息因被翁训斥自尽奸夫拟流部饬毋得擅引成案》

“查例载，凡属成案未经通行，著为定例，一概严禁，毋得混行牵引，致罪有出入等语。盖以法制因时损益，而案情百出不齐，虽大端偶似，而细微之节目稍殊，即罪名之轻重以判。若不就案揆情，误行比拟，殊非所以照平允而慎刑章，故例禁不准援引未经通行之成案也。”

《江苏成案》P141

后　记

在前不久的一次会议上，我的一位师弟跟我说：“师哥，几个月前你还是学生，这么快就成了老师，真让人恍惚。”是啊，确实挺让人恍惚的。在充满不确定的2020年，我结束了在长春三年的求学时光，回到了曾经的母校成为一名教师。

和绝大部分的“青椒”一样，高校教师这一角色的艰难和不易让初入职场的我感受到了诸多的压力，尤其是从未工作过的我面对突然从“学生”到“教师”的身份转变似乎更加放大了这份压力。但是在压力之余，有一件事却能够让我快速地静下心来，那就是读书。还记得吉林大学李拥军教授曾经对我说过：“相比起发多少文章，读博期间养成学习的习惯会让你受益终身。”当时的我还不太理解李老师的这句话，然而工作几个月之后我似乎开始理解了李老师这番话的含义。除了老师的教诲，激励我坚持学习的另一个机缘来自我的学生。是的，刚进大一的他们与我谈天论地，知识储备远超过十年前同为大一的我。我一度担心为他们选择的阅读书目会不会太难，然而读书报告的反馈让我感到惊喜之余也发现我的担心似乎有些多余。

以上种种让我丝毫不敢懈怠，面对新角色带来的压力也多了新的理解与看法。是啊，在大学里谋一份教职本身就不可能是轻松的事情，我有什么理由和借口懈怠呢？所以，入职后不久我就开始联系了博士论文的出版事宜，也幸运且顺利地得到了学院和学校的大力支持。正是因为这些支持，我人生的第一部著作才能够在较短的时间内问世。

回到这本书本身。这本书是我在博士论文的基础上进一步修改完成的，而最初的火花则可以追溯到吉大法学院吕丽教授的课堂上。当时吕老师谈起了“天理”“国法”“人情”，并询问我们这三者应该如何排序。那一刻我猛然意识到，这三者之间似乎存在着某种联系，三者的顺序也并非可以随便更换。随后在诸位老师的指导下，我最终选择了“情理法”——这一吉大法学院有着研究传统的命题作为我进一步研究的切入点，并最终完成了我的博士论文。然而，我的研究并没有止于此，我越来越强烈地感觉到，“情理法”的问题已经不仅仅是关涉司法的问题，它更是一个关系到中国传统法的本体论的重大问题。如果不真正理解传统中国社会中的“法”到底有何内涵、性质为何等基础性问题，我们也许会长期被西方概念下的“法”所笼罩，社会主义法治建设也很难真正走出一条符合我们自身特点的道路。

面对这些基础且重大的问题，我显然还太过稚嫩。但是，老师们的言传身教，学生们的求知若渴，工作单位的大力支持，还有科研本身艰难却又迷人的性质，都是我继续前行的不竭动力。我虽然愚钝，但是仍然希望通过自己的努力让所有对我有所期待的人不会太过失望。因此，希望本书能够成为一个逗号，也希望自己能够以此作为一个新的起点，继续对中国传统法律文化以及当下的社会主义法治建设进行更多且更深入的思考。当然，展望未来的同时需要回顾过去，尤其是那些曾经帮助过自己的师友更是需要特别感谢：

感谢我的导师郑成良教授。高山仰止，景行行止。一直以来我都很少跟别人主动提起自己是郑老师的学生，因为老师为我在各个方面树立的榜样时常让我感到自己的渺小与不足。正是因为深知自己和本书的不足，所以当我怀着忐忑的心态询问老师是否可以为本书作序时，老师爽快地应允了，这让我惊喜之余更感羞愧。感谢我的另一位恩师李拥军教授。李老师的谆谆教诲在我的成长路上仿佛暖阳，一方面让我在遇到挫折而感到迷茫之时不至于迷途，同时还让我感受到温暖与力量。感谢吕丽教授为本书在源头之始提供的火花，更感谢吕老师时至今日的关怀与挂念。感谢吉大法学院所有为我授过课和帮助过我的老师，感谢我在吉大的所有朋友们，祝你们平安顺遂！当然，还要感谢我所有在兰大的领导、老师与朋友，是你们让我快速地融入了兰大这个大家庭，更让我在千里之外也能感受到家一般的温暖。愿我们能够携手并肩，迈向更好的未来！最后，我要感谢我的父母。你们的竭尽所能，为我创造了一个能够安心学习与工作的环境，谢谢你们！

最后，想借此笔墨勉励自己，不要忘了来时的路，不要忘了出发时的心，永远心怀感恩与善念，砥砺前行！

张杰

2020 年 12 月 7 日

于甘肃兰州